Französischer & Schweizer

Jura

Touren ◆ Einkehren ◆ Unterkommen

Martin Jenni, Hans Ikenberg

Inhalt

Am Doubs-Kanal westlich Esnans

Land in Sicht

Der Jura ist mehr als ein reizvoller Landstrich. Jura heißen gleich mehrere Gebirge und Landschaften, Jura heißt ein französisches Departement, der jüngste Schweizer Kanton, eine schottische Hebrideninsel, ein Kalkstein, ein Abschnitt des Erdmittelalters.

Einfach dem Fluß folgen

Dieses Buch befaßt sich mit dem Französischen und dem Schweizer Jura. Es erzählt von reizvollen Kleinstädten und eigensinnigen Bewohnern, von lauschigen Plätzen und grünen Landstraßen, von Flüssen und Quellen, von Saucisses de Morteau, Comté- und Vacherin-Käse, Wein und Marc: Land zum Entdecken!

Belfort

Belfort gehört eigentlich nicht mehr so recht zum Jura, es liegt auch noch nicht ganz am Doubs. Die interessante Stadt bietet sich für Besucher aus Deutschland dennoch an, sie liegt direkt am Weg.

Belforts Schicksal wurde von seiner strategischen Lage und damit vom Militär bestimmt. Dies wird einem bereits auf der Autobahn klar: die gewaltige Zitadelle, stets von der Trikolore überweht, beherrscht bis heute die Stadt. Belfort liegt mitten in der Burgundischen Pforte, dem einzigen Übergang zwischen Rhein und Rhône, begrenzt von Vogesen und Jura.

Stadt der drei Belagerungen – Zitadelle von Belfort

Nach der Eroberung durch Frankreich im Jahr 1638 wird Belfort von VAUBAN zu einer uneinnehmbaren Festung ausgebaut. Dieses komplexe System von Bastionen, Kasematten und Kasernen hielt drei langdauernden Belagerungen stand. In Frankreich wird Belfort immer noch als Stadt der drei Belagerungen, «la cité des trois sièges», gefeiert: 1814 und 1815 in den Napoleonischen Kriegen und im deutsch-französischen Krieg von 1870/71.

Das Stadtbild: Befestigt und charmant

Das Stadtbild wird bis heute von der militärischen Vergangenheit geprägt. Von allen Seiten dominiert die mächtige, auf einem Felsen errichtete Zitadelle. Betritt man sie von Osten, durchquert man eine Reihe eindrucksvoller, zum Teil direkt aus dem Felsen gehauener Bastionen und tiefer Gräben. Oben im Fort gibt es ein mäßig bedeutendes Regionalmuseum. Die Terrasse des Forts bietet einen schönen Rundblick auf die Stadt, deren gut erhaltene Struktur klar zu sehen ist. Das Pan-

Zwischen Nostalgie und neuer Farbe – Altstadt von Belfort

orama reicht zum Ballon d'Alsace im Norden und den Jurahöhen im Süden. Die weitläufige Anlage ist über viele Wege zugänglich, sie läßt sich in langen Touren entdecken.

Peugeot: Löwen, Autos, Mühlen

Über der Altstadt die Zitadelle – Im Felsen unterhalb des Forts stützt sich ein 22 Meter langer und 11 Meter hoher Löwe auf seine Pranken. Der Colmarer Bildhauer BARTHOLDI (heute eher als Schöpfer der Freiheitsstatue in New York bekannt) schuf das Tier 1875-1880 zum Gedenken an den löwenhaften Widerstand der Stadt.

Auch jedem Kind hier ist der Löwe vertraut: Er ziert den Kühlergrill aller Autos der Marke PEUGEOT, die ihren Stammsitz in Belfort hat. Die Peugeot-Gruppe ist der größte industrielle Arbeitgeber Ostfrankreichs. Peugeot baut schon seit 1889 Autos, aber die Familie Peugeot begann bereits im Jahr 1810 in Sochaux mit der Herstellung von mechanischen Teilen, wie sie besonders zur beginnenden Uhrenproduktion im

Mit Löwenmut verteidigt – Freiheitsstatue in Belfort

nahen Jura gebraucht wurden. Zunächst waren es Kleinteile, Zahnräder, Messer, bald kamen Fahrräder hinzu. Ab 1842 begann Peugeot mit einer – wie man heute sagen würde – neuen Produktlinie: Mahlwerke für Pfeffer, Salz und Kaffeemühlen. Die überaus soliden Peugeot-Pfeffermühlen werden noch immer produziert, sie sind weltweit zum Begriff für ein ebenso robustes wie präzise arbeitendes Küchengerät geworden (in Frankreich in allen besseren Haushaltswarenläden sowie in Kaufhäusern zu bekommen). Vgl. auch PEUGEOT-Museum im Kapitel «Montbéliard».

Aussicht: Von der Altstadt führt ein Weg in nur zwei Minuten zur Aussichtsplattform unterhalb der Zitadelle.

Rundweg: Ein kleiner Tunnel unterquert das Löwenmonument. Es folgt ein Mauerdurchgang, dann links in den äußeren Graben des Forts. Beim Tour des *Bourgeons* geht es wieder links ab und durch lange Tunnelgänge hinauf zur Terrasse des Forts.

Ein Lyonnaiser Bistrot in Belfort – Bœuf Carottes

Flohmarkt – In der Altstadt von Belfort findet von März bis Dezember, jeweils am ersten Sonntag im Monat, ein Antiquitäten- und Flohmarkt statt. An die 200 Händler bieten interessante Waren an. Viele sind spezialisiert auf Gläser, Möbel, aber auch auf so spezielle Sujets wie Nähmaschinen oder Taschenuhren. Wer nicht nur flanieren will, sondern ernsthaft auf Jagd gehen möchte, tut gut daran, früh aufzustehen. Gegen sechs Uhr morgens wird aufgebaut und die Profis lassen bereits jetzt ihre Blicke schweifen. Gegen zwölf Uhr löst sich der Markt auf. Nach anstrengenden Geschäften kann man sich dann direkt vor Ort stärken. Schließlich ist Sonntag und das traditionelle Déjeuner wartet.

Bistrot Bœuf Carottes – **Belfort**. Die stilechte Replik eines Lyonnaiser Bistrots. Gute Küche, das Tagesangebot auf Schiefertafeln, faire Preise – ein idealer Ort für ein kleines Essen. Bœuf Carottes ist auch Programm: Es werden nur die Klassiker der Lyonnaiser Wirtshausküche angeboten, etwa Rindfleisch-

Gemüse-Schmortopf, Hechtklößchen, Suppenfleisch und andere Standards. Die Preise sind angemessen, das Konzept geht auf: unter der Woche muß man mittags auf einen Platz warten. Freundlicher, flotter Service.

Bistrot Bœuf Carottes. Place d´Armes, Tel. 0033-(0)3.84.21.15.40
RT: Sa-Mittag, So-Abend, Mo
Typ: Bistrot
Preise: Mittel

Palette de Bacchus – **Belfort.** «La Palette de Bacchus» bietet eine gute Auswahl an Weinen, gerade auch von jenen Winzern, die zur neuen Generation zählen. Vornehmlich aus dem Burgund, von der Rhône und aus dem Languedoc-Roussillon. Winzer, die mit traditionellen Methoden hohe Qualität produzieren. Darunter etwa *Marc Colin* aus Saint-Aubin, den früheren *Patissier Laurent,* der – ohne eigenen Rebbesitz – innerhalb weniger Jahre mit seinen hoch konzentrierten Burgundern aus zugekauften Trauben zu Weltruf kam. Außerdem *Alain Graillot* mit seiner Crozes-Hermitages-Selektion. Eine absolut lohnende Adresse mit persönlicher Beratung für Liebhaber individueller Spitzenweine.

La Palette de Bacchus. 23, Grande Rue, Tel. 0033-(0)3.84.22.20.67

Alte Markthalle – **Belfort.** Die zwei Markttage in der gußeisernen Halle im Stil von Gustave Eiffel sind die größte kulinarische Attraktion in Belfort. Jeden Freitag und Samstag von 7.30 bis 12.30 Uhr ist hier ein breites Angebot feiner Produkte erhältlich (bei weitem am besten am Samstag). Der Käsestand von *Jacques Poirel* bietet bei relativ hohen Preisen zweifellos erste Qualität. Der Bleu d'Auvergne und der Bleu des Causses, beide ungewöhnlich fett und würzig ohne jede Schärfe, lohnen fast schon die Anreise. Dazu kommt eine große Auswahl an *chèvres*, herrlichen Ziegenkäsen aus ganz Frankreich, alle von kleinen handwerklichen Produzenten und natürlich alle aus Rohmilch. Dazu eine repräsentative Auswahl

Gußeisen nach Gustave Eiffel – Markthalle in Belfort

bester Comtés. Es heißt also, wieder mal probieren, denn nicht immer ist der älteste und teuerste Comté auch der beste. Oder: es gibt für jeden Anlaß und jeden Geschmack das Richtige.

Daneben der Stand vom *Producteur des volailles (et des lapins) Jean-Michel Duringer*, dem Geflügel- und Kaninchenspezialisten. Nicht verpassen darf man auch die zwei Bauernstände beim Seiteneingang, an denen sich auf einfachen Holztischen in den Wintermonaten Holzschachteln von Mont d'Or stapeln. *Gérard Robert-Nicoud* verkauft Fische von kleinen Kuttern (petits bateaux), die nicht schon Tage auf Eis hinter sich haben, bevor sie das Festland erreichen – einer der besten Poissoniers, die man so weit abseits der Küste finden kann. Schließlich preist – unüberhörbar in der fußballfeldgroßen Halle – ein Marktschreier wie aus dem Bilderbuch mit hochrotem, mächtig dickem Kopf seine Sonderangebote an.

Alte Markthalle. Am Rande der Altstadt, Quai Vauban. Autobahnausfahrt Belfort Nord oder Glacis du Château, dann auf der N83 in Richtung Centre. Zuletzt folgt man dem Schild «Novotel». Um die Markthalle zahlreiche Parkplätze. **Marktzeiten**: Fr und Sa von 7.30 bis 12.30 Uhr.

Jenseits des Flüßchens Savoureuse beginnt die Neustadt von Belfort. In dem sonst wenig reizvollen Viertel lohnt ein Besuch bei **Patissier Vergne** mit seinen üppigen Torten, leichten Croissants und anderen feinen Sachen. Sehr zu empfehlen ist seine *Paté en croute* mit zartem Kalbfleisch in köstlichem Gelee.

Patissier Vergne, 14, Faubourg des Ancêtres, Belfort

Le Jardin d'Elisa – Suarce. Südwestlich von Belfort, an der Grenze zum Sundgau, empfängt *Elisabeth Bonnot* ihre Gäste mit Witz und Charme in ihrem alten Fachwerkhaus. Le Jardin d'Elisa ist ein idealer Ort, um die nächsten Etappenziele zu planen oder ein paar Tage in der Provinz zu vergeigen. Ein weiterer Pluspunkt ist die gute Küche des Hauses: Fleischkuchen, Huhn, Hase und zum Abschluß eine Käseauswahl.

Le Jardin d'Elisa. 22, rue Principale, 90100 Suarce
Tel. 0033-(0)3.84.19.33.25, www.lejardindelisa.fr
RT: Keine
Typ: Gemütliche, persönlich geführte Unterkunft auf dem Land
♣ Garten
Preise: Mittel

Gebautes Selbstbewußtsein – Rundtürme des Stadtschlosses

Montbéliard

Für die meisten Reisenden ist Montbéliard nur eine Station an der Autobahn nach Südwesten, Mittelpunkt des Industriegebiets, das auch Sochaux und Audincourt umfaßt und bis Belfort reicht.

Die Stadt auf dem Hügel zwischen den Flüßchen Allan und Lizaine hat aber eine interessante Geschichte. Montbéliard oder Mömpelgard war über Jahrhunderte eine württembergische Enklave im französischen Staatsgebiet. Obwohl der Außenposten die französischen Könige störte, vor allem, nachdem sich Montbéliard bereits 1524 der Reformation angeschlossen hatte, dauerte es bis zur Revolution, bis die Grafschaft von Frankreich annektiert wurde. Durch die Lage in einer Durchgangsregion, besonders aber wegen reichlich vorhandener Wasserkraft und Holzkohle, entwickelte sich um Montbéliard im 18. und 19. Jahrhundert ein prosperierendes Industriegebiet. 1810 wurde eine Eisengießerei namens PEUGEOT gegrün-

Eleganter Treppenschwung – am Stadtschloß von Montbéliard

det, die später Werkzeuge, dann Fahrräder und seit 1889 Autos herstellt. Ebenfalls bedeutend war die Uhrenindustrie und die Herstellung von Musikautomaten.

Trotz ihrer frühindustriellen Vergangenheit wirkt die Innenstadt von Montbéliard bis heute atmosphärisch und anziehend. Sie wird überragt von den beiden Rundtürmen des Stadtschlosses. In den Gebäuden des Schlosses befindet sich ein Regionalmuseum mit Funden aus Mandeure, Uhren und Musikautomaten.

www.chateau-montbeliard.net

Stadtrundgang: Ein kurzweiliger Weg führt in einer knappen halben Stunde ums Schloß herum und durch die Altstadt. An der Place St-Martin liegen die schönsten Häuser der Stadt: Zum Schloß hin das *Hôtel Beurnier-Rossel* (1774), das ein Heimatmuseum mit großartigen intarsierten Möbeln beherbergt.

Gegenüber die *Maison des Princes* (jetzt Filiale der Banque de France) mit ihrer Renaissancefassade. 200 Meter weiter Richtung Allan das schöne Gebäude der *alten Hallen* an der Place Denfert-Rochereau. An der Ecke eine Steinplatte («pierre à poissons»), die alltags dem Fischhandel diente. In den Hallen wird leider kein Markt mehr abgehalten, Filialisten und billige Dutzendmodeläden haben die Fische vertrieben.

Hôtel de la Balance – **Montbéliard.** Gleich unterhalb des Schlosses in der rue de Belfort Nr. 40, in einem Gebäude aus dem 16. Jahrhundert, das alte Hôtel de la Balance mit seiner geschwungenen Holztreppe und einem stilvollen Restaurant. Die Hotelzimmer sind typisch französisch eingerichtet. Übrigens: Hier hatte im Herbst 1944 während der Kämpfe zur Befreiung des Elsaß Général Lattre de Tassigny sein Hauptquartier aufgeschlagen.

Hôtel de la Balance. 40, rue de Belfort, 25200 Montbéliard
Tel. 0033-(0)3.81.96.77.41
RT: Keine
Typ: Patinierte Adresse mit einigen akzeptablen Stilbrüchen, 42 Zimmer
Preise: Mittel

Restaurant au Fil des Saisons – **Etupes.** Wer modern gekochte französische Küchenklassiker mag, der fährt nach Etupes zu *Fabienne* und *Stéphane Robinne* – nur ein paar Kilometer außerhalb Montbéliard (auf der D 463 nach Delle). Die modern gemeinte Einrichtung ist gewöhnungsbedürftig, die Küche war aber auf Anhieb ein Vergnügen: etwa die exzellenten Schnekkenravioli und der delikate gratinierte Entenauflauf.

Restaurant Au Fil des Saisons. 3, rue de la libération, 25460 Etupes
Tel. 0033-(0)3.81.94.17.12, www.aufildessaisons.eu
RT: Sa-Mittag, So und Mo ganzer Tag
Typ: Moderne Zeiten in der Provinz
Preise: Mittel

L'AVENTURE
PEUGEOT
2418-ZM-25

Das Industriegebiet von Sochaux ist ein Hauptsitz von PEUGEOT. Hier steht auch das Firmenmuseum. Ausgestellt sind natürlich zahlreiche Kraftwagen, aber ebensoviele andere Produkte, die den Namen PEUGEOT tragen, wie Fahrräder, Nähmaschinen, Pfeffermühlen und Werkzeuge.

Musée Peugeot. Sochaux, Carrefour de l'Europe, Tel. 0033-(0)3.81.99.42.03, www.musee-peugeot.com. **Öffnungszeiten**: Mai bis Ende September 9-19 Uhr; Oktober bis Mai 10-18 Uhr. Dauer der Besichtigung eine Stunde. Von Montag bis Freitag kann auch die Autofabrik besichtigt werden, jeweils um 8.30 Uhr. Dauer etwa drei Stunden. Mindestalter 14 Jahre.

Nach wenigen Kilometern erreicht man **Audincourt** und damit den Doubs. In dieser kleinen Industriestadt, immer noch Teil der Peugeot-geprägten Agglomeration Sochaux-Montbéliard, findet sich eine Kostbarkeit der klassischen Moderne. Die Arbeiterkirche *Sacré-Cœur*, 1951 zum Teil in Selbsthilfe der Pfarrkinder gebaut, besitzt Glasfenster von FERNAND LÉGER. Intensive Farbgebung und Strenge der Form ergänzen sich perfekt. Genauso schön sind die noch leuchtenderen Fenster des kleinen Baptisteriums, das sich links an den rechteckigen Kirchenbau anschließt. Sie wurden von BAZAINE entworfen. In strengem Kontrast dazu das schwarze Taufbecken, das aus einem Basaltblock aus Volvic in der Auvergne gearbeitet wurde.

In Audincourt trennen sich die Wege: nach Süden geht es den Doubs hinauf bis zur Quelle, nach Westen flußabwärts Richtung Besançon und Saône.

Der unentschlossene Fluß

Der Doubs ist eine Rarität unter den großen mitteleuropäischen Flüssen. Kaum ein Gewässer war so wenigen regulierenden Eingriffen ausgesetzt wie der Doubs, kaum eines hat sich so eigenwillig ins Kalkgestein gegraben, was dem Doubs auch seinen Namen brachte (lat.: dubius = der Unentschlossene).

Obwohl die Mündung des Doubs in die Saône nur 90 Kilometer Luftlinie von der Quelle entfernt liegt, ist der Fluß 453 Kilometer lang. Er entspringt nahe der Schweizer Grenze,

Gradlinig ist anders – Spitzkehre am Oberlauf des Doubs

wo er im hohen Jura als Gebirgsfluß mit Wasserfällen durch eindrucksvolle Schluchten fließt, bevor er einen Bogen nach Westen macht. Im Mittellauf fließt der Doubs dann durch eine bukolische Landschaft mit vergessenen Dörfern, unterbrochen von der engen Schleife um die riesige Festung von **Besançon**. Danach mäandert der Doubs gemütlich in südwestlicher Richtung seiner Mündung entgegen. Vor der Einmündung in die Saône zwischen **Dole** und **Chalon-sur-Saône** strömt der träge Fluß durch wenig besiedelte Auen. Schiffbar sind nur die untersten Kilometer für bescheidene Lastkähne.

Doubsaufwärts bis St-Hippolyte

Auf der D 437 nach Süden in ruhigere Gefilde: Wenige Kilometer südlich der Beinahe-Großstadt Montbéliard-Sochaux-Audincourt, noch im Weichbild der Agglomeration, überrascht in *Mandeure* das Römische Theater des antiken «Epomanduodorum». Das große Halbrund des Zuschauerraums ist gut erhalten. Vom obersten Rang geht der Blick weit über Weiden mit weißen, massigen Charolaisrindern. In *Pont-de-Roide* dann eine reizvolle Einkehr.

La Tannerie – Pont-de-Roide. Gleich vor der Doubs-Brücke in einem satt gelb gestrichenen Häuschen das Restaurant La Tannerie. Die Gastgeber zeigen, wie man selbst in tiefster Provinz erfolgreich kulinarisch überlebt. Lucques-Oliven, Saucisse de Montbeliard und Comté-Streifen als *amuse bouche*. Weiter gehts mit einer soliden Portion Terrine Maison, eskortiert von einem Kompott aus Zwiebeln und Trauben. Als Hauptgang dann eine Saucisse de Morteau oder eine große Truite meu-

Bonheur garantie – La Tannerie, Pont-de-Roide

nière, so frisch wie es das schöne nostalgische Schild vor dem Haus verheißt. Serviert wird in einer heiter-ländlichen Atmosphäre. Es sind fröhliche, eng gestellte Tische mit Leuten aus der Gegend. Ständig wird krachend frisches Brot geschnitten, dazu ein schöner Côtes-du-Jura von Benoit Badoz aus Poligny. So schön kann der Sonntag in Frankreich sein.

Restaurant La Tannerie. 1, place General de Gaulle, Pont-de-Roide
Tel. 0033-(0)3.81.92.48.21
RT: Mi, Do- und So-Abend
Typ: gute, alte französische Provinz
Preise: Mittel

Weiter auf der breit ausgebauten D437 Richtung St-Hippolyte. Bald wird das Tal des Doubs enger und tiefer, die Hänge waldreicher – der Jura kommt näher.

St-Hippolyte

St-Hippolyte ist ein typischer Brückenort, hier mündet der Dessoubre in den Doubs. Das ursprünglich-schöne Dessoubre Tal wird in einem eigenen Kapitel beschrieben, siehe Seite 68.

In St-Hippolyte ist die Vergangenheit präsent. In der gotischen Kirche wurde von 1418-52 das Grabtuch Christi verwahrt, heute hängt es in Turin. Ansonsten viel Stillstand: Da wären drei, vier Gassen mit berußten Kalksteinfassaden, am mittelgroßen Platz dösen einige einfache Gasthäuser und Bars, Bauerngärten in den Parzellen über den Flüssen sorgen für Farbe im nostalgischen Ortsbild. Die Kleinstadt hat sich seit Jahrzehnten kaum verändert. Für einen scharfen, freilich nicht sehr ansehnlichen Kontrast sorgt der neu gestaltete Hauptplatz. Die üblichen Dorfverschönerungsmaßnahmen haben auch hier für kuriose Ergebnisse gesorgt.

Die Zeit steht, der Doubs fließt – St-Hippolyte

Crèmerie Au Bon Comté – St-Hippolyte. Hinter dem Hauptplatz liegt die interessante *Crèmerie Au Bon Comté*. Der Name verspricht nicht zuviel. Comtés in diversen Reifegraden von Marcel Petite sind Anreiz genug, Madame Françoise Socie zu besuchen. Sie berät kompetent, empfiehlt unaufdringlich und verteilt großzügig kleine Kostproben. Außerdem frische Butter, diverse Fromages aus La France und verschiedene Konfitüren und Confits (Zwiebeln und grüne Tomaten).

Crèmerie Au Bon Comté. 3, rue Jacques Courtois, 25190 St-Hippolyte
Tel. 0033(0)3.81.96.51.34

Le Saint Hippolyte – St-Hippolyte. Das kleine, sympathische Restaurant *Le Saint Hippolyte* liegt direkt am Doubs gegenüber vom Brückenkopf. Auf der Karte von Richard Guillaume stehen Klassiker wie Croûte aux morilles, Saucisse de Morteau, Truite au bleu, oder Magret de canard. Alles in ansprechender Qualität, freundlich serviert von seiner Frau Stéphanie. Manche Gerichte würden gut mit weniger Rahm auskommen und die

Teller mit weniger Dekor. Bei der Weinkarte wäre eine breitere regionale Auswahl wünschenswert. Trotzdem: Das Angebot stimmt und ist korrekt im Preis. Netter kleiner Freisitz an der Straße mit Blick auf den Doubs.

Le Saint Hippolyte. 1, Grande Rue, 25190 Saint-Hippolyte
Tel. 0033-(0)3.81.96.55.52
Kein Ruhetag
Typ: Bistro im neufranzösischen Chic
♣ Kleine Terrasse
Preise: Mittel

Von St-Hippolyte geht es geradewegs nach Süden: die D 437 führt hinauf auf das Juraplateau und direkt nach *Morteau*. Auf den ersten Kilometern bis *Maîche* fährt man durch eine landschaftlich abwechslungsreiche Gegend, hinter *Russey* wirds dann eher monoton. Unterwegs ein Hotel-Restaurant, das sich als mögliche Etappe anbietet:

L'Etang du Moulin – Bonnétage. L'Etang du Moulin ist der Prototyp eines modernen *Logis de France*. Das neue, große und äußerlich recht nüchterne Chalet steht in einer Senke an einem privaten Hochmoorweiher. Der Empfang ist herzlich, die Zimmer sind nicht groß, aber alle renoviert, die Küche paßt zum Haus. Nicht mehr, nicht weniger.

L'Etang du Moulin**. 25210 Bonnétage, Tel. 0033-(0)3.81.68.92.78.
RT: Di und außerhalb der Sommersaison zusätzlich Mi-Mittag.
Typ: Pseudo-Chalet. Was zählt, sind Lage und Küche.
19 funktionelle gut ausgestattete Zimmer.
Preise: Mittel-Hoch
Anfahrt: Etwa einen Kilometer von Bonnétage über die D 224 zur D 236, danach geht es rechts ab.

Unterwegs zu neuen Weidegründen – bei St-Ursanne

Doubsaufwärts bis Pontarlier

Landschaftlich reizvoll ist es, von **St-Hippolyte** auf der D 437c direkt dem Doubs zu folgen: der gräbt sich in seinem heftig mäandernden Verlauf immer tiefer in das Karstplateau. Hinter Soulce-Cernay geht es über eine Gitterbrücke wie in der Modellbahnlandschaft links über den Doubs nach **Montjoie-le-Château** – trotz des klingenden Namens nur ein winziger Weiler, allerdings mit Geschichte. Die wenigen Gassen des Dörfleins werden überragt von einer Burgruine aus dem 13. Jahrhundert. Unterhalb der Ruine steht eine Kapelle im romanisch-gotischen Übergangsstil. Die Eingangstür ist nicht verschlossen, durch das Gitter sieht man rechts unter dem Mittelfenster den Sarkophag mit der Mumie der Hl. Claudine, die seit 1612 hier ruht.

In Soulce-Cernay steht direkt an der D437c eine unscheinbare *Pisciculture,* wo man die «Soulçois», die Einheimischen, dabei beobachten kann, wie sie sich ihre Fische gleich selber

Geruhsame Etappe am Doubs – Hotel du Doubs, CH-Goumois

aus den Becken angeln. Die Forellen und Felchen werden aber auch bereits filetiert oder kalt geräuchert angeboten.

Pisciculture Le Bourg. 25190 Soulce-Cernay, Tel. 0033-(0)3.81.96.58.7. Unterschiedliche Öffnungszeiten, saisonaler Betrieb.

Zwei Kilometer weiter **Vaufrey**. Hier baden vier Seelöwen im Dorfbrunnen. Gegenüber, im «Chez Paul» treffen sich der Rest vom Dorf und ein paar durstige Sommerfrischler bei *Suze* (Enzian-Apéritif), *Anisette* und Bier. Hinter dem Tresen träumt Monsieur seiner Boxerkarriere hinterher, die Bilder an den Wänden stammen aus besseren Zeiten.

Weiter geht es den träge gewordenen Doubs entlang, in dem sich die bewaldeten Berghänge spiegeln. In Glère führt die D 140 steil hinauf Richtung **Porrentruy** (deutsch: Pruntrut). Der Hauptort der Ajoie, der nördlichsten Region des Schweizer Jura, erstreckt sich über mehrere Hügel. Lange Straßenzüge mit barocken Häusern, dazwischen immer wieder Blick auf die mächtige Burg. (Vgl. auch das eigene Kapitel «Ajoie»)

Statt von Glère über Montancy direkt nach Porrentruy zu fahren, lohnt sich der Abstecher nach Vernois-le-Fol:

Au Bleuet – Vernois-le-Fol. Die neuen Restaurantbesitzer *Fabrice* und *Virginie Lachat* bieten eine ganz einfache Landküche. Sehr beliebt sind bei den Stammgästen die Friture (Karpfen im Bierteig) oder das auf dem heißen Stein (sur ardoises) roh servierte Entrecôte vom Rind oder Pferd, das der Gast je nach Geschmack saignant, a point oder bien cuit essen kann. Ab und zu gibt es frische Schnecken, ein opulentes Choucroute garnie oder am Sonntag ein zartes Huhn à la crème. Die kleine Weinauswahl bietet Flaschen aus den Regionen Jura, Burgund und Côte du Rhône. Am Mittag wartet die «Plat du jour» zum Freundschaftspreis. Fazit: Eine schräg, sympathische Adresse – Familienanschluß inklusive.

Restaurant Au Bleuet. 25190 Vernois-le-Fol, Tel. 0033-(0)3.81.93.91.07
Geöffnet von Do bis Di – mittags und abends. Reservation sinnvoll.
RT: Mittwoch
Typ: Kleines unscheinbares rechteckiges Holzhaus am Dorfende
Preise: Günstig-Mittel

Weiter den Doubs aufwärts: Nach einigen Kilometern wird beim musealen, nur selten besetzten Zollhaus von *La Motte* die Grenze zur Schweiz überquert. Nach weiteren zehn Kilometern im kaum besiedelten Tal kommt man im entlegenen, idyllischen Schweizer Jurastädtchen **St-Ursanne** an – mit viel Geschichte und rundgelaufenem Kopfsteinpflaster (vgl. dort). Einige hundert Meter weiter dann ein Teilabschnitt der neuen Autobahn Belfort-Biel. Das Großprojekt kommt aber seit Jahren kaum vom Fleck, es ist nur auf wenigen Abschnitten befahrbar. Mit der Belebung der abseitigen Region dürfte es also noch eine Weile dauern.

Unmittelbar am Doubs aufwärts geht es ab **St-Ursanne** nur für Wanderer und Mountainbiker weiter. Autofahrer müssen hoch zur *Corniche du Jura* und auf dieser Panoramastraße über Saignelégier (CH) nach Westen zur Grenze nach **Goumois**

Trocken gelegt – Zapfsäulen in CH-Goumois

(CH/F), was etwa einer Stunde Fahrzeit entspricht. Im Grenzdorf Goumois, in dem am 1. August Franzosen und Schweizer gemeinsam den helvetischen Nationalfeiertag begehen, liegt wenig oberhalb des Grenzübergangs das Hotel-Restaurant «Taillard».

Taillard – Goumois. Die konventionelle Küche ist, was Rahmgehalt und Preis betrifft, von der Schweizer Stammkundschaft geprägt. Haus, Gastgeber und Gäste werden immer älter und lassen sich auf keine neuen kulinarischen Spielereien mehr ein. Der nostalgische Panoramaspeisesaal hat allerdings Charme, der Empfang ist freundlich, das Ganze ist nicht ohne Reiz, zumindest als Zeitreise in die kulinarische Nostalgie.

Hôtel-Restaurant Taillard***. 3, route de la Corniche, 25470 Goumois
Tel. 0033-(0)3.81.44.20.75
RT: Di-Mittag, Mi
Typ: Patinierte Landpartie
17 Zimmer und Appartements (Logis de France)
Preise: Mittel-Hoch

Belvédère am Abgrund – Blick in die Doubsschlucht bei F-Goumois

Corniche de Goumois

Atemraubender Tiefblick – Von Goumois aus lohnt sich ein kurzer Abstecher zunächst nach Norden. Etwa fünf Kilometer flußabwärts an der D 437b, dem spektakulärsten Stück der *Corniche de Goumois:* Drei markierte Aussichtspunkte steigern sich bis zum Tiefblick der Kategorie «lohnt die Reise».

Wieder zurück fährt man weiter flußabwärts auf der ebenso schmalen wie spektakulären D437a in Richtung Süden bis kurz vor die Ortschaft Damprichard. Hier geht es links ab, auf ein nicht markiertes Sträßchen, das später in die D201 mündet. Gegenverkehr zwingt zum Anhalten, aber hier kommt nur selten einer. Weiter bis zum Weiler Combe-St-Pierre bei **Charquemont**. Von dort auf der D 10e nochmal zwei Kilometer weiter nach Süden zu den *Belvédères de la Cendrée.* Am Parkplatz steht nun eine der zahlreichen neuen, sehr guten Infotafeln, die über die Kletterstellen der Region informieren. Zwei Fußwege führen von dort in je einer Viertelstunde zu besonders eindrucksvollen Aussichtspunkten fast 500 Meter über dem Fluß, von denen sich die Gorges überblicken lassen.

Fährt man vom Parkplatz etwa 500 Meter weiter, kommt das Berggasthaus «Au Bois de la Biche». Das Angebot ist wie die Umgebung – rustikal. Der Blick reicht weit: bis rüber zum Chasseral im Schweizer Jura.

Au Bois de la Biche. 25140 Charquemont
Tel. 0033-(0)3.81.44.01.82, www.boisdelabiche.com
RT: Mo, Di. Im Juli und August nur Mo.
Typ: Berggasthaus mit drei Gästezimmern
Preise: Niedrig

Zurück nach Charquemont. Zwischen Charquemont und Bonnetage durchquert man großzügiges Weideland, es wird strukturiert von halbhohen Mauern aus unbehauenen Feldsteinen, die sich wie ein Geäder durchs Land ziehen. Mittendrin, in **Cerneux-Monnots**, eine gute kleine Fromagerie. Von Charquemont führt die D464 kurvenreich nach Süden in Richtung **La Chaux-de-Fonds** (CH). Direkt hinter dem französischen Zollhaus biegt links ein kleiner Weg ab, der zum Doubs hinunter führt. Der Fluß strömt hier bereits in einer tief eingekerbten Schlucht.

Bei einem kleinen Wasserkraftwerk kann man das Auto abstellen, zu Fuß sind es ab hier noch etwa 20 Minuten bis zu den *Echelles de la mort,* den Todesleitern. Ganz so dramatisch wie ihr martialischer Name sind die Leitern aber nicht und Todesgefahr besteht wohl nur bei starker Vereisung. Kindern wird der Name bestimmt gefallen und die bewältigte Tour in besonderem Licht erscheinen lassen. Aber auch für Erwachsene lohnt es sich, die drei 20 bis 30 Meter langen Eisenleitern hinaufzuklettern.

Oben erwartet einen dann wieder ein typisches Belvédère. Diesmal unter besonders schönen Bäumen, mit zauberhaftem Blick in die *Gorges du Doubs*. An einem Spätherbsttag, wenn die Sonne langsam über den Nebel gewinnt, als einziger Besucher dort zu stehen, gehört zu den stillen, großen Attraktionen des Jura.

Villers-le-Lac

Bonjour Tristesse in der Sommerfrische – Bereits zwei Kilometer vor der Grenzstation zweigt auf französischer Seite die schmale D 211 ab, sie führt einsam weiter nach Süden bis zum Weiler **le Barboux**. Auf der D 398 geht es nach **Villers-le-Lac**, einem touristischen Zentrum des Jura, das relativ unspektakulär auf einer 750 Meter hohen Ebene liegt. Auf dem See von Villers herrscht ein lebhafter Verkehr von Ausflugsbooten – eine Sommerfrische der ruhigen Art. Ein paar Kilometer nördlich des Ortes liegt der große Doubs-Wasserfall, der *Saut du Doubs*.

Heute pendelt Villers unentschieden zwischen Dorf und Kleinstadt. Ein Ort im hinteren und hohen Jura, gezeichnet von der Landflucht und den Strukturkrisen des letzten Jahrhunderts. Im Jura gibt es auf beiden Seiten der Grenze etliche dieser Flecken, deren Verlebtheit in eigentümlichem Kontrast zur vitalen Landschaft steht. Es gibt aber auch an solchen Plätze immer wieder Lichtblicke:

Gehobene regionale Küche – Hôtel le France, Villers-le-Lac

Hôtel le France – Villers-le-Lac. Seit 16 Jahren sorgen Küchenchef *Hugues Droz* und seine sympathische Frau Natalie für eine besondere Atmosphäre im eher unscheinbaren Haus an der Kreuzung. Der Empfang ist herzlich, die Karte verspricht anspruchsvolle ländliche Küche mit Finesse – wobei der Gast auch mit einigen Gewolltheiten der modernen Küche konfrontiert wird (Gaspazcho mit Infusionszubehör).

Seis drum, die Küche im «France» gehört mittlerweile zur Spitzengruppe – Michelin würdigt das Haus mit einem Stern. Man wählt à la carte oder eines der großen Menus, die für eine Luxusküche mit regionaler Ausrichtung stehen. Zum Beispiel das wundervolle Morchelmenü, das das ganze Jahr mit saisonalen Abweichungen serviert wird. Der Chef liebt Gewürze und spannende Aromen, z.B. das der winzigen blaßroten Wildbeeren des hohen Jura *(épines vinettes),* die dem Sorbet einen intensiv-fruchtigen, würzig-säuerlichen Geschmack geben.

Die Weinkarte ist sorgfältig zusammengestellt und fair kalkuliert. Darunter eine stattliche Anzahl an exzellenten Juraweinen (Loye, Puffeney, Aviet, Labet). Das Haus erfreut auch mit seinem Frühstück, ein opulenter Traum aus einer anderen Zeit: Allerfeinste Croissants des Bäckermeisters Viennet (s.u.), dazu nach Belieben Honig in der Wabe, erstklassiger Joghurt und morgenfrischer Kuchen.

Hôtel le France, 8, place Cupillard, 25130 Villers-le-Lac
Tel. 0033-(0)3.81.68.00.06, www.hotel-restaurant-lefrance.com
RT: So-Abend, Mo. Von Oktober bis April zusätzlich Di-Mittag
Typ: Französische Landpartie, Zimmer
Preise: Mittel-Hoch

Boulangerie Viennet – Villers-le-Lac. Wenige Meter vom Hôtel le France hat der Meisterbäcker *Viennet* sein Geschäft: Superbe Brötchen, beste Baguettes und feinste süße Teilchen – das Anstehen lohnt sich. Jean Luc Viennet ist ein «meilleur ouvrier de France». Daß er einer der besten Bäcker des Landes ist, hat er in dem alle vier Jahre in Frankreich stattfindenden Wettbewerb der Handwerker bewiesen und dies wird bis ans Ende seiner Tage im Schaufenster und auf der Markise zu lesen sein.

Boulangerie Viennet, 3, rue Pierre Berçot, Tel. 0033-(0)3.81.68.00.71

Tiefgrünes Land – zwischen Villers-le-Lac und dem Saut du Doubs

Zum Wasserfall beim See von Villers. Der *Lac de Chaillexon,* der See von **Villers**, ist durch einen Felssturz entstanden, er wird im hinteren Teil von steilen Kalkwänden eingerahmt. Der Doubs fällt hier 27 Meter in die Tiefe. Die spektakulärste Aussicht bietet, wie so oft im Jura, ein mit einem Geländer geschützter Platz, ein echtes *Belvédère*. Der Weg führt weiter an das Flußufer hinunter, im Rücken der tosende Wasserfall. Außerhalb der Sommermonate ist es hier ruhig, oft sogar einsam. Dann, wenn keine Boote fahren.

Zum Saut du Doubs fahren von Ostern bis Allerheiligen ab Villers Ausflugsboote. Die Dauer einer Tour beträgt zwei Stunden. Es ist die bequemste Art, See und Wasserfall zu erleben. Nur wissen das Viele. Dementsprechend ist auch der Andrang. Die Zentrale der sechs Anlegestellen befindet sich am Ortsausgang Richtung Morteau.
Tel. 0033-(0)3.81.68.05.34, www.sautdudoubs.fr

Alternativ zu Fuß: vom Hôtel le France sind es 2 km am See entlang – oder mit dem Auto rue Foch/D 215, ebenfalls hinter dem Hôtel le France beginnend. Nach 5 km biegt eine kleine Straße rechts ab, sie führt steil zum Parkplatz hinunter. Von hier zum See-Ende ist es eine Viertelstunde zu Fuß, kurz darauf kommt der Wasserfall.

Im Reich der Trockenwürste – Fruitière G. Rième, Morteau

Morteau

Morteau bietet wenig klassische Sehenswürdigkeiten: Die Stadt wurde 1865 nach einem Brand neu aufgebaut. Aber Morteau ist eine jener Kleinstädte, bei denen Franzosen unweigerlich an gutes Essen denken, Isigny mit seiner Butter, Arcachon mit den Austern, Troyes mit seiner Andouillette – und Morteau, die Hauptstadt der Würste.

Besondere Würste natürlich. 300 bis 500 Gramm schwer, der Naturdarm mit einem Holzspießchen verschlossen. In der kalten Jahreszeit wird die Wurstmasse mit Weißkraut *(saucisse au chou)* oder mit Leber *(saucisse au foie)* vermischt. Und immer hängt an der Wurst ein grün-weißes Blechsiegel, das Zeichen der «Appellation contrôlée». Es ist das höchste Prädikat für ein landwirtschaftliches Produkt, das in Frankreich vom INAO, Institut national des appellations contrôlées, vergeben wird. Um die «Appellation contrôlée» zu erhalten, muß die Wurst mit dem Fleisch von Jura-Schweinen gefüllt, mit Tannenholz geräuchert und in über 600 Meter Meereshöhe produziert werden.

Eine dicke Variante der *saucisse de Morteau* heißt *Jésus*, was aber auch den Herrn Pastor nicht davon abhält, in der Dorfbeiz «Jésus avec purrée de pommes de terre» oder «Jésus grillé» zu bestellen. Kaufen kann man Morteau-Würste in den Metzgereien der A.O.C.-Region, aber auch im angrenzenden Gebiet, auf den Märkten und in den verschiedenen Markthallen, etwa in Belfort.

Fruitière Guy Rième – Morteau. Die «Fruitière» – trotz des Namens kein Genossenschaftsladen – ist eine hervorragende Quelle für alle Wurstsorten der Region. Außerdem gibt es großartigen geräucherten Beinschinken. Dazu die ganze Palette Jurakäse in bester Qualität: Drei verschieden alte Comtés, die mit einem mächtigen Balkenmesser vom großen Laib geschnitten werden, dann der buttrige Morbier mit dem Aschestreifen in der Mitte, regionale Chèvres und der würzige *Bleu de Gex*. Schließlich, vom 10. September bis 10. Mai – den *Mont d'Or* in seiner typischen Holzschachtel. Insgesamt bietet der Laden reichlich Anschauungsmaterial für sorgengeplagte Fremdenverkehrsdirektoren in Deutschland und in der Schweiz. Vielleicht wäre die Rückbesinnung auf traditionelle Stärken einer Region eine Alternative zum gängigen Event-Aktionismus mit Häppchen vom Pappteller.

Fruitière Guy Rième. 30, Grande rue, 25500 Morteau, Tel. 0033-(0)3.81.67.07.05. Auch Postversand.

Épicerie Puig – Morteau. Es gibt noch einen zweiten bemerkenswerten Feinkostladen in Morteau: *Puig*, 1901 von einem Spanier gegründet. Ein typischer, traditioneller Delikatessenladen, eine *épicérie fine*, wie es sie auch in Frankreich nicht mehr in jedem Städtchen gibt. Ein solides Angebot an Würsten und Käse, erstklassiges Gemüse, Früchte, einige gute Öle und

Überlebt – Limo in der Bügelflasche, bei Rième in Morteau

Essigsorten, auch Konserven. Dazu an bestimmten Tagen frische Fische und Austern. Puig hat auch eine bemerkenswerte Auswahl an Weinen und alten Armagnacs. All dies wird mit Stolz präsentiert: in Holzregalen wohl aus der Gründerzeit des Ladens, welche zusammen mit einem Buffet mit Marmorplatte dem Ganzen ein liebenswert altmodisches Gepräge geben.

Epicerie Puig. 5, rue René Payot, 25500 Morteau, Tel. 0033-(0)3.81.67.13.14

Rième Boissons – Morteau. Sirup- und Limonadenhersteller. Die Bügelflaschen und Aromen lassen Erinnerungen an die Kindheit aufkommen. Mittlerweile sind die Rième-Flaschen in vielen Läden in ganz Frankreich vertreten und inzwischen sogar von «Manufactum» in den gehobenen Güterstand befördert.

Rième Boissons. 21, rue Louhière, 25500 Morteau, Tel. 0033-(0)3.81.67.15.33, www.rieme-boissons.fr

Auf Nebenwegen nach Pontarlier

Von Morteau lohnt sich der Abstecher auf der D 48 ins Hügelland von **Montlebon**.

Le Meix Lagor – Montlebon. Eine historische Auberge mit Charme und Stil, nur im Nebengebäude dominiert barocke Neofolklore. Die Köchin des Hauses versteht ihr Handwerk, auch wenn ihre Vorliebe für Sahne deutlich zu schmecken ist. Auf der Karte Klassiker wie Entenschlegel oder Morchelschnitten. Gruppen können das Nebengebäude für ein Wochenende oder gleich für die ganze Woche mieten. Die Gaststube im Haupthaus ist urgemütlich, das Nachtlager im Nebengebäude für Jurapuristen eher ungeeignet.

Auberge Le Meix Lagor. Les Greniers du Meix-Lagor, 25500 Montlebon
Tel. 0033-(0)3.81.67.26.03, www.meix-lagor.fr

Typ: Bauernhof aus dem 19. Jahrhundert, Nebengebäude für Gruppenunterkunft. Sauna, Jacuzzi, Naturschwimmbad.

RT: Unterschiedlich

Preise: Mittel

Der Fluß rauscht – beim Saut du Doubs

Défilé d´Entreroche – Fünf Kilometer südlich **Morteau** an der D 437 beginnt die erste der zahlreichen Schluchten des Doubs, das *Défilé d'Entreroche*. Die Straße windet sich den Fluß entlang, streckenweise unter natürlichen oder in die Steilwand gesprengten Felsüberhängen. Der Doubs wird hier deutlich schneller, abrupte Biegungen wechseln mit Stromschnellen. Es bleibt eben noch genug Platz für ein paar Picknickplätze unter Felsvorsprüngen vor Regen und Wind geschützt oder direkt über dem Wasser. Wie so oft in Frankreich findet man auch an solchen kleinen Landstraßen diskret plazierte Tische und Bänke, die ein feines Picknick doch sehr erleichtern können. So malerisch die Decke auf der Wiese wirkt, wer schon mit Ameisen, kippenden Gläsern und eingeschlafenen Beinen gekämpft hat, kann dem Mobiliar doch etwas abgewinnen. Comté, eben vom Laib geschnitten, dicke Scheiben Beinschinken frisch vom Bock, gutes Brot und eine Flasche *Côtes-du-Jura* und das kleine Glück ist perfekt. Entsprechende Einkaufsquellen siehe unter «Pontarlier» und «Morteau».

Nach 20 Kilometern gelangt man zur **Abtei Montbenoît** im winzigen Ort gleichen Namens. Gegründet 1150 von Walliser Augustinern. Die zwölf Dörfer um Montbenoît sollen sich noch heute von ihrer Umgebung unterscheiden – im Dialekt, in den alten Trachten der Dorfbewohner und im Baustil der Häuser. Das Gebäude der Abtei liegt in einem sanften, intensiv grünen Tal, etwas über dem Fluß. In Würde gealtert, erhalten, aber kaum sichtbar restauriert, ist das Gemäuer fast schon Teil der Landschaft geworden.

Der intime Kreuzgang zeigt reizvolle Primitivreliefs an den Kapitellen, etwa einen Drachen, aus dessen Rachen der Kopf eines verschlungenen Mönchs herausschaut. Besondere Beachtung verdient auch das Chorgestühl: wahre Meisterwerke sind die geschnitzten Darstellungen von *Samson* und *Dalila*, die symbolisieren, daß List die Kraft besiegen kann – und von *Aristoteles* und seiner Magd *Phyllis*, Symbol dafür, daß die Wahrheit [= Phyllis] die Wissenschaft [= Aristoteles] beherrscht. (Dank für diese Bemerkungen an Herrn Losert, Bad Krozingen.)

Kurz hinter Montbenoît führt links eine kleine blaue Eisenbrücke über den Doubs zu einem Picknickplatz mit Info-Tafel (Wanderrouten). Unter der Brücke stehen unterarmlange Forellen im Flußgras, zwischen den hellblauen Eisenträgern mäandert der Doubs auf die Abtei zu. Man möchte bleiben.

Le Crêt l'Agneau – La Longeville. Hier wären wir nun endgültig im Jura angekommen. Stille, Weite und eine stimmungsvolle Unterkunft in den Montagnes du Jura – und herzliche Gastgeber dazu. Die Mahlzeiten bestehen zum großen Teil aus eigenen Produkten: zum Frühstück wunderbare Konfitüren, knuspriges Brot, eine schöne Auswahl an Käse, aromatische Schinken – und am Abend ein herzhaftes Menü.

Maison d'hôtes Le Crèt l'Agneau. Les Auberges, 25650 La Longeville
Tel. 0033-(0)3.81.38.12.51. www.lecret-lagneau.com
Typ: Ferme Franc-comtoise aus dem 17. Jahrhundert, mit vier Zimmern und einer Suite. Panoramawiese
Preise: Mittel

Wer keine Lust auf die Berg- und Talfahrt hat, bleibt auf der Straße am Doubs und reserviert bei *Philippe Feuvrier* in **Grand'Combe-Châteleu** einen Tisch. Das kleine Dorf ist Ausgangspunkt für Wanderungen und Radtouren im Mittelland, es hat selbst auch einiges zu bieten:

Auberge de la Roche – Grand'Combe-Châteleu. Hier gibts gehobene Küche zu fairem Preis. Das letzte Mal war es eine luftige Geflügelterrine, in Trousseau geschmorte Schweinsbäckchen, bester Jura-Käse und feine Desserts.

Auberge de la Roche. Au Pont de la Roche, 25570 Grand'Combe-Châteleu
Tel. 0033-(0)3.81.68.80.05.
RT: Di- und So-Abend, Mo
Preise: Mittel-Hoch

Artisan charcutier Pierre Faivre. Die Metzgerei existiert schon seit 1890 und wird regelmäßig mit Preisen ausgezeichnet. Das Gebäude ist nicht besonders anziehend, aber davon darf man sich nicht beeindrucken lassen. Bei Faivre zählen allein seine Produkte, darunter gewaltige Brühwürste – ein Einkaufsparadies.

Artisan charcutier Faivre. 1, Ld Moilleseule, 25570 Grand'Combe-Châteleu, Tel. 0033-(0)3.81.68.80.03, www.salaisonsfaivre.com

Jurahaus mit Räucherkamin (tuyé)

Schutz und Geborgenheit hinter dicken Mauern – In den typischen Juradörfern im Tal von Morteau stehen einige alte Bauernhäuser, die von einem riesigen Räucherkamin, dem markanten *tuyé*, überragt werden.

Die Architektur des traditionellen Jurahauses vermittelt heute noch ein Gefühl von Wärme und Geborgenheit: Das gewaltige, relativ flache Dach wird von mächtigen Mauern und stammdicken Balken getragen, es reicht fast bis zum Boden. Ein Dach schützt Mensch und Tier bei Sturm und Schnee. Der Rauchduft, der im Winter in Orten wie Grand'Combe-Châteleu hängt, zeigt, daß es sich dabei nicht um Attrappen handelt. Im Ort weiter oben stehen an der Straße nach *Le Châlet* und *Montbenoît* zwei große jurassische Bauernhäuser, die als Teil des Regionalmuseums besichtigt werden können (nur im Sommer, keine verbindlichen Öffnungszeiten). GOETHE war bei seiner Schweizreise von diesen mächtigen Bauernburgen stark beeindruckt:

«Es unterschied sich in der inneren Bauart in nichts, als daß der große Raum mitten inne zugleich Küche, Versammlungsplatz, Vorsaal ist, und man von da in die Zimmer gleicher Erde und auch die Treppe hinauf geht. Auf der einen Seite war an dem Boden auf steinernen Platten das Feuer angezündet, davon ein weiter Schornstein, mit Brettern dauerhaft und sauber ausgeschlagen, den Rauch aufnahm… übrigens rings herum, auch in der Höhe über den Balken, eine Menge Hausrat und Gerätschaften in schöner Ordnung angebracht, alles nicht unreinlich gehalten.»

J.W. Goethe, Briefe aus der Schweiz, 1779

Weiter Richtung Pontarlier: Bei *Les Gras* führt die D47 nahe der Schweizer Grenze durch ein stilles, landschaftlich reizvolles Hochtal, ein ideales Terrain für Rad- und Motorradtouren. Die einsame Strecke erreicht erst nach 21 Kilometern *Pontarlier*, den nächsten größeren Ort. Dazwischen liegt nur ein Weiler, **Les Alliés,** dessen Name auf eine skurrile Geschichte zurückgeht: Bis zum Ersten Weltkrieg hieß der Ort – irgendwann von Deutschsprachigen aus der heutigen Schweiz gegründet – «Les Allemands». Das war den Einwohnern im Großen Krieg sehr peinlich, weshalb sie eine Namensänderung beantragten. Diese wurde ihnen am 20. November 1915 gewährt, seitdem heißen sie «Les Alliés» – die Verbündeten.

Chez les Colin – Montbenoît. Das bezaubernde Gasthaus von *Christiane Colin* liegt in einer alten Zollstation im Niemandsland auf 1.110 Meter nahe bei *Les Alliés*. Trotz der herben Umgebung, hier wäre ein Platz zum Bleiben, schon wegen der außergewöhnlichen Küche von Madame, die den Häusern der Region um Längen voraus ist. Serviert wird in heimeliger Atmosphäre, was noch mehr Freude macht. Vier Zimmer und eine Suite sind schlicht, aber geschmackvoll eingerichtet. Mit Bad und Toilette auf dem Flur. Eine jener Adressen, die man eigentlich nur guten Freunden weitergibt.

Chez les Colin. Hauterive La Fresse, 25650 Montbenoît
Tel. 0033-(0)3.81.46.51.63, www.chezlescolin.fr
RT: Keine
Typ: gute Küche, geschmackvolle Zimmer, großer Garten
Preise: Mittel

Es geht immer weiter – Rue de la République, Pontarlier

Pontarlier

Pontarlier ist mit seinen 20.000 Einwohnern der größte Ort des hohen Jura. Hier war bis vor kurzem noch Manches an der Grenze zum Zerfall. In den letzten Jahren wurden dann viele Gebäude renoviert. Ganz von heute ist auch die bunte Leuchtreklame an den Fassaden im Zentrum.

Pontarlier, das ursprünglich überwiegend aus Holzhäusern bestand, wurde wiederholt durch Brände zerstört und um 1736 einheitlich aus Stein neu aufgebaut. Es ist dieses noch weitgehend erhaltene Ensemble einer vom Militär geprägten Grenzstadt des 18. Jahrhunderts, das Pontarlier heute so reizvoll macht. Entlang der breiten Hauptstraße, die man von Norden durch ein repräsentatives Tor, die *porte St-Pierre*, betritt, stehen eine Reihe schöner, nicht überrenovierter Kalksteinhäuser. Um die Einheitlichkeit der Hauptstraße zu erhalten, wurde einer barock überformten romanischen Kirche 1736 eine potemkinsche Fassade zum neuen Marktplatz vorgestellt.

«Er schwadronierte wie ein Abgeordneter» – Im 19. Jahrhundert wurde die Stadt zu einem Zentrum der Absinth-Produktion. Im Jahr 1826 gab es bereits vier Brennereien mit einer Jahresproduktion von 100.000 Litern, die Produktion des extrem alkoholhaltigen Aperitifs (bis 72%) nahm rasch zu. Als *la fée verte* trat der Absinth seinen Siegeszug durch Europa an, wurde in den Salons der Dichter und Denker zum Kultgetränk, zum Treibstoff des Fin de Siècle. Die Soldaten der Garnison von Pontarlier sollen den Absinth gar aus den Helmen geschlürft haben. So schrieb PERGAUD in seinem 1912 erschienenen *Krieg der Knöpfe:* «Er war bei seinem dritten Absinth und schwadronierte wie ein Abgeordneter über seine wirklichen und erfundenen Kriegstaten.»

Der «Devil in disguise» (OSCAR WILDE) war zwar nicht nachweislich schädlicher als anderer Alkohol, doch die Wirkung von Absinth auf Physis und Charakter blieb umstritten. Oder um es in den Worten von Oscar Wilde auszudrücken: «Das erste Stadium ist wie normales Trinken, im zweiten fängt man an, ungeheuerliche, grausame Dinge zu sehen, aber wenn man es schafft, nicht aufzugeben, kommt man in das dritte Stadium, in dem man Dinge sieht, die man sehen möchte, wundervolle, sonderbare Dinge.»

1910 hieß es in der Schweiz: «Messieurs, Dames, c'est l'heure». Der Absinth wurde per Verfassungsartikel verboten und verschwand für beinahe 100 Jahre in den Untergrund. Da bot sich Pontarlier – zur Blüte der Absinthproduktion im Jahr 1913 mit 22 Brennereien ausgestattet – als grenznahe Versorgungsstation an. Allerdings nicht lange. Zwei Jahre später wurde die grüne Fee auch in Frankreich verboten und die meisten Brennereien mußten schließen. Heute existieren in Pontarlier gerade noch zwei Brennereien: die von uns favorisierte Brennerei *Guy* und die Destillerie *Les Fils de Emile Pernot,* die auf ABRAHAM-LOUIS PERNOD zurückgeht, den ersten Verfasser eines Absinth-Rezepts.

Blau-weiss: ohne Zucker – Brennerei Guy, Pontarlier

Anisette-Brennerei Guy, Pontarlier

Die legale Absinth-Produktion ist seit 1998 in Frankreich, seit 2005 auch wieder in der Schweiz zugelassen. In Frankreich mit Beschränkung auf einen maximalen Alkoholgehalt von 55 Prozent und einem limitierten *Thujon*-Gehalt. Die grüne Fee braucht aber – so ist der Kenner überzeugt – einen Mindestalkoholgehalt von 55 Prozent. Im *Val-de-Travers,* der Ursprungsregion des Kultgetränks, wird heute wieder legal, ohne solche Begrenzungen gebrannt. Gewisse Absinth-Destillate erreichen hier sogar einen Alkoholgehalt von 72 Prozent.

Schon im Oktober 2001 wurden an den Hängen von Pontarlier die ersten Absinthstauden geschnitten. Seither tropft das «grüne» Destillat wieder aus den Brennblasen in die formschöne Flasche. «Plantes d'Absinthe François Guy» steht auf dem Etikett. 20.000 Flaschen destillierte Guy im ersten Jahr – und nach fünf Monaten waren sie verkauft!

Die Anisette-Brennerei Guy – Pontarlier. Die Zeitreise beginnt schon vor dem Firmengebäude: am linken

First des etwas betagten dreigiebligen Fabrikensembles hängt das alte Firmenschild, gekrönt von einer Uhr. Beim Eintreten benebelt oder inspiriert einen dann intensiver Anisduft. Aus vier Brennblasen tropft das klare Destillat. Es ist noch das gleiche Brenngeschirr wie 1890 bei der Gründung der Brennerei durch ARMAND GUY. Ob nun *Armand, Pierre* oder *François* auf dem Etikett steht, die Produkte kommen alle aus der Rue Lavaux, dem Sitz des Familienbetriebs GUY. Übrigens, es ist kein Pastis, der da tropft. Das Wort «Pastis» nimmt man im Hause Guy besser nicht in den Mund – die Gleichsetzung mit dem provenzalischen Aperitif wäre ein Sakrileg. *Pontarlier-Anisette* ist ein Destillat. Dazu wird Anis in neutralem Alkohol eingelegt und danach nochmals gebrannt. Im Unterschied dazu ist Pastis ein Mazerationsprodukt. Samen und Kräuter werden im Alkohol extrahiert, der dann nur gefiltert wird. Wem das zu theoretisch ist, muß einfach probieren. Der Unterschied ist auf der Zunge deutlich spürbar. Pontarlier-Anis ist feiner und bekömmlicher, wie ein Angestellter nicht ohne Stolz erwähnt. Er würde sich am nächsten Morgen auch bei dreißig Anisettes wohl fühlen. Man solle dies bitte einmal mit Pastis versuchen! Nun denn...

Übrigens: Hinter dem blau-weißen Etikett verbirgt sich eine würzige Rarität, die nach alter Tradition ohne Zucker, künstliche Aromen oder Farbstoffe hergestellt wird. Blau-gelb etikettiert ist die süßere Variante.

Brennerei Guy. 49, rue de Lavaux, 25300 Pontarlier. Tel. 0033-(0)3.81.39.04.70
Öffnungszeiten: Di bis Sa 8-12 und 14-18 Uhr
Fabrikverkauf aller im Hause destillierten Produkte wie die Pontarlier-Anisette, der Tannenknospenlikör «Le vert sapin» und zahlreiche Obstbrände.

Tisch | Bett | Einkauf

Pontarliers Fülle an guten Einkaufsläden ist auch für französische Verhältnisse nicht selbstverständlich. Wer die Klientel in den Läden Pontarliers beobachtet, erfährt auch etwas über das entwickelte französische Qualitätsbewußtsein bei Lebensmitteln: Hier kaufen (täglich!) Menschen von nebenan, oft eher einfach gekleidet, gewiß nicht mit überdurchschnittlichem Einkommen, aber sie kaufen überdurchschnittlich gute Produkte. Die Preise für hochwertige Waren sind zwar etwas niedriger als bei uns, jedoch deutlich höher als im Supermarkt. In Deutschland ist der Preis für die Mehrzahl der Konsumenten bei weitem das wichtigste Kriterium beim Lebensmitteleinkauf. Durchschnittlich nur 10 Prozent des Haushaltseinkommens werden für Lebensmittel ausgegeben, die ihren Namen oft nicht mehr verdienen.

Brasserie de la Poste – **Pontarlier.** Das beliebte Restaurant wurde völlig neu renoviert, dazu gehört nun eine Vinothèque, eine Brasserie und ein Restaurant. Der «Tête de Veau», einer der Klassiker der französischen Volksküche, ein Leibgericht des ehemaligen Staatspräsidenten Chirac, hat die Renovierung des Hauses unbeschadet überstanden; Kalbskopf wird hier in Referenzqualität serviert: zarte gekochte Stücke von Zunge, Backe und sonstigem Kopffleisch vom Kalb. Dazu junge Kartoffeln mit reichlich Petersilie überstreut, die obligate «Sauce gribiche», eine deftige Remoulade, dazu sehr gutes Brot. Ein kulinarischer Maßstab.

Brasserie de la Poste. 55, rue de la République, 25300 Pontarlier
Tel. 0033-(0)3.81.39.13.79
Kein RT. Täglich von 6.30-24 Uhr geöffnet.
Typ: Vinothèque, Brasserie & Restaurant
Preise: Mittel

Traiteur Bonnet – Pontarlier. Etwas weiter, in der Rue de la République Nr. 85, der Laden vom Traiteur Bonnet, 1941 als Metzgerei gegründet. Hier gibt es neben erstklassigem Fleisch (herrliches *veau de Corrèze et du Limousin)* und den obligaten Jurawürsten auch eine große Auswahl an Terrinen, Patés und fertig präparierten Schnecken im Glas.

Bonnet traiteur. 85, rue de la République, 25300 Pontarlier
Tel. 0033-(0)3.81.46.70.70

Crèmerie Marcel Petite – Pontarlier. Die in den sechziger Jahren gegründete Crèmerie von Marcel Petite liegt hinter der Rue de la République in Richtung Doubs. Der Käseladen beeindruckt mit einer Palette berühmter Comtés, die im *Fort Saint Antoine* heranreifen und im Laden in allen Altersklassen angeboten werden. Hinzu kommen Morbier, Bleu de Gex, der nur saisonal erhältliche Mont d'Or und andere feine Rohmilchkäse aus den verschiedensten Regionen Frankreichs. Dazu eine Selektion Juraweine. Nebenbei: Im Pensionsalter hat der Sohn von Marcel Petite, François, das Weingut von Claude Charbonnier in Chillé, mit Lagen in L'Étoile und Château-Chalon übernommen und die Crèmerie endgültig seinen Sohn Lionel übergeben

Crèmerie Marcel Petite. 7, rue Sainte Anne, 25300 Pontarlier
Tel. 0033.(0)3.81.39.09.50

Côté Pont – Pontarlier. Direkt am Doubs gelegen bietet *Arlette Laude* in ihrer stimmungsvollen Beiz eine ordentliche, manchmal auch gute Küche. Tagesform und Einkauf entscheiden, das Angebot schwankt zwischen lokal und mediterran, bei unserem letzten Besuch gab es zum Beispiel eine ausgezeichnete Parmesansuppe. Die Weinkarte ist guter Durchschnitt – was wiederum zum Essen paßt. Punkte- und Sternedeuter auf den Spuren von MICHELIN & GAULT MILLAU werden ihr Glück aber wohl eher bei *Marc Faivre* in Malbuisson finden (siehe dort).

Côté Pont. 2, rue de la République, 25300 Pontarlier
Tel. 0033-(0)3.81.46.59.53
RT: So und Mo
Typ: Charmantes Kleinod direkt am Doubs
Preise: Mittel

La maison d'à côté – Mme Laude vermietet außerdem noch zwei sehr schöne, modern eingerichtete chambres d'hôtes, wobei das teurere (90 Euro) gegen den Innenhof geht und ruhiger ist. www.lamaison-da-cote.fr

Strategisch gelegen, von Vauban befestigt – Château de Joux

Château de Joux

Eine enge Schlucht, eine «cluse», verbindet rechtwinklig zwei der schier endlosen Längstäler des hohen Jura. Durch die «cluse» von Pontarlier, an der N 57 südlich der Stadt gelegen, zwängt sich der Doubs nach Nordwesten. Diese enge Stelle war stets ein strategisch wichtiger Platz und der wird seit dem 11. Jahrhundert durch das mächtige Château de Joux gesichert, seit jeher mehr Burg als Schloß. Die Burg wurde Ende des 17. Jahrhunderts von Marschall Vauban ausgebaut. Später diente das Château de Joux als Staatsgefängnis. Im Ancien régime saß hier unter anderen auch Mirabeau ein, einer der Vordenker der Französischen Revolution. Die Bedingungen können allerdings nicht sehr streng gewesen sein, bot sich ihm hier doch die Gelegenheit, einem betagten regionalen Magnaten die junge Ehefrau zu entführen. Unter Napoléon wurde Toussaint Louverture, der schwarze Führer der Unabhängigkeitsbewegung auf Haiti, bis zu seinem Tod 1803 hier gefangen gehalten.

Im Spätwinter 1807 verbrachte Heinrich von Kleist, in Berlin unter Spionageverdacht festgenommen, in Joux einige Wochen im Kerker. Inspiriert vom Schicksal des Sklavenbefreiers schrieb Kleist hier eine seiner schönsten Novellen, «Die Verlobung in Santo Domingo». Vom unfreiwilligen Logis auf Châteaux de Joux war Kleist wenig angetan, am 5. März 1807 notierte er in seinen Briefen:

«Nichts kann öder sein, als der Anblick dieses, auf einem nackten Felsen liegenden Schlosses, das zu keinem anderen Zweck, als zur Aufbewahrung der Gefangenen noch unterhalten wird. Wir mußten aussteigen, und zu Fuß hinaufgehn; das Wetter war entsetzlich, und der Sturm drohte uns, auf diesem schmalen, eisbedeckten Wege, in den Abgrund hinunter zu wehen... Wir hatten in Besançon schon Rosen gesehen; doch hier, am nördlichen Abhang des Jura, lag noch drei Fuß hoher Schnee.»

Durch fünf Befestigungsringe erreicht man das Innere der Festung. Ein gut besuchtes Museum zeigt die Geschichte vom Château de Joux. Die Zellen der berühmten Gefangenen können ebenso besichtigt werden wie der 120 Meter tiefe Brunnen.

Chateau de Joux. 25300 La Cluse-et-Mijoux, Tel. 0033-(0)3.81.69.47.95, www.chateaudejoux.com. Geöffnet: 1. April bis 15. November von 10-11.30 und 14-16.30 Uhr. Führungen: Juli und August täglich von 9-18 Uhr.

Lac de Saint-Point

Der Lac de St-Point, vom Doubs durchflossen, ist mit einer Fläche von sechs Quadratkilometern der größte natürliche See des französischen Jura. Er liegt auf 900 Metern Höhe, inmitten einer fast skandinavisch anmutenden Landschaft.

Malbuisson, der kleine Ort mit seinen einfachen, konfektioniert wirkenden Chalets erstreckt sich am Ostufer, hier auch mehrere gute Badeplätze, die vom Ort aus in wenigen Minuten zu Fuß erreichbar sind; außerdem Tretbootverleih und Segelschule. Ein angelegter Seerundweg lädt zum Spazierengehen oder Radfahren ein. Darüber wird leicht vergessen, daß wir uns hier auf fast 900 Meter Höhe befinden und die heitere Sommerfrische immer noch jeden Winter für Monate zufriert. Trotzdem wird das Wasser im Sommer bis zu 25 °C warm.

Das westliche Ufer ist touristisch weniger erschlossen, hier zieht sich die kleine D 129 durch sanft hügeliges Weideland, in schilfbestandenen Buchten liegen Fischerboote an Holzste-

Still ruht das Boot – am Westufer des Lac de St. Point

gen, dahinter die Wochenendhäuschen passionierter Angler. Neue Bau- und Hygienevorschriften und damit verbundene hohe Renovierungskosten haben dazu geführt, daß in dieser Idylle in den letzten Jahren einige patinierte, aber sympathische Pensionen schließen mußten.

Tisch | Bett

Le Bon Accueil – Malbuisson. *Marc Faivre* ist der Spitzenkoch der Region. Wenn nur der Innenarchitekt des Hauses sein Handwerk ebenso gut verstünde. Aufwendig und teuer ausstaffiert ist noch lange keine Garantie für angenehme Atmosphäre, auch im «Le Bon Accueil» nicht. Egal, Faivre bietet große Küche zu angemessenem Preis – solange man sich für eines seiner Menüs entscheidet, «à la carte» wirds schnell teurer. Beim regionalen Menü hatten wir Preßkopf und Entenleber mit Zwiebelchutney, als Zweites eine kleine Morchelschnitte, gefolgt von einer Forelle aus dem Bassin, danach zartes Huhn in Rotwein. Den Abschluß bildeten einige Comtés von Marcel Petite und ein köstlicher Milchreis mit Waldbeeren. Das «ou» zwischen den Optionen haben wir ignoriert, ein Supplement bezahlt und uns mit großem Appetit durch alle Positionen gegessen. Dazu tranken wir exzellente Jura-Weine von *Labet* und *Puffeney*. Danach hätten wir fast noch auf den Innenarchitekten angestoßen.

Hôtel Le Bon Accueil. Rue de la source, 25160 Malbuisson
Tel. 0033-(0)3.81.69.30.58, www.le-bon-accueil.fr
RT: So-Abend bis Di-Mittag
Typ: Spitzenküche im ehemaligen Bauernhaus, schick inszeniert.
Zimmer
Preise: Mittel-Hoch

Hôtel de la Poste | Restaurant À la Ferme – Malbuisson. Falls im «Le Bon Accueil» kein Tisch und Bett mehr frei ist, empfiehlt sich das Familienunternehmen *Chauvin*, zu dem in Malbuisson gleich mehrere Betriebe gehören. Am besten gefällt uns ihr einfaches «Hôtel de la Poste» und das dazu gehörende Restaurant «À la Ferme» mit seiner regionalen Küche.

Hôtel de la Poste / Restaurant À la Ferme. 25160 Malbuisson
Tel. 0033-(0)3.81.69.79.34
RT: November und Dezember geschlossen, einige Tage im März
Typ: Einfache Herberge, Zimmer, gemütliches Restaurant
Preise: Mittel

Hôtel Le Lac – Malbuisson. Einst ein Grand Hôtel, heute ein Stilpuzzle. Das kann gefallen, muß aber nicht. Die Hotelbar präsentiert sich im authentischen Retro-Look der sechziger Jahre, das Restaurant im Pseudoprunk à la Louis XVI.

Hôtel Le Lac* / Restaurant Le Lac**
Hôtel Beau Site / Restaurant du Fromage**
Grande Rue, 25160 Malbuisson
Tel. 0033-(0)3.81.69.34.80, www.hotel-le-lac.fr
RT: November, Dezember geschlossen und einige Tage im März
Typ: Stilpuzzle. Gehobenes (Le Lac) und rustikales (du Fromage) Restaurant.
Zimmer
Preise: Mittel-Gehoben

Alles unter einem Dach – Auberge du Coude, Granges-Ste-Marie

Auberge du Coude – Granges-Ste-Marie. Das mächtige Jurahaus aus dem Jahre 1826 steht direkt an der Kreuzung in Granges-Ste-Marie. Die Patina ist echt, es wird ordentlich gekocht, draußen im Garten leider die üblichen Plastikstühle.

Auberge du Coude. 25160 Granges-Ste-Marie, Tel. 0033-(0)3.81.69.31.57
RT: So-Abend und November bis Mitte Dezember
Typ: Klassisches Jurahaus mit Zimmer
Preise: Mittel

La Clusette – Vaux-et-Chantegrue. Unser Lieblingslokal in dieser Region, «Les Voyageurs», gibt es leider nicht mehr. Marie-Jeanne und Claude Grémion haben die Türe zu ihrem gastronomischen Kleinod für immer geschlossen. Wir vermissen sechs stilvoll gedeckte Tische, den bollernden Holzofen, den knarrenden Riemenboden und den weiten Blick über die Felder. Wir trauern um die ungekünstelte Regionalküche von Madame und den galanten Service von Monsieur. Ein kleiner Trost bleibt: Claude Grémion vermietet ein einfach eingerichtetes **Chambre d'hôte**. Von «Les Voyageurs» zu «La Clusette». Immerhin.

La Clusette. 17 rue de Marais, 25160 Vaux-et-Chantegrue
Tel. 0033-(0)3.81.69.61.24
Typ: Ein Gasthaus im hohen Jura. ⇄ Zimmer.
Preise: Mittel

Maison de la Reserve – Labergement-Sainte-Marie. In dem modernen Holzbau etwas südlich von Vaux-et-Chantegrue, direkt am kleinen See von *Remoray-Boujeons*, erfahren Sie einiges über die Tier- und Pflanzenwelt dieses interessanten Naturschutzgebiets. Es gehört zu den artenreichsten Feuchtbiotopen Frankreichs. Sogar Auerhahn und Luchs kommen hier vereinzelt vor. Zu den nahen Almen und Mooren werden auch Exkursionen angeboten.

Maison de la Reserve. 28, Rue de Mouthe, 25160 Labergement-Sainte-Marie, Tel. 0033-(0)3.81.69.35.99. Ausstellungen, Shop mit Ansichtskarten- und Buchverkauf. www.maisondelareserve.fr

Für Sportler – Die Region um *Métabief* bietet für Sportler zahlreiche markierte **Mountainbikerouten** an, genannt VTT, *Vélo tout terrain*. Métabief hat sich – ähnlich wie der Südschwarzwald – zu einem Zentrum der Geländeradler entwikkelt, sogar Welt- und Europameisterschaften haben hier schon stattgefunden.

In der Region um Métabief entstand auch eines der beiden wichtigsten **Wintersportzentren** des französischen Jura. Leider wirken die großen Appartementhäuser und die verstreuten Chalets nicht reizvoller als entsprechende Siedlungen in den Savoyer Alpen. Dafür ist das Angebot an Pisten und Liften am *Mont d'Or* für ein Mittelgebirge beachtlich. Ein günstiger Einstiegsplatz zu den zahlreichen Loipen befindet sich bei *Fort St. Antoine* an der kleinen Straße, die am Ortsausgang von Malbuisson in Richtung Pontarlier rechts abzweigt. Wie stets in Frankreich ist die Benutzung der Loipen gebührenpflichtig. Entsprechende Marken werden bei den offiziellen Tourismusbüros und an den großen Startplätzen verkauft.

Mont d'Or

Der Berg, nach dem ein Käse heißt – jener *Vacherin Mont d'Or*, der von September bis Mai in der runden Holzschachtel verkauft wird. Der Mont d'Or ist kein Gipfel, sondern nur eine kleine Erhebung (1.463 Meter) auf einem langen Kamm, der 200 Meter tief zur Schweiz hin abfällt.

Im Gegensatz zu Frankreich darf der Vacherin in der Schweiz seit 1981 nicht mehr als Rohmilchkäse verkauft werden, die

Im Vacherin-Land – Blick vom Mont d'Or auf den Schweizer Jura

Milch muß während der Produktion für ein paar Sekunden über 70 °Celsius erhitzt werden. Welcher Käse nun besser schmeckt, der aus F-Rohmilch oder der CH-Thermisierte – kann jeder selbst entscheiden. Relativ gleichgültig bleiben die Kühe, die mehrmals täglich die Grenze wechseln, das gleiche Gras kauend, ohne biometrischen Paß. Vacherin Mont d'Or darf nur zwischen 15. September und 10. Mai verkauft werden.

Steile Grenze zur Schweiz – am Mont d'Or

Auf den Gipfel. Von *Métabief* führt die D 450 weiter den Hang hinauf bis zu einem ausgeschilderten Parkplatz. Von hier sind es zu Fuß noch zehn Minuten bis zum Gipfel und zu den aussichtsreichen Kammwanderwegen nach Süden und Norden. Vom Gipfel des Mont d'Or bietet sich zudem eine grandiose Panoramasicht auf die Zentralalpen. An klaren Spätherbsttagen reicht der Blick bis zum Säntis im Osten und zum Montblanc im Südwesten.

Ein kulinarisches Ziel liegt unterhalb vom Gipfel des Mont d'Or. Unmittelbar vor dem Parkplatz zweigt der kleine Gipfelweg nach rechts zur Alm *Petite Echelle* ab. Nach vier Kilometern geht es dann nochmal rechts ab:

La Boissaude – Rochejean. Auf 1.229 m Höhe wird in der Holzstube der ehemaligen Ferme eine ordentliche rustikale Küche serviert. Morbier-Käseschnitten, Pilzgerichte, Grilladen vom offenen Feuer und gute Desserts, wie die Tarte maison.

Berggasthaus La Boissaude. Lieu dit la Boissaude, 25370 Rochejean
Tel. 0033-(0)3.81.49.90.72

Sicht bis zu den Zentralalpen – Gipfelweg am Mont d'Or

Das Berggasthaus ist auch direkt von Rochejean zu erreichen. Die Straße wird im Winter freigehalten.
RT: Unterschiedlich
Typ: Uriges Berggasthaus
Preise: Günstig-Mittel

Fromagerie du Mont d'Or. In Métabief führt kein Weg an der Käserei der Familie *Sancey-Richard* vorbei. Die Käserei produziert vorzüglichen Comté, Morbier, Mont d'Or und einen Montagnard, die etwas weichere und deftigere Variante eines Comté. Alle Käse dieser Fromagerie sind intensiv-kräftig im Geschmack. Mit ausgesuchten Regionalprodukten ist der Dorfladen *Chez Alice* eine gute Ergänzung zur Dorfkäserei.

Fromagerie du Mont d'Or. 2, rue du Moulin, 25370 Métabief, Tel. 0033-(0)3.81.49.02.36; Mo bis Sa 9-12.15 und 15-19 Uhr, Sonn- und Feiertage 9-12 Uhr.

Produits du Pays – Chez Alice. Ave du Bois du Roi, 25370 Métabief, Tel. 0033-(0)3.81.49.12.71; nur Dezember bis Mitte März und Juli/August geöffnet, gleiche Ladenzeiten wie die Fromagerie. Am Sonntag zusätzlich von 16-19 Uhr.

Wiedergeburt im Jurakalk – Source du Doubs bei Mouthe

Zur Quelle des Doubs

Auf den Lac de Saint-Point folgt im Süden der kleine *Lac de Remoray-Boujeons*. Hier gibt es an der Forststraße, die 100 Meter nach dem See rechts abgeht, ein Belvédère. Nun auf der D 437 dem mäandernden kleinen Fluß entlang, in Richtung Mouthe der Quelle des Doubs entgegen.

Der Weg zur *Source du Doubs* führt von Mouthe zunächst an Skiliften und einem Campingplatz vorbei. Keine Angst, es wird schon noch romantisch. Aus stark gefaltetem Jurakalk sprudelt eine kräftige Quelle in ein moosgrünes Becken. Und das ist es auch schon. Der Doubs ist geboren. Auf der Wiese stehen weiträumig verteilt Picknickmöbel – natürlich bleibt man hier an der Quelle nicht alleine.

Exakt 937 Meter liegt die Quelle über Meereshöhe, am Abhang des *Fôret du Noirmont* unweit der Schweizer Grenze. Und von der wird sich der Doubs während der ersten hundert Kilometer auch nicht weiter als zehn Kilometer entfernen. Eigentlich ist es auch gar keine Quelle, sondern eine «résurgence», so heißt das Wiedererscheinen eines versickerten Wasserlaufs. Das Wasser des Doubs kommt aus dem Schweizer *Lac du Joux* jenseits des *Fôret du Noirmont*. (Siehe auch Karte Nr. 5, Seite 57)

Zwei Räder, zwei Bretter

Von Morteau über Pontarlier nach Mouthe – eine traumhaft schöne Radtour im hohen Jura. Die Strecke eignet sich (auch in umgekehrter Richtung) optimal für eine lange Tagestour mit dem Rad: etwa 60 Kilometer, von wenigen Ausnahmen abgesehen stets sanftes Gefälle. Ambitioniertere Fahrer schaffen es auch am gleichen Tag nach Mouthe zurück, oder man geht die Tour gemütlicher an und plant eine Übernachtung ein. Am stimmungsvollsten sind die späten Herbsttage – eine Überlandfahrt fast ohne Autos.

■ **Streckenverlauf:** Zunächst über die D 47 via *Les Gras* – drei Kilometer südwestlich von *Morteau* links von der D 437 abzweigend, durch das einsame Hochtal nach *Pontarlier*. Südlich von Pontarlier am westlichen Ufer der beiden Seen entlang. Erst auf der D 129, dann auf der D 46 nach *Mouthe*.

Langlauf – Im Winter sind die langen, flachen und schneereichen Hochtäler im hohen Jura ein ideales Langlaufrevier. **Mouthe** gilt neben **Les Rousses** als Zentrum der Langläufer. Besonders interessant sind die langen Strecken der *Grande Traversée du Jura*, insgesamt 400 Kilometer gespurte Loipen. Einige Tage Langlauf auf schneesicheren Loipen, kombiniert mit Pistenfahrten am nahen Mont d´Or, gutes Essen inklusive. Zum Beispiel, wie bereits erwähnt, im wunderbaren «Chez les Colin» in der Nähe von Montbenoît in *Hauterive La Fresse*.

Accueil Montagnard, Centre-Ecole de Ski de fond. Chapelle-de-Bois, 25240 Mouthe, Tel. 0033-(0)3.81.69.26.19.

Stille Täler und Flüsse

Die Täler von Dessoubre und Loue gehören zu den schönsten Landschaften Frankreichs – grüne Idyllen. Die Quelle des Dessoubre liegt 20 Kilometer nördlich von Morteau, die Louequelle etwa 20 Kilometer nördlich von Pontarlier.

Das Tal des Dessoubre – Am Beginn des gut 30 Kilometer langen Dessoubre-Tals liegt der *Cirque de Consolation,* ein ypsilon-förmiger Talschluß, überragt vom grandiosen *Belvédère de la Roche du Prêtre.* Unten, auf dem Boden des Talkessels, entspringt der Dessoubre mit einem Wasserfall aus der Felswand, während der Lancot aus einer Grotte hervortritt. Am Zusammenschluß der beiden Flüsse liegt die Wallfahrtskirche *Notre-Dame-de-Consolation.* Ein kunsthistorisch wenig bedeutender Barockbau mit den Gebäuden eines früheren Priesterseminars. Der Park der Anlage hat noch viel von einem englischen Landschaftsgarten des 18. Jahrhunderts. Lichtungen zwischen den mächtigen Bäumen geben den Blick auf die

Beginn einer grünen Idylle – Source du Dessoubre

Felswände frei. Natürliche und angelegte Grotten, Kaskaden und die Quellen der beiden Bäche erscheinen vor allem im Morgenlicht und bei leichtem Nebel wie eine Szenerie aus der Romantik. Verwunschenes Land.

350 Meter über dieser waldgrünen Traumwelt erhebt sich der *Roche du Prêtre*, einer der imposantesten Aussichtspunkte des Jura. Von der gleichförmigen Weidelandschaft des Plateaus geht der Blick über bizarre Felsformationen und steile Hänge in den abgrundtiefen Cirque hinunter. Außerhalb der kurzen Sommersaison herrscht hier wenig bis kein Betrieb.

Zwei gute Einkehren überzeugen mit Gastfreundschaft und regionaler Küche. Die eine liegt direkt an der D 39 in Richtung St-Hippolyte, die andere versteckt oberhalb bei **Vaucluse.**

La Truite du Moulin – Cour St-Maurice. In der ehemaligen Mühle direkt über dem Dessoubre, bei Frédéric und Carole Machado, gibt es frische Forellen aus dem flußwassergespeisten Becken, oft auch Flußkrebse, Huhn, Morcheln und immer wird ein kleines Menü angeboten. Dazu eine anständige Aus-

Forellen direkt aus dem Flußwasser – La Truite du Moulin

wahl an Jura-Weinen und von der Veranda Blick ins grüne Tal. Nach Lage und Angebot ein Landgasthof im Wortsinne.

La Truite du Moulin. (beim Weiler Le Moulin du Bas), direkt an D39 und Dessoubre gelegen, 25380 Cour St-Maurice, Tel. 0033-(0)3.81.44.30.59
RT: Di und Mi
Typ: Ehemalige Mühle, ♣ Balkon über dem Dessoubre
Preise: Mittel

Ferme-Auberge de Frémondas – Vaucluse. *Anne* und *Sandrine Moreau* servieren Beinschinken, Speck, Ente in Rotwein, Ziege in Sauerampfersauce, Käse und Tarte maison. Eine Adresse für Beizengänger, die das ganz Einfache schätzen. Alle anderen werden enttäuscht sein. Unbedingt anrufen und reservieren – die Damen haben viel Stammkundschaft.

Ferme-Auberge de Frémondas. Frémondas, 25380 Vaucluse
Tel. 0033-(0)3.81.44.35.66
RT: Mo- und Fr-Mittag. Im Juli und August täglich abends geöffnet.
Typ: Sehr einfache Ferme
Preise: Günstig

Romantisches Vorbild für Gustave Courbet – der Lauf der Loue

Das Tal der Loue – Die gut 100 Kilometer lange Loue ist einer der reizvollsten Flußläufe Frankreichs. Das Tal galt schon im 19. Jahrhundert als romantisch. Viele Gemälde – die berühmtesten von Gustave Courbet – zeugen davon.

Im Mittelalter war das Louetal reich mit Burgen bewehrt, fast alle wurden im dreißigjährigen Krieg und während der folgenden Eroberung der Franche-Comté durch Frankreich zerstört. Etliche von ihnen sind als Ruinen heute noch zugänglich.

Die Loue-Quelle ist eine der bekanntesten Stellen des Jura. Etwa 15 Kilometer nördlich von *Pontarlier* verläßt man die N 57, fährt vier Kilometer auf der D 41 nach links und biegt kurz vor dem kleinen Ort *Ouhans* rechts in die steil talwärts führende D 443 ein. Von einem Parkplatz aus geht es dann noch etwa eine halbe Stunde zu Fuß bergab – und wenig später wieder hinauf.

Wieder geboren – Loue bei Ouhans

Wiederkehr des Absinth: Im Sommer 1901 fiel einem Spaziergänger an der *Loue* auf, daß der Fluß die Farbe, den Duft und den Geschmack von Absinth hatte. Kurz zuvor waren in Pontarlier bei einem Brand der Destillerie PERNOD eine Million Liter des Wermuts in den *Doubs* geflossen. Es mußte also eine Verbindung zwischen beiden Flüssen geben. Der Nachweis dieser Verbindung gelang später dem französischen Höhlenforscher MARTEL, indem er nahe Pontarlier grünen Farbstoff in eine Spalte im Flußbett des Doubs füllte und 64 Stunden später an der Loue-Quelle eine Grünfärbung des Wassers beobachtete. Somit ist die Loue eine «Résurgence» (wörtlich: ein Wiedererscheinen) von Teilen des Doubs. Ein Phänomen, das im karstig zerklüfteten Jura nicht selten ist.

Weil die Loue-Quelle aber nicht nur aus dem Doubs gespeist wird, sondern noch weitere unterirdische Zuflüsse hat, ist die Schüttung das ganze Jahr über beachtlich. Die Quelle befindet sich in einer großen, teilweise begehbaren Grotte am Fuß einer über 100 Meter hohen Felswand. Direkt unterhalb der Quelle

Courbet war auch schon da – an der Louequelle

stößt man auf die Reste eines gemischten Gewerbegebietes aus dem 18. und 19. Jahrhundert. Wegen der zuverlässig erzeugbaren Energie durch Wasserkraft hatten sich hier Webereien, Schmieden und Hammerwerke, Sägen und Schleifereien, Öl- und Getreidemühlen niedergelassen.

Nur der oberste Lauf der Loue *(Gorges des Nouailles)* ist von Felswänden eingeschlossen, auf diesen wenigen Kilometern gibt es zahlreiche Aussichtspunkte, wie den von *Renédale* oder *Du moine de la Vallée,* die von **Ouhans** aus über die D 41 und D 376 leicht zu erreichen sind.

Weites Tal, schöner Ort – Mouthier an der Loue

Im Kirschtal: Um Mouthier

Einige Kilometer weiter flußabwärts weitet sich das Tal der Loue und die Straße (D 67) erreicht **Mouthier-Haute-Pierre.** Neben Ornans und Lods ist dies wohl der schönste Ort an der Loue. *Mouthier-Bas* liegt am Fluß, der hier von einer alten Steinbrücke überquert wird. Die alten Comtoiser Steinhäuser von *Mouthier-Haut* und Reste vom Benediktinerkloster, das hier seit 870 bestand, liegen auf einem kleinen Hügel. Die Revolution hat von der Klosteranlage allerdings nur noch wenige Spuren hinterlassen.

Das Tal von Mouthier ist Zentrum des Kirschenanbaus, ein Besuch zur Blütezeit wäre perfekt. Hier wird auch einer der feinsten Obstbrände überhaupt produziert, der *Kirsch de la Marsotte*, dessen hohe Güte (50 %!) sich in den komplexen Aromen bemerkbar macht. Ein Elixier, von dem schon einige Tropfen die Produzenten und Konsumenten von mittlerweile oft nur noch 38-prozentigem Dünnkirsch lehren könnten, wie weit sie heruntergekommen sind.

Das dichte Destillat hat freilich seinen Preis. Hinzu kommt, daß der Spätfrost den empfindlichen Kirschblüten immer wieder arg zusetzt. Es braucht also den richtigen Moment und etwas Glück, um überhaupt noch irgendwo eine Flasche ergattern zu können. «Marsotte» ist der Name einer alten, spät reifenden Kirschensorte, die dem Obstwasser sein unverkennbares Aroma gibt.

Distillerie La Marsotte. Madame Chadid, rue Ernest Reyer, 25920 Mouthier-Haute-Pierre, Tel. 0033-(0)3.81.60.96.84

Boucherie Villain – Mouthier-Haute-Pierre. Im Oberdorf (links von der Straße nach Hautepierre-le-Châtelet, ausgeschildert) gibt es einen ausgezeichneten Metzger: *J.-M. Villain* hat den besten Schinken vom Bock, perfekt abgehangenes Fleisch, Wurst nach Art der Morteau (weil Mouthier außerhalb des AOC-Gebiets liegt, darf sie aber nicht so heißen). Dazu eine exzellente Auswahl an Käse, und so vieles mehr für die fortgeschrittene Selbstversorgung. Der Betrieb ist seit Generationen in Familienbesitz. Wie gesagt, nur ein Dorfmetzger. Aber was für einer.

Boucherie Villain. 37 Grande rue, 25920 Mouthier-Haute-Pierre, Tel. 0033-(0)3.81.60.95.39.

Loue-abwärts bis Ornans

Traumblicke in alle Richtungen – In **Mouthier** geht es auf der kleinen D 244 nach Norden bis **Hautepierre-le-Châtelet**. Am Eingang des kleinen Ortes mit seinen behäbigen Jurahöfen führt ein breiter Wanderweg in einer Viertelstunde zum *Point de vue de la Roche de Hautepierre*. Auf 882 Meter über dem Meer und 450 Meter über dem Tal öffnet sich ein Panorama weit über den Jura hinaus. An vielen Tagen sind im Süden hinter dem Mont d'Or sogar die Kamelhöcker des Montblanc zu erkennen. Im Frühjahr leuchtet im Louetal die Kirschblüte, während die Kämme der hohen Juraberge noch schneebedeckt sind. Im Herbst mischt sich das Bimmeln der Kuhglocken mit den Schüssen der Treibjäger.

Dann ab Mouthier weiter auf der D 67 loueabwärts über **Lods** (sprich: Loo) und **Vuillafans**, beide etwas kleiner als Mouthier, aber mit ihren Kalksteinhäusern und engen Gassen ebenso reizvoll. Lods beeindruckt mit einem geschlossenen Dorfbild, der Ort zählt zu den 200 schönsten Dörfern Frankreichs. Vuillafans hat zwar keine solche Auszeichnung erhalten, es gefällt mit seiner Bogenbrücke gegenüber der Kirche und den alten Wasserrädern aber genauso gut.

Truite d'Or – **Lods.** Landgasthof in einem Natursteinhaus über der Loue, Spezialität sind Forellengerichte. Im Garten, der durch die Route de Besançon vom Haus getrennt ist, steht noch der eine oder andere rote Blechstuhl und die lange Lattenholzbank. In den Gaststuben herrscht bunter Stilmix. Was den Eindruck «rustikaler Charme französischer Provinz» stört, ist das Plastikzelt auf der Steinterrasse neben dem Eingang und die fehlende Konstanz der Küche. Leser bemängelten neulich auch die fehlende Frische der Forellen und den mürrisch agierenden Service. Wir hoffen auf bessere Laune und frische Forellen. Die Truite steht unter Beobachtung.

Lods an der Loue

Truite d´Or. 40, route de Besançon, 25930 Lods
Tel. 0033-(0)3.81.60.95.48
RT: Oktober bis April So-Abend und Mo geschlossen. Ab Mitte Dezember bis Ende Januar geschlossen.
Typ: Natursteinhaus mit 11 angenehm plüschfreien Zimmern
♣ Garten zur Loue hin
Preise: Mittel

Von Vuillafans führt eine gut ausgebaute Straße in beeindruckenden Serpentinen hinauf aufs Plateau nach **Lavans**. An den steilen Talhängen fallen neu angelegte, mitunter nur handtuchgroße Rebflächen auf. Neu sind hier nur die Reben, nicht die Weinkultur. Um die Wende zum 20. Jahrhundert gab es an der Loue über 1000 Hektar Reben, nach der verheerenden Reblausplage hatte man neu gepflanzt. Auf alten Photos sind noch alle Südhänge mit Reben bestockt.

In den neunziger Jahren hatte sich eine Gruppe von Wein- und Kulturfreunden unter dem Namen RURANIM zusammengetan, um den Weinbau wieder zu beleben. Nach einigen

La douce France – im Louetal Richtung Ornans

Jahren der Planung, in denen es hauptsächlich um das Ausräumen bürokratischer Hindernisse ging, wurden 6,5 Hektar *Chardonnay, Auxerrois, Pinot Noir, Gamay* und *Trousseau* gepflanzt. 1994 wurde die erste Ernte eingebracht und mittlerweile stellt der Weinbau an der Loue nicht nur eine Bereicherung des Landschaftsbildes dar. Der Chardonnay ist fruchtig-klar, die rote Assemblage ein schöner Begleiter beim Pique-nique. Heute verbindet die Vereinigung über 2000 Mitglieder, gekeltert werden die Weine von Winzer Denis Pin.

Ruranim. 14, rue de Besançon, 25840 Vuillafans, Tel. 0033-0601.71.73.36

Lang gestreckt an der Loue gelegen – Ornans

Ornans – Wie von Courbet gemalt

Ornans ist eines der schönsten kleinen Jurastädtchen, langgestreckt an der Loue gelegen. Bürgerhäuser und kleine Adelssitze des 15. bis 18. Jahrhunderts prägen das kleinstädtische Bild.

Wie viele jurassische Städte hatte auch Ornans im Mittelalter eine Magistratsverfassung, die eine weitgehende Unabhängigkeit garantierte. GUSTAVE COURBET, einer der bedeutendsten französischen Maler des 19. Jahrhunderts und Begründer des französischen Realismus, wurde 1819 in Ornans geboren. Zeitlebens blieb er auch in der Motivauswahl seiner Heimat verbunden. 1871 schloß sich der sozial engagierte Courbet dem Aufstand der Pariser Commune an. Nach deren Zusammenbruch wurde er in einem Racheprozeß für den Sturz der Vendôme-Säule verantwortlich gemacht und zu sechs Monaten Gefängnis sowie ruinösem Schadensersatz verurteilt. Courbet entzog sich dem Urteil im Schweizer Exil. 1877 starb er in Tour-de-Peilz nahe Vevey.

Blick auf den Rücken der Kleinstadt – Grand Pont, Ornans

Das Geburtshaus des Malers, ein typisches Kalksteinhaus des 18. Jahrhunderts, klar in Farbe und Proportion, ist direkt über der Loue gelegen. Es beherbergt im Gegensatz zu vielen Heimatmuseen keine Reproduktionen, sondern eine Anzahl bedeutender Originalgemälde, darunter das berühmte, im Pariser Gefängnis entstandene Selbstportrait, wo Courbet im Sommer 1871 wegen seiner revolutionären Betätigungen für mehrere Monate inhaftiert war. Außerdem ausgestellt sind zahlreiche Erinnerungsstücke und Dokumente, die ein plastisches Bild der Erfolge und Wirrungen im Leben Courbets ergeben. Der Besuch ist sehr lohnend.

Musée Courbet. 1, place Robert Fernier, 25290 Ornans, Tel. 0033-(0)3.81.86.22.88. Öffnungszeiten: Mo und Mi bis So 10-12 und 14-18 Uhr, Juli bis September durchgehend von 10-18 Uhr. Geschlossen immer dienstags und am 1.1.,1.5., 1.11. und 25.12. Nach dreijähriger aufwendiger Renovierung ist das Museum seit Juli 2011 wieder offen.

- In der Umgebung von Ornans, dem *pays de Courbet*, sind an den Plätzen, wo der Meister gemalt hat, Staffeleien mit

Flußpassage an der Loue

Reproduktionen seiner Gemälde aufgestellt. Texte auf Paletten geben (auch in Deutsch) Auskunft über die Geschichte und den Verbleib der Bilder.

Die beste Aussicht auf Ornans hat man von der Festung, die den Ort überragt (*Point de vue du Château,* gut zwei Kilometer über eine steile Straße). Von der alten Steinbrücke über die Loue, dem *Grand Pont,* bietet sich ein weiter Blick auf die vielfach gestaffelten Rückseiten der alten Häuser, die sich im Fluß spiegeln. Hinter einigen von ihnen rosten mächtige alte Wasserräder, Relikte früher Industrialisierung. An Sommerabenden ist die Szenerie – wie so oft in Frankreich – effektvoll ausgeleuchtet. Auch die beiden anderen Brücken über den Fluß sind pittoresk. Von der flußabwärts gelegenen hat man einen schönen Blick auf den *Miroir de la Loue*, eine Flußpassage mit fast stehendem Wasser und faszinierenden Spiegelungen von Kirche, Häusern und Felsen – ein beliebtes Motiv von Courbet, das er in vielen Varianten gemalt hat.

Der Fluß ist sauber und im Sommer so ruhig, daß man hier auch mit Kindern gut Ferien machen kann. Zudem ist die Loue ein reizvolles Ziel auch für weniger geübte Bootsfahrer, da sie fast auf ganzer Länge zu befahren ist – bei höchst abwechslungsreichem Verlauf durch eine intakte Landschaft mit nur wenigen Stromschnellen.

Bootsverleih Syratu. Route de Montgesoye, 25290 Ornans, Tel. 0033-(0)3.81.57.10.82, www.syratu.com. Es werden auch geführte Touren angeboten. Weitere Bootsverleihstationen in Port-Lesney und Pesmes.

Tisch | Bett und …

Bis auf zwei Ausnahmen herrscht in Ornans kulinarische Tristesse. Wenn Profis versagen, muß ein Amateur in die Bresche springen:

Le Jardin de Gustave – Ornans. Marylène Rigoulot offeriert nicht nur einige reizende Zimmer, sondern auch einen schön und reichlich gedeckten Tisch mit feinen Produkten aus der Region. Ihre Küche à la Grand-mère ist einfach und gut – zum Beispiel der Tomatenkuchen vom Blech mit dem dünnem Hefeteig. Zu dem eher unscheinbaren Haus gehört ein gepflegter romantischer Garten, der bis zur Loue reicht – und das mitten in Ornans. Eine kleine, eine wundervolle Adresse.

Le Jardin de Gustave. 28, rue Edouard Bastide, 25290 Ornans
Tel. 0033-(0)3.81.62.21.47, www.lejardindegustave.fr
RT: Keine
Typ: Altes liebevoll renoviertes Bürgerhaus; ♣ Garten an der Loue
Preise: Mittel

Le Courbet – Ornans. Die zweite Adresse, das feine Restaurant *Le Courbet*, liegt ebenfalls direkt an der Loue, mitten im Ort. Im ländlich elegant eingedeckten Salon fühlt man sich gut aufgehoben. Für das erste Glas bietet sich

Beliebte Terrasse über der Loue – Le Courbet, Ornans

an warmen Tagen die kleine Terrasse über der Loue mit Blick auf das *Musée Courbet* an. Die Weinkarte ist kompakt, aber interessant, darunter feine Juraweine und eine gute Auswahl von Loire und Rhône. Das Lokal ist bei den Touristen genauso beliebt wie bei Einheimischen, in der Hochsaison wird es also auch mal eng. Am besten meidet man Juli und August oder reserviert unter der Woche. Das letzte Mal gab es einen Preßkopf vom Spanferkel, gebratene Gänseleber mit Artischocken, mit Krabben gefüllte Teigtaschen, Forelle mit Spargelsauce, ein erstaunlich zartes Lamm – alles in bester Qualität. Wer Enzian mag, trinkt hier den besten, von *Marcel Michel* aus Chapelle des Bois.

Restaurant Le Courbet. 34, rue Pierre Vernier, 25290 Ornans
Tel. 0033-(0).81.62.10.15
RT: So-Abend, Mo bis Di-Mittag. Im Juli und August nur Mo
Typ: Sympathisch-gepflegtes Restaurant
♣ Terrasse über der Loue
Preise: Mittel

Für einen Kaffee wäre die überdachte Terrasse des *Café de Pêcheur* ein guter Ausguck: zu beobachten ist das Treiben um den Brunnen an der *Place Courbet.* Der kleine Brunnen ist vom Meister selbst entworfen, seinen unschuldigen Fischerknaben mußte er allerdings nach Protesten der prüden Ornanais mit einem Schambeutelchen bedecken. Jeden dritten Dienstagmorgen im Monat findet auf dem Platz auch ein guter Markt statt.

Boulangerie Fleury – Ornans. Duftende Brioches und Croissants, zartblättrig und fettarm. Bei Monsieur Fleury gibt es auch noch andere feine Patisserie-Teilchen.

Boulangerie-Pâtissierie Fleury. 20, Place Courbet, 25920 Ornans, Tel. 0033-(0)3.81.62.15.96

Boucherie Pernet – Ornans. Gutes Fleisch und Geflügel, feine Terrine de volaille mit opulenter Kastanieneinlage, aber das Feinste ist seine *saucisse aux trompettes (de morts)* – neuerdings geadelt als «La Ornanaise» – eine Jurawurst aus bestem Fleisch, von den würzigen kleinen Pilzen schwarz-gesprenkelt. Im Unterschied zu vielen nur schwach getrüffelten Würsten sind die feinen Totentrompeten präsent.

Boucherie Pernet. 21, rue Pierre Vernier, 25920 Ornans, Tel. 0033-(0)3.81.62.20.32

Fromagerie Monnin – Chantrans/Ornans. Im kleinen Dorf neun Kilometer auf der D 492 nach Süden, verkauft die Käserei Monnin (altes Schild «Fruitière de Chantrans» beachten) wunderbaren Comté mit feinen Pilz- und Nußaromen, auch Morbier und Raclette. An einem Samstagabend gegen 18 Uhr stehen die Leute hier Schlange. Es geht nicht weiter, weil ein alter Mann acht Kilo unterschiedlichsten Käse kauft, wobei auch ein paar Nachrichten ausgetauscht werden. Das kann dauern ...

Fromagerie Monnin. Route Ornans, 25330 Chantrans, Tel. 0033-(0)3.81.86.63.56.

Abstecher ab Ornans

Viele kleine Seitentäler führen von der Loue weg. Alle sind natürlich und anziehend, aber besonders reizvoll ist das **Brême-Tal**, das auch unter dem Namen «Ravin du puits noir» bekannt ist. Das Tal ist ideal für eine kleine Radtour – wie im folgenden beschrieben.

Rad-Rundtour im Brême-Tal: Der erste Teil folgt dem Tal der Loue nach Westen bis *Cléron*, kurz davor geht es hinauf nach *Malbrans* (D 260), weiter durch den Wald bis zur D 67 (Besançon-Ornans). An der Einmündung steht das aus dem frühen 19. Jahrhundert stammende Gebäude einer Ziegelei *(Les combes de Punay)*. Zunächst Richtung Ornans und kurz darauf nach links, weg von der großen Straße auf die kleine D 280, schließlich links ab zur *Grotte de Plaisir Fontaine* (zuletzt noch ¼ h zu Fuß). Hier tritt das Flüßchen Brême in einer mächtigen Höhle als *Resurgence*, ähnlich der Loue, zu Tage. Die Landschaft wirkt liebenswürdig, fast bukolisch. COURBET hat in diesem Tal einige seiner schönsten Bilder gemalt. Kurz nach der Abzweigung zur Höhle kommt man zur *Moulin du Prieuré*. Jetzt steigt die Straße recht steil an hinauf nach *Bonnevaux-le-Prieuré*, von dort über die weite Hochebene nach *Charbonnières-les-Sapins*, hier rechts bis zur D 492. In rasanter Talfahrt mit sehr schönen Ausblicken wieder hinunter nach *Ornans*.

Insgesamt 40 Kilometer, etwa 600 Meter Anstieg. Dauer: 3 bis 4 Stunden; Beginn und Ende in Ornans.

■ **Auf einer stillgelegten Eisenbahnstraße nach Ornans:** Dem Ausbau des TGV-Netzes steht in Frankreich eine progressive Stilllegung von Lokalbahnen entgegen. So fuhr unlängst auch auf der Linie *Hôpital-du-Grosbois* (an der Strecke Besançon-Pontarlier) nach *Ornans* der letzte Zug. Die Schienen wurden abgebaut, aber es blieb die schöne, zehn Kilometer lange Trasse mit ihren Brükken und Tunnels zum Wandern und Radfahren. Während die oben beschriebene Radtour im Brême-Tal auch gut mit dem Rennrad zu fahren ist, braucht man auf dieser Strecke wegen des groben Schotters unbedingt ein Mountainbike.

Mountainbike-Verleih in Ornans: Syratu, Route de Montgesoye, 25290 Ornans, Tel. 0033-(0)3.81.57.10.82, www.syratu.com

Zur Brême-Quelle

Die Brême ist die «Résurgence» eines unterirdischen Wasserlaufs, der 15 Kilometer entfernt den *Gouffre de Poudrey* durchströmt. Ein «Gouffre» ist ein Einbruchstrichter, der eine Höhle senkrecht mit der Außenwelt verbindet. Der «Gouffre de Poudrey» ist die einzige geologische Formation dieser Art, die im Jura für Besucher zugänglich ist. Man erreicht ihn von **Ornans** aus nach Norden über die D 492 (bis zur N 57, dann noch etwa einen Kilometer in Richtung Besançon). Vom mageren Weideland des Plateaus steigt man in eine gigantische Höhle von etwa 200 Metern Durchmesser hinab, deren Dekke völlig glatt ist, von deren Boden sich dagegen weiße und blaue Stalagmiten erheben. Es ist eine der größten Höhlen Frankreichs.

Gouffre de Poudrey. 25580 Etalans, Tel. 0033-(0)3.81.59.22.57 www.gouffredepoudrey.com; Führungen von 1. März bis 30. November. Mit dramatischem, urfranzösischem «son et lumière»-Spektakel. Außerhalb dieser Zeit sind Führungen nach Anmeldung möglich.

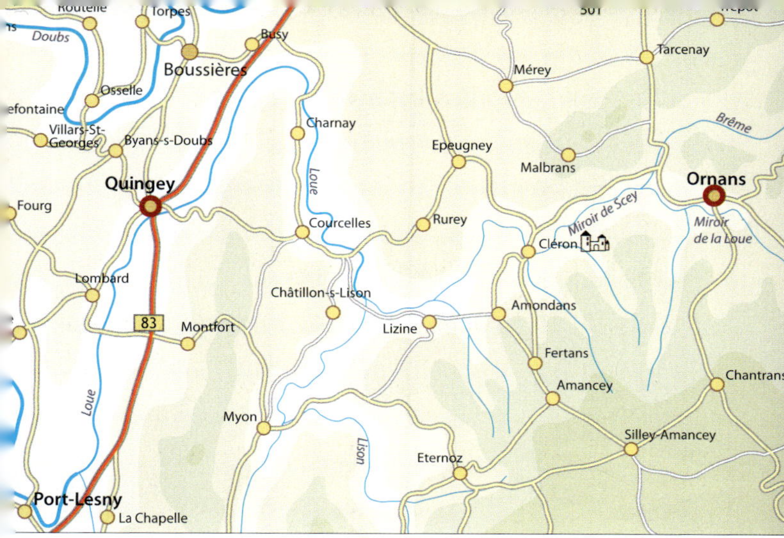

Zwischen Ornans und Quingey

Das Tal der Loue wird westlich von Ornans noch heiterer, geradezu lieblich. Ab Ornans folgt die Straße den vielen Mäandern der Loue bis nach Quingey nur noch zum Teil. An einer Stelle kommt die Loue dem Doubs bis auf wenige Kilometer nahe, erreichen wird sie ihn jedoch erst 50 Kilometer später. Aber der Reihe nach:

Nahe der D 101, ein paar Kilometer westlich von Ornans, verbreitert sich die Loue in einer Biegung. Das langsam fliessende Wasser wirkt bläulich: das ist der «Miroir de Scey». Die Burgruine des *Châtel-St-Denis* spiegelt sich im Wasser, das hier von Trauerweiden beschattet wird. Schwimmen kann man an dieser Stelle auch sehr gut, genauso Angeln, was zumindest für Franzosen ganz wichtig ist, zumal die Loue mitsamt ihren kleinen Zuflüssen zu den besten Fischgewässern Mitteleuropas zählt. Auf der Wiese stehen fürs Picknick ein paar solide Tische und Bänke.

An der Biegung der Loue – Château von Cléron

Die Burgruine ist über eine kleine Straße erreichbar, die etwa einen Kilometer vor dem «Miroir de Scey» links abzweigt. Nach einem weiteren Kilometer läßt man das Auto besser stehen und geht noch ¼ h zu Fuß.

Über einer Biegung der Loue liegt zwei Kilometer südwestlich von **Scey** das *Château von Cléron* – eine im 19. Jahrhundert renovierte spätmittelalterliche Burg mit Park, der aber nur wenige Tage im Jahr zugänglich ist.

Noch mehr Belvédères – an der D 103 von **Amondans** nach **Lizine**. Vom *Belvédère de Gouille Noire* beeindruckender Tiefblick in ein Seitental der Loue mit zwei Felsnasen (in Lizine rechts auf die D 135). Kurz nach dem Dorf noch zwei wunderschöne Aussichtspunkte: Rechts (5 min zu Fuß) das *Belvédère de la Piquette* hoch über der Loue, die in einem fast unbewohnten Tal dahinfließt. Links direkt an der Straße das *Belvédère du Moulin Sapin* mit Blick auf die baumbestandenen Mäander des Lison. Nach einigen Kilometern mündet der Lison in die Loue, die nun unter Felsbändern dahinzieht.

Abhängen in Amondas – Auberge Amondans in Amondans

Einkehren oder Picknicken – Picknick kann, muß aber nicht sein. Leider gibt es im Jura, wie in vielen ländlichen Gebieten Frankreichs, nicht mehr allerorts das zuverlässige Gasthaus – vornehmlich die guten Landpartien fehlen. Da ist ein Dorfgasthaus wie in Amondans schon eine Option.

Amondans – Amondans. Mitten in der tiefsten Provinz ein Lokal mit Blechtischen an der Straße und einem bunten Möbelmix der dreissiger bis sechziger Jahre. Gut ausgestattete Zimmer, ein Obstgarten mit Boulebahn und Hängematte. In der Küche hantieren Gastköche aus Kanada, Afrika und Deutschland. Manchmal steht der Schweizer Patron oder seine französische Frau hinter dem Herd. Die Qualität der Mahlzeiten schwankt je nach Talent und Neigung des Kochs zwischen ordentlich und fein.

Amondans. Place du village, 25330 Amondans, Tel. 0033-(0)3.81.86.53.53
RT: Durchgehend geöffnet von Mai bis September, evtl. bis Mitte Oktober
Typ: Renoviertes altes Bauernhaus mit sieben Zimmern. Übernachtung mit Halbpension möglich. ♣ Garten mit Boulebahn.
Preise: Günstig-Mittel

Badplatz, Picknickplatz, Dorfplatz – die Loue in Port-Lesney

Port-Lesney

Ein hübscher verschlafener Ort mit Sommerfrische-Charakter. Kein Wunder, wenn hier Monsieur Hulot mit Gummistiefeln und Angel aus einem alten Citroen stiege. Ein Fluß, eine Bogenbrücke, ein Schloß und zwei Bistrots – das ist Port-Lesney.

Château de Germigney – Port-Lesney. Das Schloß des Marquis de Germigney wurde vom Schweizer Architekten Roland Schön mit viel Liebe und Kapital in ein kleines Luxushotel verwandelt. Das Hôtel Château de Germigney macht seinem Namen alle Ehre. Der drei Hektar große Park mit altem Baumbestand reicht bis ans Ufer der Loue. Im Schloß sorgen offene Kamine, alte Böden, viel Naturstein und eine geschickt gesetzte Beleuchtung für eine heiter-ländliche Atmosphäre. Rasch wurde das Haus auch Mitglied der Luxus-Hotelkette «Relais et Châteaux», die Klientel wurde international.

Luxusnest in der Provinz – Château de Germigney, Port-Lesney

Mittlerweile wurde neben dem Haus noch ein wunderschönes, von regionalem Kalkstein eingefaßtes Schwimmbad gebaut, das über einen benachbarten Naturteich mit kristallklarem Frischwasser versorgt wird. Eine Terrasse lädt ein zum feinen Frühstück mit Vogelstimmen, aber auch zum großen Essen am Abend. Die Küche setzt provenzalische und regionale Akzente, sie hat sich unter Pierre Basso-Moro kontinuierlich weiterentwickelt, ohne dabei den Blick für das Wesentliche zu verlieren. Bemerkenswert ist das Angebot exzellenter Weine aus dem Jura, Burgund, bis hin zur Rhône und zum Bordelais. Ebenso die Auswahl an halben Flaschen. Nur, mit der Zunahme der Jaguare auf dem Parkplatz sind auch die Preise gestiegen. Bedauerlich auch, daß die Küche während der Hochsaison ihr Niveau nicht konstant hält.

Fazit: Der Kluge kommt in der Nebensaison und nützt Arrangements und Angebote.

Château de Germigney. 39600 Port-Lesney
Tel. 0033-(0)3.84.73.85.85, www.chateaudegermigney.com
RT: Mo und Di-Mittag ist das Restaurant geschlossen
Typ: Relais & Château-Hotel mit 17 Zimmern und drei Suiten
♣ Terrasse zum Park, naturwassergespeistes Schwimmbad
Preise: Hoch

Bistrot Le Pontarlier – Port-Lesney. Zum noblen Château de Germigney gehört auch das gepflegte Bistrot *Le Pontarlier*, es ist die ehemalige Dorfkneipe gleich bei der alten Bogenbrükke. Der anhaltenden Popularität des Platzes scheinen selbst schwankende Küchenleistungen nichts anhaben zu können. Während der Saison stehen die französischen Sommergäste Schlange. Mehrmals haben wir hier schlecht gegessen und geschworen, das Lokal fortan zu ignorieren. Dann haben wir es noch einmal versucht und das Menü war ausgezeichnet: Tatar von Wildlachs und Salatgurke mit Lachsschaum und getoastetem Bauernbrot, pochiertes Lamm, luftig-leichtes Kartoffelpüree. Auch bei unserem letzten Besuch waren wir rundum zufrieden. Selbst der an und für sich etwas saloppe Service war aufmerksam und zuvorkommend. Liegt es etwa an der neuen, starken Konkurrenz im Dorf. An L'Edgar?

Bistrot Le Pontarlier. 39600 Port-Lesney
Tel. 0033-(0)3.84.37.83.27
Geöffnet: vom 1. Mai bis 30. September von Fr bis So
Typ: Stilvolles Bistrot auf dem Lande, das im Juli und August für Überraschungen sorgen kann. ♣ gekiester Freisitz
Preise: Mittel

■ **Baden, Schauen, Lesen** – Unmittelbar beim Bistrot, unterhalb der markanten Eisenbogenbrücke eine Badestelle für die Dorfjugend. Auch als Vesper-, Lese oder Ruheplatz geeignet.

Sichere Einkehr in der Provinz – L'Edgar, Port-Lesney

L'Edgar – Port-Lesney. Die ehemaligen Gastgeber haben Hotel und Restaurant an Alexis Vurpillot verkauft und sind aus Port-Lesney weggezogen, ebenso wie die schöne Bäckerin im Dorf. Im L'Edgar sind mit dem Koch Franck Penneçot neue Zeiten angebrochen: Kalbskopf, Terrinen, Pasteten, Kaninchen, Braten mit krachender Kruste – La France von seiner besten Seite. Die Weinkarte überzeugt mit regionalem Angebot und einigen guten Alternativen aus der Loire und dem Süden Frankreichs. Hinzu kommt die gelungene Renovierung, bei der neue Hausherr ein feines Gespür für architektonische Details bewiesen hat. Wir werden gerne wiederkommen.

L'Edgar. 10, rue Edgar Faure, 39600 Port-Lesney
Tel. 0033-(0)3.84.73.82.97, www.ledgar.fr
RT: Unterschiedlich
Typ: Traditionelles Haus, geschmackvoll renoviert. Zimmer
Preise: Mittel

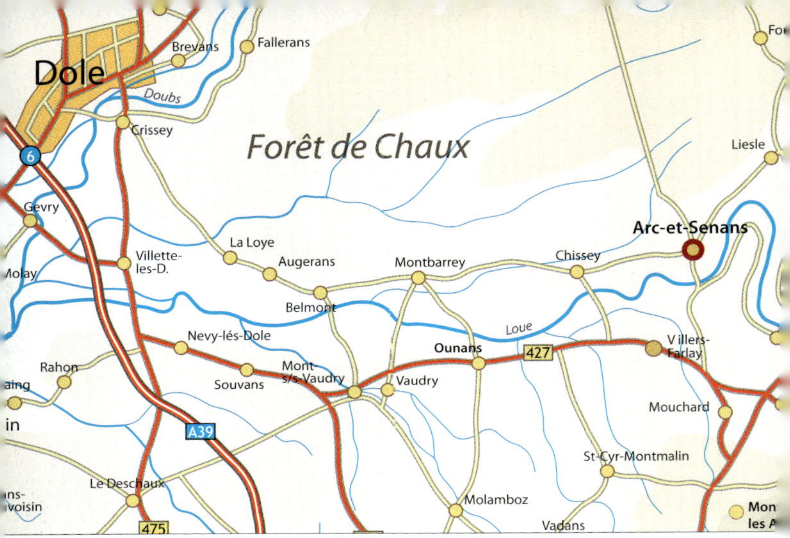

Zur Loue-Mündung bei Dole

In ihrem Unterlauf windet sich die Loue träge durch eine einsame Ebene, um dann zehn Kilometer südlich von Dole endlich in den Doubs zu münden. *Zwischen* Port-Lesney, Arc-et-Senans, Ounans und Mont-Vaudrey wartet eine weltentrückte Flußlandschaft.

Am Rand dieser Ebene, südlich des riesigen Waldgebietes *Forêt de Chaux,* liegt **Arc-et-Senans.** Das idealtypische Konzept einer Industrieanlage der Aufklärung, zwar nie völlig realisiert, aber durch seine Randlage unversehrt erhalten. 1773 wurde auf königlichen Erlaß hin beschlossen, hier eine Saline zu errichten. Die Ortswahl war bestimmt durch die Nähe zum Wald von Chaux, der das notwendige Brennholz für die Salzproduktion liefern sollte. Die Sole wurde in Holzrohren über 23 Kilometer aus **Salins** herangeleitet.

Claude-Nicolas Ledoux (1736-1806), geprägt von den Ideen der Aufklärung, entwarf eine Musterstadt, kreisförmig um die zentralen Salinenanlagen herum angeordnet, welche sich

Das Direktorenhaus – Saline Royale, Arc-en-Senans

wiederum zum Haus des Direktors orientierte, der in einem klassizistischen Palais logierte. Für die Stadt waren neben Kirche und Markt auch öffentliche Bäder vorgesehen. Obwohl nur ein Halbkreis von den Gebäuden der Saline fertiggestellt wurde, findet man hier ein Ensemble, welches geschlossener, ästhetischer und interessanter wirkt als viele bekannte Schlösser.

Säulen am Direktorenhaus, Saline Royale, Arc-en-Senans

Arc-et-Senans beeindruckt bis heute durch seine graphische Strenge und die Kompromißlosigkeit bei der Ausführung des Entwurfs, der stark palladianisch geprägt ist.

In den vergangenen Jahren wurde die Anlage, die nach der Einstellung der Salzproduktion Ende des 19. Jahrhunderts stark gelitten hatte, perfekt restauriert und zum UNESCO-Weltkulturerbe erklärt.

Saline Royale. 25610 Arc-et-Senans, Tel. 0033-(0)3.81.54.45.45
Öffnungszeiten: Die Saline ist ganzjährig geöffnet. Januar bis März und November bis Dezember von 10-12 und 14-17 Uhr; April bis Juni und September bis Oktober von 9-12 und 14-18 Uhr; Juli und August von 9-19 Uhr.

Chissey-sur-Loue

Vier Kilometer hinter Arc-et-Senans in Richtung Dole (D 7) liegt Chissey-sur-Loue, schon ein Ort der weiten Ebene zwischen *Loue, Doubs* und *Saône*. Die Kirche des ruhigen Dorfes gilt als die schönste gotische Landkirche im ganzen Jura. Sie ist dem heiligen Christophorus geweiht, der neben den Wanderern auch den Geisteskranken zur Seite stehen soll.

Im Mittelalter entwickelte sich hierher ein reges Wallfahren, es sollte von bösen Geistern befreien, bei Fallsucht und ähnlichen Leiden helfen. Damit der Gottesdienst ungestört verlaufen konnte, sperrte man die Kranken kurzerhand in das unterste Gelaß des Kirchturmes ein. Die Schlußsteine des Kirchenschiffes stellen groteske menschliche Köpfe dar. Sie tragen alle die übersteigerten Züge von Menschen mit den verschiedensten psychischen Erkrankungen. Die Wallfahrt brachte dem Ort wirtschaftlichen Aufschwung, seinen Einwohnern freilich den zweifelhaften Spitznamen «les Baboons», die Affen.

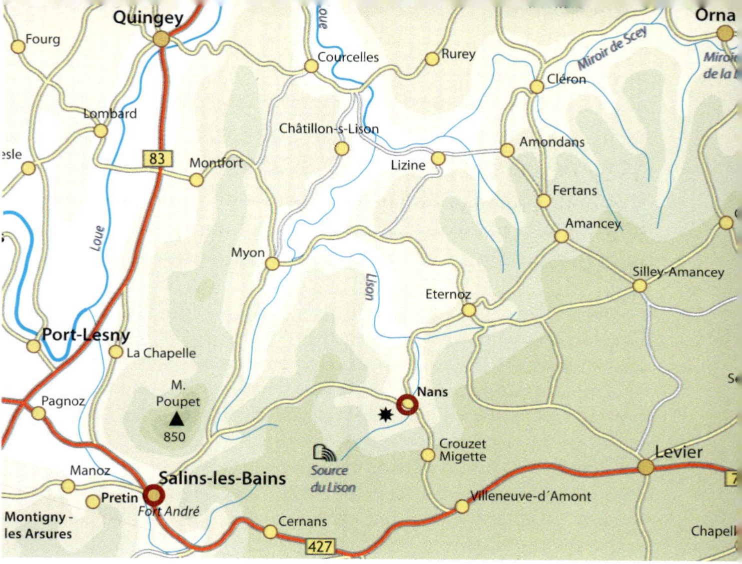

Source du Lison

Bei **Nans-sous-Ste-Anne**, auf zwei Drittel der Strecke von Pontarlier nach Salins-les-Bains (D 72) liegt ein ganzes Ensemble landschaftlicher Attraktionen auf engem Raum beisammen: Eine «Résurgence», eine Höhle und ein «Reculée», ein enger Talkessel. Die *Source du Lison* ist nach der *Source de la Loue* die am stärksten quellende Résurgence des Jura – selbst bei Niedrigwasser beträgt die Schüttung noch 600 Liter in der Sekunde. Der Lison fließt kurz danach durch **Nans**, ein hübsch gelegenes Dorf, in dessen Schloß sich MIRABEAU 1776 in die junge Frau des alten Marquis de Monnier verliebte. Hinter Nans folgt eine romantische Waldpassage: weit weg von allen Straßen, begleitet vom Fernwanderweg G 590, bis der Lison in die Loue mündet.

Ursprünglich entspringt der Lison aber bereits im *Forêt du Scay*, einem Teil des *Forêt de la Joux*, etwa 15 Kilometer südlich der Quelle der Lison. Nach kurzer Zeit versickert der Bach, nimmt unterirdisch Wasser auf, tritt kurz zutage und entspringt danach erneut in der im Folgenden beschriebenen *Source du Lison*. Der verborgene Lauf wird durch ein Trockental markiert, das von der D 229 zwischen Crouzet-Miguette und Ste-Anne auf dem *Pont du Diable* überquert wird.

■ **Wanderung zur Lisonquelle:** Ausgangspunkt der kleinen Wanderung zur Source ist der Parkplatz am Ende der D 477, zwei Kilometer von **Nans-sous-Ste-Anne** entfernt. Nach einer Viertelstunde kommt man zur Grotte *Sarrazine*. Die bis zu 90 Meter hohe Höhle öffnet sich mit einem weiten Bogen in einer Felswand. Die mächtige Höhle kann nur bei geringer Wasserschüttung der *résurgence* betreten werden, die hier zutage tritt (um nach kurzem zu versickern und später unterirdisch in den Lison zu münden). Der Weg führt im weiteren fast zurück bis zum Parkplatz, dann aber geht es rechts hoch zur eigentlichen *Source du Lison*. Durch einen kleinen glitschigen Tunnel (bislang mangels adäquater Sicherung gesperrt, dennoch eifrig begangen) hinein in das Höhlenmaul, wo man von einer kleinen Plattform in das gurgelnde Quellwasser hinunterschaut. Unter üppig-grüner, fast regenwaldähnlicher Vegetation in steilen Schleifen hinauf zum Talschluß, dem *Creux Billard*, einem trichterförmigen *reculée*. Der Talkessel liegt immer in grün gedämpftem Licht. Hier tritt der Lison nur kurz ans Tageslicht, um dann einige hundert Meter weiter offiziell in der *Source du Lison* zu entspringen.

Zur Taillanderie (Sichelschmiede) unweit von **Nans** (ausgeschildert): Sie rattert und stampft, schüttelt und rüttelt, jault und zischt wie eine Maschine von TINGUELY. War aber bis 1969 kleinindustrielle Realität. Hier wurden seit dem frühen 19. Jahrhundert landwirtschaftliche Werkzeuge, wie der Name andeutet vor allem Sensen, geschmiedet. Ein mächtiges Wasserrad treibt Hämmer und Blasebälge an. Heute ein Kindertraum, vor zwei Generationen aber noch ganz normaler Arbeitsalltag.

La Taillanderie. 25330 Nans-sous-Sainte-Anne, Tel. 0033-(0)3.81.86.64.18. Geöffnet vom 1. März bis 30. November von 9 bis 18 Uhr.

Lison Accueil – Nans-sous-Ste-Anne. Im Dorf gibt es eine einfache Gîte. Die Unterkunft ist schlicht und zweckmäßig, die Küche ländlich und gut: Braten, Ragout, ein rechtes Stück Fleisch, Forelle, ab und zu auch ein Kaninchen. Gérard, Marc und Michel sorgen für persönliche Atmosphäre.

Gîte Lison Accueil. 7, Grande rue, 25330 Nans-sous-Sainte-Anne
Tel. 0033-(0)3.81.86.50.79
RT: Ganzjährig geöffnet
Typ: Einfache Unterkunft
Preis: Günstig - Mittel, je nach Zimmertyp. Doppel- und Mehrbettzimmer

Nozeroy

Auf halber Strecke an der D 471 von Pontarlier nach Lons- le-Saunier liegt Nozeroy. Das mittelalterliche Städtchen thront auf einem Hügel über dem weitläufigen Weideland, dem *plateau*. Nozeroy ist mit seinen 450 Einwohnern nie über die Dimensionen seiner großen Zeit hinausgewachsen und bis heute stört kein modernes Gebäude die nostalgische Stimmung im Ort. Hier fühlt man sich dem Mittelalter eindeutig näher als in rausgeputzten Museumsorten wie Rothenburg, Riquewihr oder Carcassonne. Früher war Nozeroy ein Hauptsitz der bedeutendsten Adelsfamilie des Jura. Die CHALONS erbten im 14. Jahrhundert das Fürstentum Orange, sie gehören somit zu den Stammvätern des heutigen holländischen Königshauses.

Bei schönem Wetter ist die Runde um die kleine Stadt sehr lohnend: Weiter Blick ins Land von der Promenade um die Burgruine und entlang der alten Stadtmauer. In der spätgotischen Kirche gibt es neben einem Chorgestühl eine kuriose, aus Strohspitzen gefertigte Altardecke zu bewundern. Leider gibt es hier nur eine Adresse zur Einkehr – und die mehr für den Notfall:

Le Relais Médiéval. 33, Gr. rue, 39250 Nozeroy, Tel. 0033-(0)3.84.51.16.81
RT: Mo und 1.-15. Januar
Typ: Altstadtlokal mit mittelalterlichem Klimbim.
Preis: Mittel

Im Tal des Ain

Etwas südlich von Nozeroy entspringt der Ain, ein wasserreicher Bergfluß, dessen Energie von 15 Wasserkraftwerken genutzt wird. Die Quelle des Ains liegt exakt 15 Kilometer von der Quelle des Doubs entfernt. Doch während der Doubs mehr als 400 Kilometer benötigt, um via Saône die Rhône zu erreichen, schafft der Ain dies in gerader Richtung nach Süden in nur 190 Kilometern. Dabei durchfließt er das nach ihm benannte Departement mit der Hauptstadt Bourg-en-Bresse.

Von **Nozeroy** führt eine kleine Nebenstraße zur *Source de l'Ain*. Vom Parkplatz sind es zu Fuß nur wenige Minuten zur Quelle in einem verwunschenen waldigen Talschluß. Auf einer schiefen Schotterebene steigt und rutscht man in den Quelltrichter hinunter. Es wird feucht, kühl und düster, die leuchtenden Laubdächer bleiben weit oben zurück. Weiter hinein in die tiefen Spalten sollte man sich allerdings nur mit einem Führer wagen. Ein schöner Aussichtspunkt auf den jungen Fluß kommt etwa einen Kilometer nach der Quelle. Wenige Kilometer weiter nimmt der Ain die *Lemme* auf, einen Wildbach, der bei **La Billaude** einen Wasserfall bildet. Von einer Aussichtsplattform bietet sich bereits hier ein schöner Blick auf den Katarakt. Der steile Pfad in Richtung *Saut Claude Roy* führt durch ein enges, felsiges und dennoch grünes Tal direkt an die Stelle, an der die Lemme in zwei Stufen 28 Meter in die Tiefe stürzt.

Die kleine Lemme erhält Zufluß durch einen anderen Wildbach, die *Saine*, deren kurzer Lauf besonders beeindruckt: Die *Gorges de la Langouette* gehören mit nur vier Metern Breite bei 47 Metern Tiefe zu den engsten Schluchten Frankreichs. Ein wenig oberhalb der Engstelle, bei **Planches-en-Montagne**, stürzt der Bach über mehrere Wasserfälle.

Anfahrt zur Cascade de la Billaude. Von Champagnole knapp zehn Kilometer auf der N 5 in Richtung Genf nach Süden, dann nach Osten auf die D 279. Parkmöglichkeiten am Straßenrand.

Anfahrt zu den Gorges de la Langouette. In Pont-de-la-Chaux auf die D 16 abbiegen und etwa drei Kilometer bis kurz hinter Chaux-des-Crotenay. Dann noch ein kurzes Stück auf der D 127. Von der Brücke *La Langouette* bietet sich ein dramatischer Blick in die Schlucht. Kurz vor der Brücke führt links ein Weg zu drei Belvédères.

Chaux-des-Crotenay – Glückliche Provinz. Etwa 15 Kilometer südöstlich von Champagnole – mitten in weiten, kuhbestandenen Weideflächen – liegt **Chaux-des-Crotenay**, das Dorf mit den juratypischen zinkblechbeschlagenen Dächern. Doch nicht nur für seine Dächer ist das Juradorf in Frankreich bekannt. Chaux-des-Crotenay soll nach Meinung diverser Archäologen das historische *Alésia* sein. In diese bedeutende gallische Siedlung hatte sich im Jahre 52 v. Chr. VERCINGETORIX mit einer großen gallischen Armee auf der Flucht vor CÄSAR zurückgezogen. Es gibt gewichtige Gründe für die Annahme, daß sich hier die Entscheidungsschlacht zwischen Galliern und Römern abspielte. Chaux liegt auf einem dreieckigen Plateau, dessen steile Flanken an zwei Seiten zu den Flüßchen *Lemme* und *Saine* abfallen und das an der dritten Seite durch einen Hügelzug geschützt ist. Hier könnte sich eine große gallische Siedlung befunden haben, von der noch Zyklopenmauern, Grabhügel und Steinmonumente erhalten sind. Aber die Fluchtburg wurde zur Falle. Die Römer legten einen doppelten Belagerungsring um Alésia. Als die Gallier nach sechswöchiger Belagerung auszubrechen versuchten, hielt der Ring stand, und für die Gallier, die den Konflikt überlebten, führte der Weg direkt in die römische Sklaverei.

Allerdings erheben auch andere Orte, so **Alaise**, 20 Kilometer nordöstlich von Salins-les-Bains, und **Alise-Ste-Reine** an der Côte-d'Or mit mindestens ebenso guten Argumenten den Anspruch, Erben Alésias zu sein.

Zwei (Rad-)Rundwege zu den eher fiktiven Relikten der Gallierstadt Alésia: Am Ortsausgang von Chaux in Richtung **Foncine** biegt eine Schotterstraße, die als «Route Forestière de Cornu» gekennzeichnet ist, links ab, die über sieben Kilometer nach **Pont de la Chaux** führt. Hier beginnen die beiden Rundwege.

Mit dem Mountainbike: «Autour d´Alésia» (8 km). An der Strecke ein zauberhafter Picknickplatz an einer Wegkreuzung mit einer Steinplatte unter alten Ahornbäumen.

Zu Fuß: «Promenade pédèstre» Nr. 25 *(La Forêt de Cornu)*, Länge 12 Kilometer, Dauer 3 bis 4 Stunden.

Forges de Syam (vier Kilometer südl. Champagnole). Frühindustrielle Schmiede aus dem 19. Jahrhundert. Um den Vorhof der Anlage gruppieren sich die Arbeiterhäuser und durch das Tor unter dem kleinen Uhrturm betritt man das Fabrikgelände. Die Werkstätten, die sich über Jahrzehnte hinweg auf hochwertige Walzarbeiten spezialisiert hatten und dabei mit dem Ausgangsmaterial und mit einem Teil der Maschinen des vorletzten Jahrhunderts arbeiten konnten, sind seit Dezember 2008 geschlossen. Die Anlage kann aber besichtigt werden.

Maßstabgetreue Palladio-Kopie – Château de Syam, Syam

Les Forges de Syam. Route de Champagnole, 39300 Syam, Tel. 0033-(0)3.84.51.61.00

Château de Syam. In einem Park oberhalb der Fabrik steht die Villa des Fabrikanten. Das Château de Syam ist eine maßstabsgetreue Kopie der *Villa Rotonda* von ANDREA PALLADIO, dem italienischen Architekten der Hochrenaissance – nur der Säulenvorbau ist kleiner gehalten. Erbaut wurde das Schloß 1818 als Wohnsitz des in den Napoléonischen Kriegen reich gewordenen Fabrikbesitzers – ein kleiner Musentempel in der Provinz. CHOPIN war hier zu Gast. Besonders schön sind die Tapeten und die Tasteninstrumente. Das weitgehend im Originalzustand erhaltene Herrenhaus kann besichtigt werden. Im Sommer werden im Salon de Thé und auf der Terrasse Kleinigkeiten serviert. Die Stallungen der Villa werden gerne für Hochzeiten genutzt. Im gleichen Gebäudetrakt sind zwei Wohnungen eingerichtet, die wochenweise oder übers Wochenende vermietet werden.

La Villa Palladienne. 225, chemin de Benaisy, 39300 Syam, Tel. 0033-(0)3.84.51.64.14, www.chateaudesyam.fr; Besichtigung vom 15. April bis 15. Oktober jeweils von 11 bis 18 Uhr. Dienstag geschlossen.

Champagnole (10.000 Einwohner) hat auf den ersten Blick keinen besonderen Reiz. Nach einem Brand 1798 wiederaufgebaut, bietet es heute das Bild einer provinziellen Industriestadt am Kreuzungspunkt wichtiger Straßenverbindungen. Ein etwas genaueres Hinschauen lohnt aber. In den bescheidenen Häusern der Hauptstraße *(Rue de la République)* finden sich z. B. einige sehr ordentliche Läden:

Nr. 21 Fromagerie Janin mit einer feinen Fonduemischung, auch gut gelagerten Comtés; **Nr. 80 Pâtisserie Petiot** (eigene Schckolade und anständiges Brot); **Nr. 84 Traiteur/Metzger Saillard.**

Grand Hôtel Ripotot – Champagnole. Das Grand Hotel hat zwar seine große Zeit schon längst hinter sich, einen gewissen nostalgischen Charme hat das Haus aber heute noch, auch wenn zahlreiche Details nicht stimmen. Trotzdem ist der saisonal geführte Familienbetrieb (seit 1875) zumindest einen Kurzbesuch wert.

Grand Hôtel Ripotot**. 54, rue Maréchal Foch, Tel. 0033.(0)3.84.52.15.45
RT: November bis März geschlossen
Typ: Ehemaliges Grand Hôtel, Zimmer
Preise: Mittel

Perte de l´Ain. Bei **Bourg-de-Sirod** (5 km südlich Champagnole von der Straße nach Syam links ab, dann noch 2 km) stürzt der junge Fluß 100 Meter vom *Plateau de Nozeroy* zum *Plateau de Champagnole* hinab. Zu sehen: Stromschnellen und Kaskaden, ein kurzes Stück verschwindet er sogar völlig in einer steilen Felspassage, der *Perte de l´Ain.*

Vor der kleinen Mairie ein Wanderparkplatz: ein Weg führt nach etwa 500 Metern zur Mündung eines 700 Meter langen Kanaltunnels: das Wasser des Ain wird hier durch den Berg geführt und fast 100 Meter tiefer auf die Mühlen einer Fabrik geleitet. Schöner Blick auf das kleine Schloß des Fabrikbesitzers. Hinter dem Schloß verbirgt sich die *Perte de l´Ain,* die seit einem Felssturz 1993 nur noch begrenzt einsehbar ist (der Weg überquert den Wildbach nicht mehr). Trotzdem lohnt es sich, noch etwas weiter zu gehen, bis zur engen Schlucht mit dem tosenden Wasser.

Ein anderer Weg führt vom Parkplatz aus durch ein Torhaus aus dem 16. Jahrhundert hinauf zu den (bescheidenen) Relikten einer Burg (15 Minuten) und einer sehr einfachen (verschlossenen) romanischen Kapelle (10 Minuten).

■ **Rad- und Wanderweg:** Von **Champagnole** nach **Foncine-le-Haut** führt heute ein Wanderweg auf der 29 Kilometer langen kurvigen Trasse der ersten elektrischen Eisenbahn des französischen Jura. Die TRAMWAY JURASSIEN war von 1927 bis 1950 die Verbindung zwischen Champagnole und Foncine-le-Haut. Leider besteht heute keine Möglichkeit, nach der Wanderung mit öffentlichen Verkehrsmitteln wieder an den Ausgangsort zurückzukommen, aber Rundtour-Abschnitte sind ausgeschildert. (Nicht vergessen: Taschenlampe – wegen der Tunnel)

Einen ausführlichen Prospekt über den Weg gibt es bei den Tourismusämtern in Champagnole, Nozeroy und Foncine-le-Haut.

Forêt de la Joux – Im Reich des Tannenkönigs

Auf einer Fläche von etwa 20 x 30 Kilometern stehen zwischen Champagnole und Levier die größten geschlossenen Tannenwälder Frankreichs. Sie werden intensiv genutzt, sind aber dennoch schön anzusehen. Hier wurde einst das Holz für die Schiffe der französischen Flotte geschlagen. Die mächtigsten Bäume wurden zu Masten. Heute wählen die Förster jedes Jahr ihren «Sapin du Président», den geradesten und mächtigsten Tannenbaum.

La Route des Sapins, die Straße der Tannen, heißt ein 40 Kilometer langer Weg, der sich von **Champagnole** im Süden nach **Levier** im Norden schlängelt. Immer wieder weite Blicke über das Wäldermeer bis hinunter in die Burgundische Ebene. Zahlreiche Hinweistafeln informieren über die Natur, über Wander- und Mountainbikestrecken und die zahlreichen gepflegten Rastplätze, die sich für das obligate Picknick eignen.

In **Champagnole** zunächst wenige Kilometer auf der D 471 nach *Equevillon*. Dort auf der nun *Route des Sapins* genannten Straße (zunächst D 21, D 288, dann chemin forestière) weiter durch den *Forêt de la Fresse* nach **Chapois**. Hier geht's bergauf hinein in den *Forêt de la Joux*. Über den *Carrefour du Rond de Sauget* zu den *Sapins de la Glacière*. Ein halbstündiger, markierter Rundweg führt durch eine Waldkathedrale mit stimmungsvollem Licht und Säulen aus Stämmen.

3,5 Kilometer hinter Chapois erreicht die Straße eine Lichtung. Hier geht es beim Forsthaus rechts ab auf die *Route des Sapins par les Crêtes* zum Aussichtspunkt *des Chérards* mit grandiosem Weitblick bis in die Saône-Ebene. Und genau hier steht er, der ▲ Tannenkönig – 45 Meter mißt sein Stamm, er hat einen Durchmesser von 3.85 Metern. Eine größere Tanne gibt es in Europa nicht, sagen jedenfalls die Einheimischen.

Über die lange *Route Forestière du Scay* geht es hinunter nach **Levier**. Kurz bevor die D 49 erreicht wird, führt rechts ein Weg zur *Passage taillé de Chalamont*, einem Keltenweg, später Römerstraße mit Karrenspuren in den Steinen. Auf dem Weg nach Levier die *Épicéa de Châpeau Paris* und die *Épicéas du Roi de Rome*, Nadelgiganten, die vielleicht noch ein wenig höher hinaus wollen als der Président.

La Comtoise – Levier. Das Restaurant von *Ghislaine Raguin* befindet sich zwar in einem einfachen Zweckbau, aber entscheidend ist auf dem Teller: es gibt zum Beispiel Beinschinken mit dem besten Gratin Comtois weit und breit.

Auberge La Comtoise. 3, rue du Plane, 25270 Levier
Tel. 0033-(0)3.81.89.57.86
RT: Mo und Do-Abend geschlossen
Typ: Nüchterner Bau, charmante Gastgeberin
Preise: Mittel

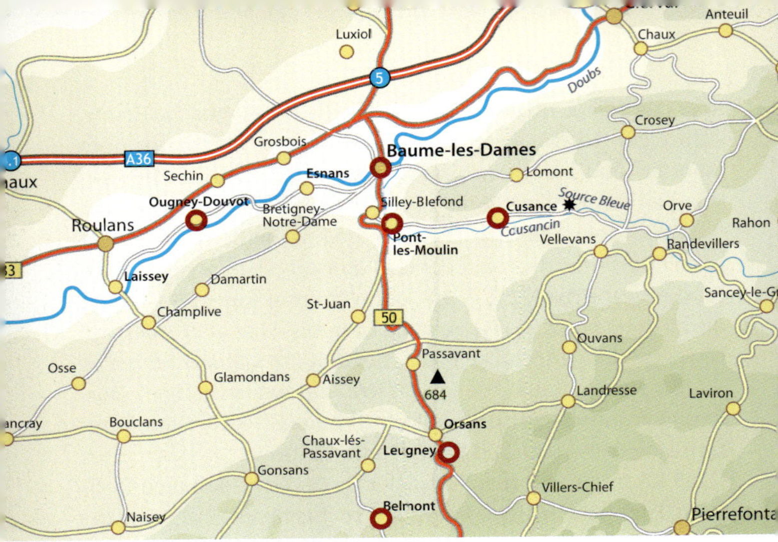

Von Baume-les-Dames doubsabwärts

Der unregulierte Fluß im Wechsel der Jahreszeiten lockt einen von der Autobahn, zumal die Nationalstraße gut ausgebaut ist. Westlich Montbéliard folgt sie (erst N 463, dann N 83) mal direkt, mal in einiger Entfernung den Windungen des Doubs. Noch idyllischer – besonders auch als Radstrecke – ist die Fahrt auf den Départementstraßen, die südlich nahe am Flußufer verlaufen – in **L'Isle-sur-le-Doubs** mit den Rückseiten alter Häuser am Fluß.

Baume-les-Dames – Auf den ersten Blick ein einfaches Landstädtchen an der Route Nationale. Es lohnt sich jedoch, von der großen Straße abzubiegen. Die knapp 6.000 Einwohner zählende Stadt am Doubs, etwa 30 Kilometer nordöstlich von Besançon gelegen, war Sitz einer im 7. Jahrhundert gegründeten Benediktinerinnenabtei. Nach der Legende hat die von ihrem Vater verstoßene blinde *Hl. Ottilie* (Ste-Odile) aus dem Elsaß hier durch die Taufe ihr Augenlicht wiedergewonnen.

Rücken am Fluß – L'Lisle-sur-le-Doubs

Im Ortskern finden sich, vor allem an der Place de la République, etliche schöne Häuser des 18. Jahrhunderts mit klaren Linien und ausgewogenen Proportionen, das Ensemble wird beherrscht von der Pfarrkirche *Saint-Martin* aus dem frühen 17. Jahrhundert. Ein Torbogen führt vom Platz in den Bereich der früheren Abtei, deren Struktur mit den ellipsoid um die Kirche angeordneten Filialgebäuden gut zu erkennen ist.

Die Häuser mit den schönen Kalksteinfassaden gehörten einst den vornehmen Stiftsdamen – mindestens 16 adlige Vorfahren mußte frau vorweisen, um hier versorgt zu werden. Die kunstgeschichtlich weniger bedeutende Klosterkirche ist zwar restauriert, aber meist verschlossen.

An der Ecke Rue du Chapitre befindet sich das *Café National*. «Hier ist die Zeit in der Vierten Republik stehen geblieben. Die Baskenmütze dominiert, eine Gauloise hängt in fast jedem Mundwinkel, einige bunte Apéritifflaschen stehen auf einem alten Billardtisch, nur der graue Deux-Chevaux mit den schrägen Kühlerrippen und den vorn angeschlagenen Türen steht nicht mehr vor dem Haus. Man fragt sich, wo in

Style classique – in Baume-les-Dames

der kleinen Stadt so viele Gäste herkommen – alle männlich, aus kleinen Gläsern trinkend, rauchend. Sinnestäuschung, wird ein Film gedreht? Man setzt sich, redet, trinkt mit, alles echt. Man hofft, nicht aufzuwachen.» (So stand es in der 4. Auflage 2005) – Tempi passati! Eine große Koalition aus Staat und Gesundheitsaposteln hat die Gauloise- und Béret-Fraktion dank Rauchverbot auf die Straße geschickt. Das sorgt zwar für Reinluft, aber wie so oft auf dem Land leidet die kommunikative Atmosphäre unter dem Rauchverbot, einige Originale bleiben ganz zu Haus. Noch schlimmer: der Junior der Besitzerin hat die Bar auch noch durch Renovierung entweiht. Aus der Traum.

Crèmerie Corneille – Baume-les-Dames. Außer exzellentem Comté und Morbier gibt es hier eine «Cancaillotte» im Glas. Eine Spezialität, bei der Rohmilchkäse mit Weißwein zu einer Käsecreme gerührt wird. Die Familie Raguin produziert die Cancaillote seit den zwanziger Jahren. Kalt oder warm, zu heißen Pellkartoffeln mit einer herb-frischen Savagnin-Chardonnay-Assemblage serviert. 15, rue des Terreaux, 25110 Baume-les-Dames, Tel. 0033-(0)3.81.84.16.75.

Kleinod am Fluß – in Ougney la Roche

Blumenwiesen, Flußbaden und Picknick – Baume-les-Dames wäre ein guter Ausgangspunkt für zwei Ausflüge der stilleren Art. Beide führen auf Nebenstraßen dicht am Wasser lang und tief in die Provinz. Provinz wie früher: Blühende Vorgärten hinter Lattenzäunen, Stuhl und Tisch vor dem Hauseingang, ab und zu eine Brücke über den Doubs. Da und dort ein Angler, manchmal ein Angler und ein Kahn, oder auch ein Kahn ohne Angler, halbvoll mit Wasser.

Der erste Ausflug führt von **Baume** am Südufer des Doubs entlang – über **Esnans** bis **Laissey**. Als Alternative zur Nationale oder der Autoroute folgt man dem gewundenen Lauf des Doubs längs des Südufers auf der schmalen D 277 über 14 Kilometer. Der Umweg wird zur Zeitreise. Gleich hinter Baume eine uralte Chausséebrücke über den Fluß, drei historische Schleusen mit Kurbeltoren (aber mit nachgerüsteten Ampeln). Unmittelbar nach der Doubsbrücke geht es rechts ab auf die schmale D 277. Das Sträßchen führt direkt an einem befestigten Seitenkanal des Doubs entlang. Kaum Verkehr, links

Schotten fast dicht – am Doubskanal bei Ougney

flattert die Wäsche im Bauerngarten, rechts eine alte Schleuse, auf die ein Hausboot zutuckert, der Angler auf dem Holzkahn fehlt auch nicht im Bild. Lauter namenlose Haltepunkte zum Aussteigen, Durchatmen und Staunen.

In **Ougney-les-Bas** steht das von handbreiten Rissen durchzogene Gebäude einer kleinen Prieuré des 12.-14. Jahrhunderts gottverlassen vor dem steilen Waldhang. Ein verwettertes, abblätterndes Emailschild, selbst schon historisch, erklärt es zu einem MONUMENT HISTORIQUE. In Ougney eine himmelblau gestrichene Eisenbrücke.

Ausgerechnet in **Ougney-la-Roche**, im kleinsten Weiler am Ende der Stichstraße (am Südufer), ist etwas Betrieb, aber wohl nur während der Sommerferien: ein paar Häuser wurden zur ländlichen Unterkunft ausgebaut. Während der kurzen Sommersaison versuchen sich Feriengäste in Landschaftsmalerei, die Staffelei steht auf der Straße, bei Verkehr wird umgebaut. Eine andere Gruppe lagert nahe am Doubs, malend. Schließlich wird die D277 am Ende des winzigen Weilers, nach etwa

15 Kilometern am Fluß, plötzlich zu einem Feldweg. Autofahrer müssen umdrehen (zurück nur auf gleicher Strecke, oder ab Ougney über die Doubsbrücke und auf der Nordseite weiter). Weiter am Nordufer nach **Douvot**, dort ein Picknickplatz am Wasser, gleich neben der alten Schleuse. In **Laissey** dann links hoch durch zwei kleine Tunnels nach Nancray (an der D 464, 16 Kilometer östlich von Besançon).

Musée des maisons comtoises. 30 sorgfältig restaurierte Bauernhäuser mit ihrer Einrichtung und landwirtschaftlichem Gerät geben auf einem weiträumigen Gelände, etwa 500 Meter oberhalb des Ortes (gute Beschilderung) einen plastischen Eindruck eines vergangenen Landlebens. Bauerngärten, Kräuterbeete und alte Nutzpflanzen erinnern an eine verschwundene Vielfalt. Neuerdings haben sich auch Vertreter alter Haustierrassen dazugesellt. Täglich gibt es handwerkliche Demonstrationen in alten Werkstätten. Es wird Brot gebacken, Butter geschlagen, gekäst, geräuchert, aber auch Steine werden behauen, Werkzeug geschnitzt und eine Trockenmauer geschichtet.

Musée des maisons comtoises. Rue du musée, 25360 Nancray, Tel. 0033-(0)3.81.55.29.77, www.maisons-comtoises.org
Besichtigung: Von Ende März bis Mitte November täglich geöffnet. März, April und September bis November von 13.30-18.30 Uhr, Mai bis August von 10-18.30 Uhr, Juli und August zusätzlich bis 19.30 Uhr geöffnet.

■ **Kleine Radtour** direkt am Doubsufer. Die Strecke von *Baume* nach *Laissey* ist auch als Radtour lohnend: autoarmer, malerischer Verlauf am Ufer, hin und zurück 28 Kilometer. Picknick in Douvot am Wasser, Einkauf zuvor am besten in Baume.

Der zweite Ausflug führt ins **Vallée du Cusancin**. Von Baume über Pont-les-Moulins den Cusancin aufwärts bis zur *Source Bleue*. Eine lohnende Tour mit Möglichkeiten zu Picknick, Flußbaden und Einkehren.

Auberge des Moulins, Pont-les-Moulins

Von Baume aus zunächst wieder über den Doubs, dann auf der D 492 nahe am Flüßchen Cusancin entlang bis nach **Pont-les-Moulins**. Schon der Unterlauf mit glitzernden Flußschnellen ist eine Freude. Der Cusancin zieht seine Bögen durch saftige Wiesen, die zum Baden und Picknicken einladen – falls die Kühe nicht ältere Rechte geltend machen. Noch ruhigere und romantischere Stellen kommen dann weiter flußaufwärts im Abschnitt hinter Pont-les-Moulins bis hinauf nach *Cusance*.

■ **Radtour.** Diese besonders ab *Pont-les-Moulins* verkehrsarme Strecke eignet sich auch sehr gut für eine Radtour: etwa 40 Kilometer, 300 Meter Anstieg, Fahrzeit: 3-4 Stunden.

L'Auberge des Moulins – **Pont-les-Moulins.** An der Kreuzung in Pont-les-Moulins liegt ein einfaches Landhotel mit einem kastenförmigen Anbau im Stil der späten sechziger Jahre. Aber was hier zählt, ist die Küche von *Franco Porru*. Zum Beispiel die «Assiette aux 3 fritures avec sauce tartare» – eine Friture der Extraklasse: krachend-knusprig und doch zart die Hülle, saftig der Fisch! Das Geheimnis für den luftigen Teig liegt in den Zutaten. Halb Bier, halb Milch und wenig Mehl. Ebenfalls auf einem gehoben bürgerlichen Niveau der Pot-au-feu vom Süßwasserfisch oder die «Cassolette d'escargots et morilles à la crème d'aneth». Zum Abschluß dürfen der reife Käse und die vorzüglichen Desserts nicht fehlen. Nur der Innenarchitekt... aber lassen wir das!

Auberge des Moulins**. 2, rue du Pontarlier, 25110 Pont-les-Moulins
Tel. 0033-(0)3.81.84.09.99
RT: Unterschiedlich
Typ: kunterbuntes Landhotel, gute Küche
Preise: Mittel

Source Bleue und Source Noire – Nach Pont-les-Moulins geht es links ab auf die D21, die nun den Cusancin begleitet bis zu seinen beiden Quellen, der *Source Bleue* und der *Source Noire*. Vor Guillon-les-Bains einige naturreine Plätze am bergbachkalten Fluß, der hier immer wieder langsam fließende Passagen hat, in denen man auch einige Schwimmzüge machen kann. Einzelne Stellen im Cusancin sind sogar fast poolgroß ausgewaschen und mehr als metertief, Eschen und Erlen halten das Ufer, das Wasser ist glasklar. Die saftigen Weiden reichen bis an den Bach, an der Brücke lehnen zwei Fahrräder, da und dort führt ein Feldweg zum Ufer. Angler wechseln mit vereinzelten Sommerfrischlern, die einen Schirm aufgespannt haben. Aber selbst an einem heißen Julitag kein Hochbetrieb, allerdings sind einige der früher frei zugänglichen Bade- und Picknickwiesen nun abgesperrt oder mit Verbotsschildern gekennzeichnet.

Dafür gibt es bereits vor Guillon einige angelegte Picknickplätze, flußaufwärts gesehen hinter Guillon-les-Bains, liegt linkerhand ein größerer möblierter Platz. Unter den bemoosten Ästen einer uralten Esche stehen Tische. Die Erfrischung danach: über große Steinplatten geht's in den träge dahinfließenden Fluß. Wassertemperatur im Hochsommer um 15 Grad...

Forellen an der Quelle – La Source Bleue in Cusance

La Source Bleue – Cusance. Schon weit oben im Tal, der Paar-Häuser-Weiler Cusance. In einem efeubewachsenen Haus das kleine Restaurant «La Source Bleue», am Wochenende ein typisches Familienziel im tiefgrünen Hinterland, was hier wörtlich zu verstehen ist. Auf dem schmalen Trottoir stehen ein paar Plastikstühle und Straßentische. Potenziell am reizvollsten wäre der kleine, verträumte Wirtsgarten über der Straße, auf einer schattigen Wiese am Bach gelegen, leider wird hier nicht serviert. Die im Grunde einfach-ländlich Küche versucht es seit einiger Zeit auch mit Meeresfrüchten und anderen Prestigeprodukten aus der Gourmetküche. Wir schätzen eher die Forellengerichte (die alten Fischkästen hängen zappelvoll im Bach). Sicher keine Pflichtadresse, aber eine Alternative zum Picknick.

La Source Bleue. 25110 Val de Cusance, Tel. 0033-(0)3.81.84.12.82
RT: Mo, Di
Typ: Kleiner Landgasthof in tiefgrüner Umgebung.
Preise: Mittel

Die Kraft der Einsamkeit

Die *Source Bleue* entspringt links im Wald, ein schwarzblauer Wasserspiegel unter einem Felsen, unweit davon ein Badeplatz für den Hochsommer. Die *Source Noire* kommt rechts aus einer Grotte unter einer hohen Felswand hervor. Die ganze Szenerie hat, wie oft im Jura, etwas vom entrückten, weltfernen Frieden, wie er über den Landschaftsbildern aus dem 19. Jahrhundert liegt.

Auf der D21 weiter in einem sanft ansteigenden Waldtal, besonders eindrucksvoll im Frühjahr und während der Laubfärbung. Weiter bis zur Kreuzung der D21 mit der D27 (ca. fünf Kilometer), dann nach links über Crosey-le-Petit und Lomont-sur-Crête (10 Kilometer, meist eben), schließlich (nach der zweiten Abzweigung nach Villers-St-Martin) rechts ein kurzes Stück auf einem Waldweg. Nun in einer guten halben Stunde zu Fuß auf die *Fente de Babre*, einen Felssporn hoch über dem linken Ufer des Doubs. Von dort oben weiter Stendhal-Blick auf Baume-les-Dames und das Flußtal entlang. In wenigen Kilometern zurück nach Baume.

«Er stand aufrecht über seinem Felsen und betrachtete den Himmel, die Augustsonne umloderte ihn. Im Feld unter dem Felsen zirpten die Grillen; wenn sie schwiegen, war alles Stille um ihn. Zehn Meilen in die Runde lag zu seinen Füßen das Land. Von Zeit zu Zeit flog ein Sperber aus dem Felsennest über ihn hinweg. Und zog schweigend seine weiten Kreise. Julien folgte unwillkürlich dem Raubvogel; seine ruhigen, mächtigen Bewegungen packten ihn, er beneidete das Tier um diese Kraft, um diese Einsamkeit.»

STENDHAL, Rot und Schwarz, erschienen 1830

Alternativ kann man bei **Crosey-le-Petit** geradeaus fahren, steil hinunter ins Tal des Doubs. Auf einer winzigen Straße links nach *Roche-les-Clerval* und *Hyère-Magny*. Diese Strecke führt sehr schön am Fluß entlang, dann noch vier Kilometer auf der N83 bis Baume-les-Dames.

Vom Zauber der Provinz – Die Kirche von Leugney

Knapp zwei Kilometer südlich von Orsans, in Richtung Ornans, liegt weltvergessen der Weiler **Leugney.** Im Bild stehen einige Häuser, ein zusammengesunkenes Gehöft, eine Kirche umgeben von einem viel zu großen Friedhof. Aber was für eine Kirche. Ein gedrungener romanischer Turm, ein frühgotisches Schiff. Das Innere ländlich-barock. Die Glockenseile hängen in die kleine Eingangshalle hinunter, das eiserne Kreuz auf dem Kirchhof erscheint exakt im Bogen der geöffneten Kirchentür, ein grotesker Kopf glotzt vom steinernen Turmdach hinunter.

Die Mischung von Stille und immergrüner Landschaft wirkt an diesem Platz selten zwingend: Fast eineinhalb Jahrtausende christlicher Tradition konzentriert auf einen winzigen Ort. Im späten sechsten Jahrhundert bauten Missionare aus dem Wallis wohl die erste hölzerne Kirche, seit achthundert Jahren steht nun dieser Turm.

«Es war ein Oktobermorgen. Ein Himmel über den dicke graue Wolken zogen, gab den Blick nur bis zu den Hügeln frei und verlieh der Landschaft ein melancholisches Aussehen. Die Pflaumenbäume waren kahl, das Laub der Apfelbäume gelb und von den Nußbäumen segelten die Blätter wie im Gleitflug herab, weit ausholend und langsam zuerst, dann, wenn der Fallwinkel weniger schräg wurde, mit einem Mal herunterschießend wie Sperber. Die Luft war feucht und lau. Von Zeit zu Zeit kam ein Windstoß. Das eintönige Dröhnen der Dreschmaschinen steuerte seine dumpfe Note bei. Der Sommer war zu Ende. Der Herbst begann.»

«Ich meine die Tage, an denen euer Vater sich einen antrinkt. Ich freue mich jedes Mal, wenn ich sehe, daß meiner seine Halbstiefel einschmiert, um nach Vercel oder nach Baume auf den Markt zu gehen. Dort ißt er dann gut mit den Bauern aus den Bergen oder dem Tiefland; er trinkt ein paar Klare, ein paar Aperitifs oder Flaschenwein. Auf dem Rückweg halten dann alle bei einem Wirtshaus an, und bevor er nach Hause kommt, trinkt er noch einen Absinth bei Fricot. Meine Mutter geht ihn dann holen.»

Louis Pergaud. Aus Krieg der Knöpfe. Erschienen 1912.

Louis Pergauds Heimatdorf *Belmont* liegt drei Kilometer westlich der D50 (siehe Karte Nr. 12). Hier hat sich in den letzten 100 Jahren, außer daß die Pferde von Traktoren ersetzt wurden, nicht viel geändert. Im alten Schulhaus wurde Pergaud geboren, das Gebäude ist innen aber nicht zu besichtigen. Stattdessen gibt es einige Meter weiter ein kleines Museum, das an ihn und seine Zeit erinnert. In seinem mehrmals verfilmten Roman «Krieg der Knöpfe» werden Zauber und Schatten der Kindheit in der Provinz liebevoll geschildert:

«Am darauf folgenden Donnerstag fuhr Vater Bacaillé schon frühmorgens in Begleitung seines Sohnes zum Markt nach Baume. Im Vorderteil des Kastenwagens, vor den sie Bichotte, die alte Stute gespannt hatten, lag als Sitzgelegenheit ein Strohbündel, dahinter, auf frischem Streu, ein kleines, sechs Monate altes Kalb, ganz in einen Sack eingehüllt, aus dessen zusammengeschnürter Öffnung sein Kopf erstaunt in die Welt schaute. Vater Bacaillé, der es an den Metzger in Baume verkauft hatte, wollte die Gelegenheit, die der Markttag bot, wahrnehmen, um das Tier selbst zum Käufer zu bringen.

Da es ein Donnerstag war, an dem nachmittags kein Unterricht stattfand und er Geld einnehmen würde, durfte sein Sohn mitfahren. Bacaillé strahlte. Solch ein Glücksfall ergab sich nicht oft. Er stellte sich schon im Voraus alle Freuden dieses Tages vor: Er würde im Wirtshaus essen, ein Gläschen Fruchtsaft oder auch einen Schluck Schnaps aus dem Becher seines Vaters trinken, er würde sich Lebkuchen kaufen und eine Trillerpfeife.»

Ferme du Montagnon – Valdahon. Südlich von Belmont liegt **Valdahon**, das nicht weiter erwähnenswert wäre, wenn es da nicht die exzellenten Produkte der *Ferme du Montagnon* gäbe und die Schweinereien von *Noël Myotte*. Sein Jambon à l'os ist fein geräuchert, zart, mit breitem, schmelzendem und doch festem Fettrand. Die Spezialität wird mit dem großen Messer in unregelmäßig dicken Scheiben direkt vom Knochen geschnitten. Ein ordentliches Stück davon kostet zudem nicht mehr als jene Imitate, die unser Negativbild vom Schinken und seinen Produzenten prägen.

Boucherie La Maison Noël Myotte. 6, rue de la gare, 25800 Valdahon, Tel. 0033-(0)3.81.56.21.57.

Ferme Auberge du Rondeau – Lavans-Vuillafans. Zwischen Valdahon und Ornans liegt eine der besten Fermes-Auberges im Jura – Biobetrieb nicht seit vorgestern, sondern seit 1961. Die Bauernfamilie nimmt das Signum «Ferme» ernst, obwohl es auch im Jura mindestens so oft mißbraucht wird wie in den Vogesen die «Ferme-Auberge» oder im Badischen die «Straußenwirtschaft». Praktisch alles, was hier auf der Karte steht, stammt aus eigener Produktion. Käse, Würste oder der wunderbare Schinken vom Wildschwein. Ein Rudel davon zieht – wie zum Beweis des Authentischen – hinter dem Gehege seine Runden. Hier wäre ein Ort, an dem alles reell ist. Und so kann es auch mal vorkommen, daß der Patron beim Frühstück eine Wildsau schießt. Gäste hin oder her. Vom Knall erschreckt, zieht sich das Rudel hinter die Tannen zurück, während der Bauer im Schubkarren die Sau abtransportiert. Kurze Zeit später kehren die verunsicherten Tiere zurück, schnuppernd ihren Artgenossen suchend, derweil im Garten die Gäste ihr Frühstücksei köpfen. Auch eine Ferme ist kein Ponyhof, jedenfalls nicht immer.

Ferme Auberge du Rondeau. 25580 Lavans-Vuillafans
Tel. 033-(0)3.81.59.25.84
RT: Mitte Dezember bis Mitte Januar geschlossen
Typ: Rustikaler Bauernhof mit einfachen Zimmern
Preise: Günstig-Mittel

Besançon

Besançon centre! Wer hat da von einer wunderschönen Stadt geschwärmt? Geduld. Wie in allen französischen Städten gilt es zunächst, die häßlichen Vorstädte zu überwinden – da macht auch Besançon keine Ausnahme.

Im Zentrum wird es dann umso reizender: Style classique des 17. und frühen 18. Jahrhunderts dicht an dicht gepackt. Nicht ohne Grund wurden diverse Gebäude und Befestigungsanlagen der Hauptstadt der Franche-Comté in das Unesco-

Style classique – Blick von der Pont Battant auf die Altstadt

Welterbe aufgenommen. Besançon gilt auch als die grünste Stadt Frankreichs, Lebensqualität und Freizeitwert gelten als beispielhaft.

Der Charme des Stadtbilds wird unterstrichen durch die außerordentliche Lage des alten Besançon innerhalb einer extremen Schleife des Doubs, dessen Lauf hier etwa den Konturen einer Flasche folgt. An Stelle des Korkens schließt ein mächtiger Felsen, der zur riesigen Zitadelle ausgebaut wurde,

die Stadt vom Hinterland ab. Von der Zitadelle, die 118 Meter über dem Doubs thront, hat man den uneingeschränkten Überblick über die Stadt.

Sehr deutlich zeigt sich diese Lage von Bord eines der kleinen Ausflugsboote *(bateaux-mouches)*, die beim Pont de la République abfahren und die Stadt umrunden. Umrunden ist wörtlich gemeint, denn ein 375 Meter langer Tunnel unterhalb der Zitadelle verbindet die beiden Schenkel der Schleife des Doubs an der engsten Stelle miteinander.

Doubsrundfahrt. Anfang Juli bis Mitte September. Dauer der Rundfahrt 75 Minuten. Mehr Informationen unter Tel. 0033-(0)3.81.68.13.25.

Für Bahnfreunde ist Besançon ein ideales Reiseziel. Das Auto ist nur lästig, da ein Großteil der Innenstadt Fußgängerzone ist. Zudem stehen an 30 Standplätzen 200 Fahrräder zur Verfügung. Nicht gratis, aber günstig, und die ersten 30 Minuten kosten tatsächlich nichts.

Geschlossenes Stadtbild

«Die Stadt macht einen sehr guten Eindruck, wohl zumeist deshalb, weil sie einen bestimmten Charakter, ein Gesicht für sich hat. Seine Quaderhäuser mit keinem anderen Fassadenschmuck als einem Balkon oder einem Bogen am Fenster sind freilich weder sonderlich originell noch pittoresk; desto mehr jedoch sind es seine Kirchen.»

Theodor Fontane, der 1870 als Kriegsgefangener in Besançon war.

So besticht Besançon nicht durch Einzelnes, sondern durch ein großes geschlossenes Stadtbild. Der ursprünglich helle Kalkstein, aus dem die alten Stadthäuser gebaut wurden, bekam im Lauf des letzten Jahrhunderts eine graue Schmutzschicht. Über zehn Jahre lang hat sich Besançon ein umfassendes Renovierungsprogramm für seine Altstadt geleistet, die Kalksteinfassaden wurden nach und nach von ihrer grauen Patina befreit. Heute leuchtet Besançon wieder, und die Straßen laden mit ihrem Reichtum an klassischen Fassaden wieder zum Flanieren und zu Augenspaziergängen ein. Dabei wirkt die Stadt, auch wegen ihrer große Universität, belebt, aber absolut untouristisch.

Unplugged – Musikpavillon an der Promenade Granvelle

Sehenswerte Bauwerke – Entlang der zentral verlaufenden Grande Rue Nr. 68, das klassizistische *Hôtel Terrier des Santans* mit seinem hübschem Innenhof; Nr. 86, der frühere *Couvent des Carmes* mit Arkadenhof und nebenan Nr. 88, der *Couvent des Grandes Carmes* mit einem Springbrunnen am Eingang.

Das schönste Gebäude in der Grande rue ist aber der *Palais Granvelle*. Die vielfach gegliederte Renaissance-Fassade wird von einem dreifach gestaffelten Dach überragt, der Innenhof ist mit Portici und Arkaden geschmückt. Im Inneren des Gebäudes ist nach langem Umbau das *Musée du Temps* eröffnet worden. Von der Antike bis zur Mikrotechnologie wird alles rund um das Phänomen Zeit und die Instrumente zu seiner Erfassung präsentiert.

Durch den Innenhof wird die *Promenade Granvelle* erreicht, eine Stadtoase par excellence. Unter großen Linden, Kastanien und Platanen steht ein schmiedeeiserner Musikpavillon vor einem vermoosten Tropfsteinbrunnen, ganz nach dem Geschmack der vorletzten Jahrhundertwende.

Illusion ist alles – Fassadenbild mit Victor Hugo, Besançon

Und hier auch der geeignete Ort für eine kleine Pause: *Brasserie Granvelle* und schräg gegenüber die neue und moderne *Brasserie 1802* – beide mit einer einladend großen Terrasse. Mittags servieren beide Lokale einfache preiswerte Gerichte – die letztere vielleicht eine Spur geschmackvoller. Wer nicht auf einer der Brasserieterrassen Platz nehmen möchte, findet auf der Place Granvelle auch bequeme Bänke im Schatten der Platanen.

Wieder zurück auf der **Grande Rue,** im Kern der alten Stadt reiht sich eine ganze Zeile geduckter spätgotischer Häuser (Nr. 129-134). Im Haus Nr. 140 wurde 1802 VICTOR HUGO geboren, der große Romancier des 19. Jahrhunderts. HUGO kommt in Frankreich etwa die gleiche Verehrung zu wie GOETHE bei uns – kein noch so kleines Städtchen, das nicht eine Straße nach ihm benannt hätte.

VICTOR HUGO wurde allerdings nur zufällig in Besançon geboren, weil sein Vater dort als Offizier stationiert war, er hatte später auch keine besonders herzliche Beziehung zu seiner

Mauer mit Sicht – Blick von der Zitadelle auf Doubs und Neustadt

Geburtsstadt. Schräg gegenüber, im Haus Nr. 1, am Place Victor-Hugo, kamen 1862 Auguste und 1864 Louis Lumière, die Erfinder des lichtempfindlichen Films, ans Licht der Welt.

Den Flaneur erfreut in Besançon neben dem historischen Einzelstück aber eher das große Ganze: in der Altstadt gibt es zahlreiche stimmungsvolle Gassen, vitale Straßen und Plätze, so etwa die *Place J.-Cornet,* die an der parallel zur Grande Rue verlaufenden Rue des Martelots liegt. Deren Verlängerung, die *Rue des Granges* ist ebenfalls einen Spaziergang wert. Genauso, wie die kleine *Rue Ernest Renan,* die von der Place Victor-Hugo abgeht.

▪ **Aussicht.** Auf den Befestigungen der Altstadt führen Wege den Doubs entlang. Von den Quais der Neustadt, dem *Quai Veil* und *Quai de Strasbourg,* wirkt die strenge Schönheit der «hôtels» hinter den Mauern der Vaubanschen Anlage besonders bestechend. Von der *Promenade Micaud,* zwischen Pont de la République und Pont Brégille, hat man einen schönen Blick über den Doubs mit seinen kleinen Inseln und auf die

Altstadt unterhalb der Zitadelle. Und nicht zu vergessen, am *Quai de Strasbourg* befindet sich eine wunderschöne Synagoge im maurischen Stil.

Die Zitadelle mit den Museen

118 Meter über dem Doubs dominiert die gewaltige Zitadelle Besançon und seine weitere Umgebung. Das Fort wurde von Marschall VAUBAN geplant, die drei hintereinander liegenden Befestigungssysteme sicherten einst den einzig möglichen Zugangsweg zur Stadt. Neben Zitadelle und Stadtmauer zählen noch die Stadttore und weitere Forts zu den Vaubanschen Anlagen, sie wurden 2008, zu seinem 300. Todestag, ins UNESCO-Welterbe aufgenommen.

Vom westlichen *chemin de ronde* hat man den schönsten Blick auf die Stadt, den Fluß und das gegenüberliegende *Fort Chaudanne.*

In der Zitadelle befinden sich gleich mehrere **Museen**. Ein Museum *Populaire Comtois* zeigt Kunsthandwerk und Volkskunst aus der Region, darunter schöne Marionetten und eine hübsche Kollektion von Kirchturmhähnen. In einem separaten Gebäude *(Section d´agriculture traditionelle)* befindet sich eine umfassende Sammlung alter landwirtschaftlicher Geräte und Maschinen. Das *Musée de la Résistance et de la Déportation* zeigt Photos und Dokumente zu Naziterror, Kollaboration und Widerstand.

Zu Fuß erreicht man die Zitadelle von der Kathedrale Saint-Jean über die Rue des Fusillés-de-la-Résistance, die sich den steilen Hang empor windet.

Citadelle. 99, rue de Fusillés, 25042 Besançon, Tel. 0033-(0)3.81.87.83.33. www.citadelle.com. Die Zitadelle ist das ganze Jahr über geöffnet. Ausgenommen Weihnachten und Neujahr. Je nach Saison ab 9 bis 18 Uhr oder 10 bis 17 Uhr.

Charles Quint – **Besançon.** Das schönste Hotel der Stadt befindet sich unmittelbar bei der Kathedrale Saint-Jean. Das «Charles Quint» ist ein kleines, intimes Refugium mit nur neun Gästezimmern. Es wird vom ehemaligen Antiquitätenhändler *Philippe Mathieu* und seiner Frau *Véronique* sehr persönlich geführt. Eine Oase mitten in der Altstadt, unser Favorit (auch im Vergleich zum etwas in die Jahre gekommenen Platzhirsch «Hôtel Castan»). Das stilvolle Stadthaus aus dem 18. Jahrhundert und die angenehme Präsenz des Patrons geben einem das Gefühl, in Besançon am richtigen Ort angekommen zu sein.

Hôtel Charles Quint***. 3, rue du Chapitre, 25000 Besançon
Tel. 0033-(0)3.81.82.05.49, www.hotel-charlesquint.com
Typ: Stilvolles Stadthaus aus dem 18. Jahrhundert, ♣ Innenhof, Garten mit Schwimmbad, 9 charmante Zimmer.
Preise: Mittel-Gehoben

La Maison de verre – **Besançon.** Eine weitere, sehr persönliche Adresse mit nur drei Schlafzimmern. Aus einer ehemaligen Autowerkstatt hat Gastgeberin *Katherine Bermond* ein modernes Gästehaus mit Loft-Charakter geschaffen. Die Zimmer sind mit Geschmack und Komfort eingerichtet. Den Gästen steht auch ein großer Wohnbereich mit bequemen Sofas und langem Eßtisch zur Verfügung. Hinzu kommen ein Flügel, eine Bibliothek und jede Menge CDs. Das exzellente und reichhaltige Frühstück ist hier im Preis inbegriffen.

Nebenbei: Kochen kann Katherine Bermond auch. Kluge Menschen mieten sich mit ihren besten Freunden für ein Wochenende ein und begeben sich kulinarisch in Obhut von Madame. «C'est la vie!» – im besten Fall.

La Maison de verre. 26, rue Bersot, 25000 Besançon
Tel. 0033-(0)3.81.81.82.27, www.lamaisondeverre.com
RT: Keine
Typ: Ehemalige Autowerkstatt mit Loft-Charakter, 3 komfortable Zimmer
Preise: Günstig-Mittel

Restaurant, Weinkeller und Fachgeschäft Barthod, Besançon

Barthod – **Besançon.** Eine gute Adresse, um die schier unendliche Weinwelt Frankreich besser kennen zu lernen, ist «Barthod». Was vor 60 Jahren mit einem Weinkeller begann, ist heute ein Fachgeschäft mit regionalen Produkten und einem Restaurant mit traditioneller Bourgeoisküche. Bei einigen Gerichten ist der Wein inbegriffen, was sich in Frankreich mitunter als teure Touristenfalle herausstellt, hier bei «Barthod» aber eine durchaus angenehme Hilfestellung ist. Zur *Tartiflette* tranken wir einen Chardonnay aus Arbois, zum Kalbskopf einen Saumur von der Loire und zur geschmorten Ente, einen Cahors aus dem Périgord. Keine fein ziselierte Kür, aber alles in ansprechender Qualität. Daneben kann man sich im angeschlossenen Fachgeschäft über unzählige Biersorten und Whiskys informieren, was problemlos ein Ferienbudget sprengt – sofern man alte schottische Raritäten schätzt.

Restaurant Barthod. 20-22, rue Bersot, 25000 Besançon
Tel. 0033-(0)3.81.82.27.14, www.barthod.fr
RT: Keine
Typ: Klassisch – Getränkedeponie mit Bewirtung
Preise: Mittel

L'Avant-Goût – Besançon. In seinem stimmungsvollen kleinen Lokal kocht *Thierry Perrod* eine unprätentiöse Küche. Seine Teller richtet er pragmatisch an, ohne dysfunktionalen Zierrat und Firlefanz. Dafür überzeugen seine klar kombinierten Aromen. Das letzte Mal aßen wir einen jungen, cremigen Ziegenkäse, eingewickelt in Rote-Beete-Blätter, einen üppigen Pot au Feu vom Schwein und eine knusprige Millefeuille von roten Früchten. Ist das Restaurant *complet*, kann es auch mal zu längeren Wartezeiten kommen.

Restaurant L'Avant-Goût. 4, rue Richebourg, 25000 Besançon
Tel. 0033-(0)3.81.81.48.86, www.restaurant-l-avant-gout-besancon.com
RT: Unterschiedlich
Typ: Gemütliches Restaurant, modern und alt stilsicher komponiert
Preise: Mittel

Jung und Alt an langen Tischen – La femme du Boulanger, Besançon

In Besançon wartet eine Fülle an sympathischen Beizen und Kleingastronomie, der Tagesplan gerät hier schnell durcheinander. Eine Auswahl:

La Femme du Boulanger. Die etwas andere Bäckerei. Jung und Alt sitzen bunt gemischt an langen Tischen, bei Kaffee, Tee und verschiedenen süßen und salzigen Kleinigkeiten. 6, rue Morand, Tel. 0033-(0)3.81.82.86.93.

Le Manége (Jean-Charles Lavier). Kühl, schnörkellos, aber durchaus stimmungsvoll: Cappuccino de champignons aux escargots, Daube de cochon au vin rouge, Pain d'épices. 2, faubourg Rivotte, Tel. 0033-(0)3.81.48.01.48, www.restaurant-le-manege.eu

Le Poker d'As (Familie Ferreux). Restaurant mit rustikaler, konservativ-schräger Einrichtung – und über allem wacht Madame Ferreux mit Adlerblick. Escalope de foie gras avec artichauts et pommes, Carré de chevreuil rôti, Poêlée de pommes. 14, clos Saint-Amour, Tel. 0033-(0)3.81.81.42.49.

Café Poste. Stimmungsvolle Kneipe für den Aperitif und nur für den in einem alten Post- und Telegrafenamt. 2, rue du Clos Saint-Amour, Tel. 0033-(0)3.81.82.20.01

Douceurs à lire et à manger. Eine Mischung aus Restaurant und Trödelbuchladen, warum nicht beides auf einmal. 16, rue Pontarlier, Tel. 0033-(0)3.81.81.69.75, www.douceursalireetamanger.fr.

George's. Hier werden französische Spezialitäten ordentlich gekocht und pur aufgetischt. Gastronomie extra dry. 128, Grande Rue, Tel. 0033-(0)3.81.82.37.39.

Le Cercle Suisse. Durchschnittliches Essen vor Film-noir-Kulisse. Urgemütlich. Wer hier nicht aus dem Alltag fällt, bleibt ewig gefangen. 4, rue Lacoré, Tel. 0033-(0)3.81.81.37.58.

Mirabelle. Mutter und Tochter, Jeanne und Martine Schiby, kochen in Puppenstubenatmosphäre, aber wie: gut, biologisch und frisch. Die Desserts sind köstlich, wie alles, was der schüchterne elsässische Kellner auftischt. 1, rue Mégevand, Tel. 0033-(0)3.81.50.10.20.

Übrigens – Das Leitungswasser von Besançon ist mehr als trinkbar, es gilt als eines der besten Frankreichs. Kein Chlorgeschmack, das Wasser ist nicht nur sauber, es schmeckt auch. Seit einiger Zeit wird ein Teil davon mit Kohlensäure versetzt, in Bügelflaschen gefüllt und als «La Bisontine» in den Restaurants der Stadt und der Umgebung verkauft – mit Erfolg.

Gut Einkaufen

L'amie du pain. Die zahlreichen Freunde der Bäckerei kaufen ihr Brot schon frühmorgens. Wer erst um zehn Uhr kommt, steht oft vor leeren Regalen.

L'Amie du pain. 75, rue Battant. Tel. 0033-(0)381 616908

Patissier und Traiteur Baud. In Frankreich ist das Leben und nicht die Rache süß. Zum Espresso nach dem Essen gehört eine kleine Süßigkeit. Zwar ist die Schweizer Schokolade bekannter, die französische aber oft besser. So werden die süßen Teilchen bei *Pierre* und *Michel Baud* in der Patisserie emsig eingekauft oder gleich vor Ort im angegliederten Salon de Thé aufgegessen. Dies, obwohl Baud's legendärer Ruf in den letzten Jahren vornehmlich bei Einheimischen doch etwas gelitten hat. Dennoch bleibt Baud nach wie vor die Nr. 1 der Stadt. Zumal, wenn es um Schokolade geht. Neben der luxuriösen Patisserie gibt es hier eine große Auswahl an vorzüglichen Teemischungen. Die Tarte aux citron vert ist aromatisch dicht und ganz ohne Säure auf der Zunge. Ebenfalls zu empfehlen sind die köstlichen Terrinen oder der Jambon persillé, zartmürbe mit feinem Petersilienaroma.

Baud. 4, Grande Rue, Tel. 0033-(0)3.81.81.20.12

Le Criollo. Die Schokoladenmanufaktur «Le Criollo» liegt zwar am Stadtrand, ist aber mit dem Auto oder einem öffentlichen Bus einfach zu erreichen. *Claude Streit* hat Schweizer Wurzeln, sein Großvater kam 1916 aus Radelfingen nach Besançon. Für Milchschokolade alleine hat Claude Streit nicht viel übrig. Im Gegenteil. Er war einer der ersten Chocolatiers, der mit diversen Gewürzen experimentierte. Er veranstaltet Führungen mit Gratisdegustation – 7000 Besucher sind es durchschnittlich pro Jahr. Nicht nur bei der Herstellung geht Claude Streit neue Wege, er hat auch zahlreichen Kakao-Kleinbauern in Afrika zu einem selbständigen Leben verholfen, indem er sie bei Produktion und Vermarktung unterstützt. Immer wieder ist er einige Monate in Kamerun als Entwicklungshelfer in Sachen Kakao unterwegs. Sein Motto: «Geld allein macht das Leben nicht süß, aber ohne Geld ist es bitter».

Le Criollo. 1a, rue Murgelot, 25220 Chalezeule Tel. 0033-(0)3.81.40.07.23, www.lecriollo.com

Weitere süße Adressen

Le Carthage. 84, rue des Granges. Nordafrikanische Süßigkeiten. Eine Hausspezialität ist das algerische Gebäck «Zlabia».

Purement chocolat. 15, rue Tristan-Bernard, Tel. 0033-(0)3.81.40.10.10. Jacques Belin, der dritte Chocolatier in Besançon.

Les Comptoir des Arômes. 68, rue des Granges, Tel. 0033-(0)3.81.81.38.45. Imposante Kaffee- und Teeauswahl von bester Qualität. Das Ganze wird von der Familie Lamouche geführt, die in Dole und Vesoul weitere Filialen hat.

Les Vignerons. 122, Grande Rue, Tel. 0033-(0)3.81.82.83.13. Etwas für Individualisten. Die Öffnungszeiten sind unterschiedlich, der Patron ein sympathischer Chaot, die Auswahl an Spirituosen genial. Die unkonventionelle Alternative zu «Barthod».

Und der Markt? Den gibt es täglich, außer Montag. Die Hallen an der Place de la Révolution und die blaue Gußeisenhalle hinter dem Musée des Beaux-Arts wurden schon vor Jahren renoviert. Die Glas-Stahlkonstruktion ermöglicht reizvolle Durchblicke, das Angebot ist aber eher durchschnittlich. Alles Wesentliche gibt es auf gutem, aber nicht herausragendem Niveau – erwähnenswert sind vor allem «Le Vin», ein *caviste* mit einem feinen Angebot auch in den unteren Preisklassen und *Pascal Colas* mit seiner Auswahl an Rohmilchkäse.

Am Sonntagmorgen gibt es immer den winzigen Markt am *Pont Battant*, wo man alle wesentlichen Dinge auf einem Fleck bekommt.

Englischer Park und gekieste Vorfahrt – Château de Salans

Am Doubs zwischen Besançon und Dole

Auf halbem Weg zwischen Besançon und Dole – beide mit kompakter historischer Innenstadt, liegt der winzige Weilers Salans (bei St. Vit an der D 203, nur ein paar hundert Meter vom Doubs entfernt). Eine unbeschwerte Gegend für Radler oder einfach so, für zwei, drei Tage Stadt, Land, Fluß. Dazu eine Unterkunft, die man nur guten Freunden verrät:

Château de Salans – Salans. Im Château de Salans werden drei Zimmer und eine Suite vermietet. Ein «Chambre d'Hôte» der feineren Art. Das aus dem 16. und 17. Jahrhundert stammende Schloß liegt ganz für sich am Ortsrand unweit der frühgotischen Dorfkirche. Ein fürstliches Kleinod in einem großzügigen Park, mit gekiester Vorfahrt und stillen Bänken unter alten Bäumen. Üppige Rhododendren, Rosen und Pfingstrosen blühen. Die Gastgeberin hat unlängst gewechselt, aber der Charme ist geblieben. Nun ist *Madame*

Der Frühsommer ist da – am Château de Salans

Guillemin die gute Seele des Hauses. Die Zimmer sind hell und historisch, mit Blick in den gepflegten Park. Jedes individuell möbliert, aber nicht mit Plüsch und Plunder vollgestellt. Die Stimmung im Haus ist gediegen, aber nicht gekünstelt.

Das Schloß und seine Geschichte: Schloß Salans wurde nach der Revolution verkauft, nachdem der letzte Erbe des Anwesens hingerichtet wurde. Der neue Eigentümer, *Baron de St. Juan*, baute das Schloß im neo-klassizistischem Stil um und sein Sohn verwandelte den dressierten Barockgarten in einen englischen Landschaftsgarten. Seit 1992 kann das Haus nach umfangreichen Renovierungsarbeiten im Juli und August jeweils an den Wochenenden von 14-18 Uhr besichtigt werden. B&B gibt es das ganze Jahr über – und hervorragende Konfitüren zum Frühstück.

Château de Salans. 39700 Salans, Tel. 0033-(0)3.84.71.16.55

RT: Unterschiedlich

Typ: Stilvolle Oase, drei individuell eingerichtete Zimmer, alle mit Blick auf den ♣ Landschaftsgarten

Preise: Mittel-Gehoben

Einfache Herberge am Kanal – La Marine in Ranchot

La Marine – Ranchot. Sechs Kilometer westlich von Salans eine sehr einfache Herberge in ländlich-ansprechender Lage, gleich neben dem Rhein-Rhône-Kanal. Die Gästezimmer sind eher eine Zugabe für restlos Erschöpfte, oder in der Provinz Gestrandete. Zu den Vorzügen des Hauses gehört das bodenständige Restaurant mit seinem Sommergarten. Der war bislang allerdings derb mit blauem Plastik möbliert, drinnen im Speisesaal wird es in den Wintermonaten mit offenem Kamin deutlich freundlicher. Über Mittag stellen sich die üblichen Verdächtigen aus der Region ein – ein paar Prokuristen und Angestellte, Techniker und Pensionäre. Ja, man kennt sich. Es gibt zwei, drei günstige Menüs in durchaus akzeptabler Qualität. Eine Bar für ein Sandwich und ein kurzes Bier wäre auch noch da. Familiäre Atmosphäre.

Hôtel la Marine**. 26, Grande rue, 39700 Ranchot
Tel. 0033-(0)3.84.71.13.26
RT: Unterschiedlich
Typ: Solide Landpartie, allein am Kanal. 26 einfache Zimmer.
Preise: Mittel

Am Rhein-Rhône-Kanal, Ranchot

Mon Plaisir – Baverans (ca. fünf Kilometer östlich von Dole, Abzweig von der RN beschildert). Seit Jahr und Tag hält sich hier ein gastronomisches Relikt im Irgendwo am Rhein-Rhône-Kanal, der hier auch nicht mehr wie ein Jüngling daherkommt. Es wartet eine versteckte Retrogastronomie, verträumt, verwildert-verlottert, aber zäh. Ein Platz, so museal wie die Blechschilder, die von der Route Nationale verläßlich zum «Mon Plaisir» weisen. Ein Ort für eine *casse-croûte* an den Tischen unter den Bäumen. Wer für Zeitreisen nur ein Achselzucken übrig hat, läßt es lieber gleich bleiben. Für Nostalgiker und gelernte Frankreichfans.

Mon Plaisier. 16, rue du Canal, 39100 Baverans, Tel. 0033-(0)3.84.72.22.50
RT: Mo-Abend
Typ: Hurra, wir leben immer noch!
Preise: Günstig

Weithin sichtbare Landmarke: Kathedrale Nôtre-Dame, Dole

Dole

Dole (25.000 Einwohner) liegt schon an der Peripherie der Franche-Comté und war dennoch über Jahrhunderte die Hauptstadt der Region. Erst nach der Eroberung der Franche-Comté durch Frankreich ging das Privileg der Hauptstadt an Besançon.

Die Altstadt von *Dole* besteht aus vielen, zum Teil sehr reizvollen Häusern des 15. bis 18. Jahrhunderts, die sich um die Kathedrale gruppieren. Zahlreiche Details belohnen den aufmerksamen Besucher: Portale, Treppenhäuser, Türmchen, Innenhöfe, Arkaden, Brunnen, kleine Statuen, schmiedeeiserne Arbeiten – fast jedes Haus hat seine Besonderheit. Wenige Häuser sind aufwendig saniert, kaum eines ist überrenoviert, bis heute sind etliche vom Zerfall bedroht. Doch so ergibt sich ein gewachsenes Stadtbild, das, weit weg von Disneylandhaftem, auch der Vergänglichkeit Platz einräumt. Betrachtet man alte Fotografien (und nicht die idealisierenden Stahlstiche aus der Zeit), so bemerkt man, daß auch vor über 100 Jahren die damals schon alten Häuser meist alles andere als gut renoviert waren.

Die Kathedrale *Notre-Dame* ist mit ihrem 75 Meter hohen Turm eine weithin sichtbare Landmarke. Nachts ist sie spektakulär illuminiert. Die Kirche wurde im frühen 16. Jahrhundert erbaut. Im Innern befinden sich ein barocker Orgelprospekt und zehn Apostelstatuen aus dem 15. Jahrhundert. Jede Viertelstunde erklingt ein feines Geläut, das um 12 Uhr in einem dramatischen Glockenkonzert endet.

Rundgang. Von der *Place aux Fleurs* aus (an der rue des Arènes, unweit der Markthalle) Blick auf die vielfach gestaffelten Häuser der Altstadt und die Kathedrale. Hier beginnt ein kleiner Rundgang: Aufwendige Fenstergitter und ein feines Portal am *Hôtel de Froissard* und dem Karmeliterkonvent *(Ancien Couvent des Carmélites)*, beide Gebäude sind in der Rue Mont-Rolland, rechts von der rue des Arènes abbiegend. Weiter im Uhrzeigersinn, kommt man am alten Jesuitenkolleg (rue du Collège de l´Arc) mit seinem reizvollem Innenhof vorbei. Einige Schritte weiter links noch ein hübscher kleiner Innenhof in einem Haus von 1738. Nun nach rechts weiter in der rue Boyvin im Haus Nr. 6 Jura-Musique, der alte Garten des *Couvent des Tiercelines* und dann steht man auch schon wieder an der Kathedrale.

Sehr schön auch die Passagen mit alten Platanen an Fluß und Kanal, der *Pont du Pasquier* über den Canal du Rhône au Rhin und die Brücke über den Doubs. Sehenswert ist jedoch nicht ein bestimmtes Element, ein «hôtel» oder ein Innenhof, außerordentlich ist in Dole das Ensemble, die untouristische Selbstverständlichkeit, mit der eine alte Stadt sich hier zeigt. Diesem Eindruck können Autos (es gibt keine richtige Fußgängerzone) und die üblichen Schaufensterauslagen oder Leuchtreklamen erstaunlich wenig anhaben. An einem trüben Spätherbsttag wirkt die kalkgraue Stadt ein wenig wie die urbane Bühne einer schon länger vergangenen Welt. Davon gibt es nicht mehr viele.

Verehrter, verklärter Geist – Louis Pasteurs Geburtshaus in Dole

Der berühmteste Einwohner von Dole kam am 27. Dezember 1822 zur Welt. Die fast kultische Verehrung, die LOUIS PASTEUR heute in Frankreich genießt, ist erstaunlich. Jede Stadt hat ihre *Rue Pasteur*, zahllose Denkmäler erinnern an ihn. Pasteur hat große wissenschaftliche Meriten. Er entdeckte Hefen als Ursache der alkoholischen Gärung, entwickelte die erste Tollwutimpfung und führte die Asepsis als Behandlungsprinzip in der Medizin ein. Pasteurs Verklärung kann jedoch auch als Reflex des laizistischen Zeitalters verstanden werden, das sich seine eigenen Götter sucht – findet und verehrt. Sein Vater war Gerber und das kleine Haus mit den Lohegruben im Keller gibt ein gutes Beispiel von der Enge des Lebens am Gewerbekanal, wie es im vorletzten Jahrhundert noch üblich war. Aus seinem Elternhaus wurde ein kleines Museum.

Maison natale de Pasteur. 43, rue Pasteur, 39100 Dole, Tel. 0033-(0)3.84.72.20.61. **Öffnungszeiten**: Vom 1. Juli bis 31. August Mo bis Sa durchgehend von 10 - 18 Uhr, Sonntag nur nachmittags. Öffnungszeiten in der Nebensaison tel. anfragen.

Soul Kitchen in Dole – Jacques Ferrollier, Le Passe Muraille

Tisch | Bett | Einkauf

Die beiden Spitzenköche *Romuald Fassenet* und *Joël Cesari* haben die Altstadt von Dole verlassen. Fassenet ist einige Kilometer weiter nördlich nach **Sampans** ins «Château du Mont Joly» gezogen und *Cesari* in die entgegengesetzte Richtung. Im Zentrum von **Dole** herrscht nun ein kulinarisches Vakuum, es wirten die üblichen Verdächtigen. Sie scheitern mitunter schon an einem «Coq au Vin».

Le Passe Muraille – **Dole.** Eine passable Ausnahme bildet das kleine Kellerrestaurant *Le Passe Muraille,* wobei die recht volatilen Kochlaunen von *Jacques Ferrollier* darüber entscheiden, wie glücklich man das Lokal verläßt. Von sehr gut bis ordentlich ist alles möglich, obwohl Ferrollier eigentlich ein grundsolider Koch ist. Konstant ist aber das spezielle Weinangebot im Haus, vor allem im Bereich «Vin Naturel» werden Weinfreunde einige Höhepunkte finden. Jacques Ferrollier veranstaltet jeden dritten Donnerstag im November, am Vorabend des Verkaufsbeginns des *Beaujolais nouveau,* eine Zusammenkunft namhafter französischer *Vin Naturel*-Winzer. Lassen Sie sich bei der Weinauswahl beraten, denn nicht alle Flaschen, die im Keller liegen, tauchen auch auf der Karte auf. Fazit: Wenn es ein Lokal im Stadtzentrum sein soll, sein muß, dann dieses.

Restaurant Le Passe Muraille. 2, rue du Prélot, 39100 Dole
Tel. 0033-(0)3.84.82.78.21
RT: So, Mi-Mittag
Typ: Kellerrestaurant mit 20 Plätzen, ♣ kleine Terrasse am Wasser
Preise: Mittel

Château du Mont Joly – Sampans. Vor kurzem hat *Romuald Fassenet* sich hier in seiner «petit coin du paradis» eingerichtet. Das Herrenhaus aus dem späten 18. Jahrhundert wurde ansprechend renoviert, Fehlendes nicht einfach historisierend nachgebaut, sondern mit diskreter Eleganz neu geschaffen. Die sehr gut ausgestatteten Zimmer und Suiten tragen die Namen regionaler Früchte und Kräuter. Gegessen wird im pavillonartigen Anbau zur Linken. Eine gekieste Terrasse gibt den Blick frei auf einen von alten Platanen gesäumten Pool, er geht weiter über den großen Park bis zu den Hügeln der Côte-d´Or, die an klaren Tagen am Horizont erscheinen. Der Pool ist schön groß, gut zum Schwimmen in langen Zügen und erfreulicherweise schon im Mai ausreichend geheizt. Romuald Fassenet hat sich in den letzten zehn Jahren zu einem der (wenigen) Großen im gastronomischen Jura entwickelt.

In summa eine ideale Etappe auch auf der Fahrt in den Süden. Innerhalb einer Stunde sind von hier die attraktiven Städte Dijon, Beaune und Besançon zu erreichen. Auch für ein paar Ferientage zwischen Pool und Restaurant ein guter Platz.

Château du Mont Joly. 6, rue du Mont Joly, 39100 Sampans
Tel. 0033-(0)3.84.82.43.43
RT: Unterschiedlich
Typ: Herrschaftliches Haus. komfortable Zimmer und Suiten.
Preise: Gehoben-hoch

La Chaumière – Dole. Bemerkenswert, aber nicht ganz in derselben Liga wie Romuald Fassenet kocht der zweite Platzhirsch in Dole. *Joël Cesari* bietet eine saisonale und anspruchsvolle Küche. Zum kulinarischen Programm gehören mal anspruchsvolle, mal auch etwas konstruierte Gerichte aus dem Kanon der ambitionierten französischen Gourmetküche – zu entsprechend gehobenen Preisen.

Restaurant La Chaumière***. 346, avenue du Maréchal-Juin, 39100 Dole
Tel. 0033-(0)3.84.70.72.40
RT: So, Mo- und Sa-Mittag
Typ: Gourmetküche begleitet von französischem Landhausstil
Preise: Gehoben

Einkauf

Fromagerie Comtoise. In der winzigen Rue d'Enfer, im Schatten der Kathedrale. Hier gibt es zusätzlich eine gute Auswahl an Juraweinen und interessanten Flaschen aus dem nahen Burgund. 3, rue d'Enfer, Tel. 0033-(0)3.84.72.24.29.

Boucherie Jean Marie Rameaux. Jean Marie Rameaux braucht keine Website, dafür besitzt er scharfe Messer, die fachgerecht eingesetzt werden. 22, Grande rue, Tel. 0033-(0)3.84.72.06.72

Patissier Patrick Benetot. Ein guter Patissier mit dazu gehörendem Salon de Thé. 26, rue de Besançon, Tel. 0033-(0)3.84.72.13.28.

Markthalle. Gegenüber dem Hauptportal der Kathedrale findet sich eine hübsche gußeiserne Markthalle, viele Stände bieten leider nur ein durchschnittliches Angebot. Trotzdem – auch wegen der Atmosphäre – einen Besuch wert.

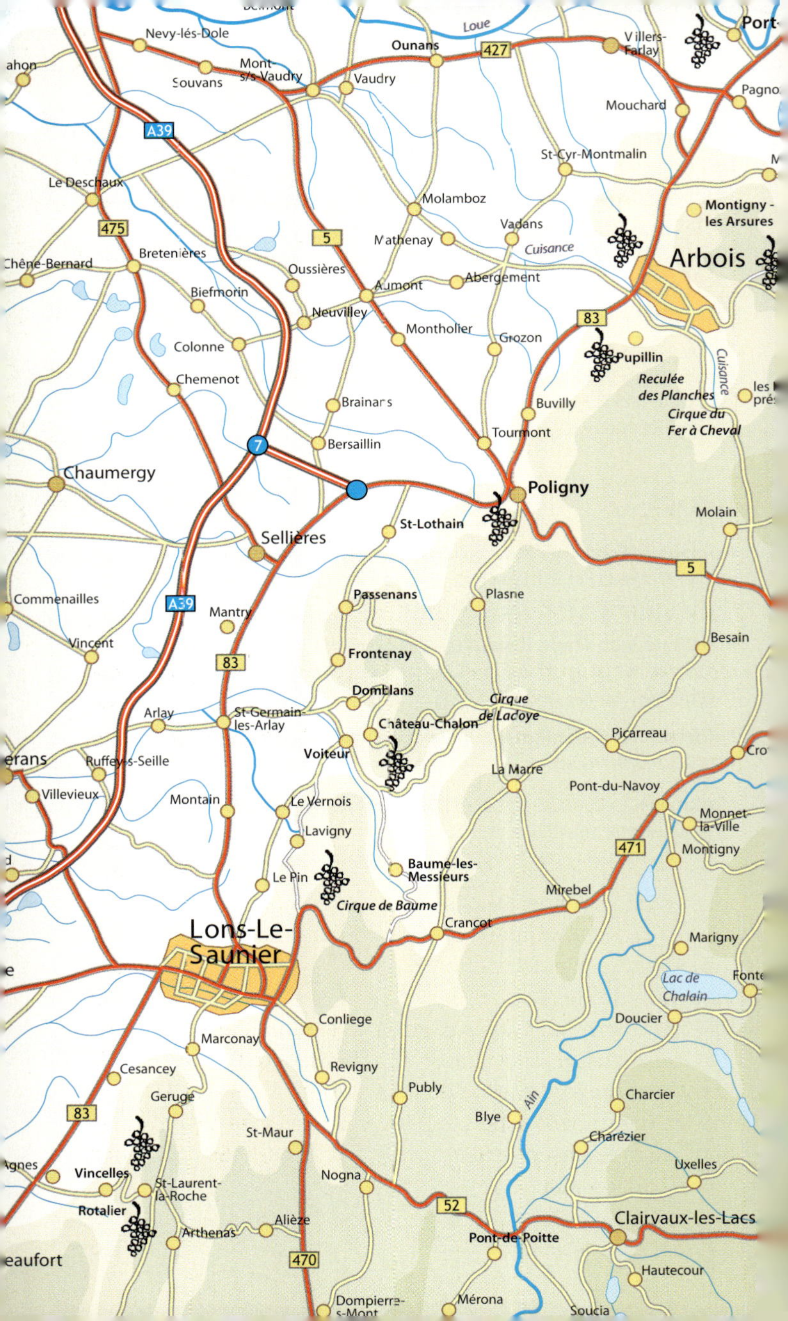

Loue
Nevy-lés-Dole
Souvans
Mont-s/s-Vaudry
Vaudry
Ounans
427
Villers-Farlay
Mouchard
A39
St-Cyr-Montmalin
Le Deschaux
475
Molamboz
Montigny - les Arsures
Vadans
Mathenay
Cuisance
Bretenières
Chêne-Bernard
5
Arbois
Oussières
Aumont
Abergement
Biefmorin
Neuvilley
Montholier
83
Colonne
Grozon
Pupillin
Reculée des Planches
Cirque du Fer à Cheval
Chemenot
Buvilly
Brainans
Tournont
7
Bersaillin
Chaumergy
Poligny
Molain
St-Lothain
Sellières
Commenailles
Passenans
Plasne
A39
Mantry
Vincent
Frontenay
Besain
Domblans
Cirque de Ladoye
Arlay
St-Germain-les-Arlay
Château-Chalon
Picarreau
Ruffey-s-Seille
Voiteur
La Marre
Villevieux
Pont-du-Navoy
Montain
Le Vernois
Monnet-la-Ville
Lavigny
471
Montigny
Baume-les-Messieurs
Le Pin
Mirebel
Cirque de Baume
Crancot
Lons-Le-Saunier
Marigny
Lac de Chalain
Conliege
Doucier
Marconay
Revigny
Cesancey
Publy
Geruge
Charcier
Ain
83
Blye
St-Maur
Charézier
Uxelles
Vincelles
Nogna
St-Laurent-la-Roche
52
Clairvaux-les-Lacs
Rotalier
Alièze
Arthenas
Pont-de-Poitte
Hautecour
470
Dompierre-s-Mont
Mérona
Soucia

Juraweinland

Das Weinbaugebiet des Jura erstreckt sich in der Linie Besançon-Lyon über 70 Kilometer am Westabhang der Juraberge. Es reicht von nördlich von Arbois bis südlich von Lons-le-Saunier.

Bei klarem Wetter sieht man von den höchstgelegenen Rebzeilen im Westen die burgundische Côte-d'Or, den Gegenhang der breiten Saône-Ebene. Im Rebland wachsen aber nicht nur lokaltypische Weine. Das Juraweinland ist ein reizvolles, kleinräumiges, vom Weinbau geprägtes Kulturland. Dazu kommen gut erhaltene kleine Stadtensembles und als landschaftliche Höhepunkte die großartigen Talabschlüsse der *reculées* mit ihren Höhlen und Wasserfällen. Die Region bleibt bis heute fast industriefrei, ohne große Durchgangsstraßen, selbst die *grandes surfaces*, die großflächigen Super-, Mega- und Hypermärkte der französischen Provinz, sind hier rar – wobei einen der weiter wachsende Saum rund um Lons-le-Saunier doch etwas bangen läßt.

Seit Plinius dem Jüngeren, also etwa 100 v. Chr., ist im Jura der Weinbau schriftlich erwähnt. Im späten Mittelalter und der frühen Neuzeit war Jurawein sehr gefragt. So loben ihn Briefe der französischen Könige François I. und Henri IV., eine Ehre, die der Jura allerdings mit diversen Weinregionen Frankreichs teilen muß. Mit der Reblaus kam der Niedergang. Standen Ende des 19. Jahrhunderts fast 20.000 Hektar unter Reben, so sind es heute noch knapp 2.000 Hektar. Das relativ kleine Weinbaugebiet (etwas mehr als ein Prozent der französischen Ernte) zeichnet sich durch eine vielfältige Produktion mit einer ganzen Reihe bemerkenswerter, manchmal nur hier angebauter Rebsorten und Weinspezialitäten aus.

Die Region teilt sich in die Bereiche *Arbois* (800 ha), *Côtes du Jura* (700 ha), *Étoile* (80 ha) und *Château-Chalon* (50 ha).

Rund um die stimmungsvolle alte Stadt **Arbois** wird vorwiegend Rotwein erzeugt. Arbois ist in Frankreich zudem bekannt als die Stadt, in der Louis Pasteur sein Forscherleben verbrachte, dort führte er auch seine Untersuchungen zur alkoholischen Gärung durch. 1936 wurde nach Arbois die erste Appellation contrôlée überhaupt verliehen.

Étoile produziert Crémants, Weißweine und Vin Jaune. Seinen Namen hat dieses Weingebiet eher von den sternförmigen

Im Weinkeller von Emile Bourguignon, Vincelles

Fossilien, die sich im Gestein finden, als von den fünf Hügeln, die es in Sternenform umgeben.

Die Appellation Château-Chalon ist für den *Vin Jaune* reserviert, der aber auch im Rest des Jura-Weinbaugebietes erzeugt werden darf. **Château-Chalon** ist das Zentrum des Jura-Weinbaus.

Unter der Appellation Côtes-du-Jura versammeln sich die übrigen Weinberge des Jura, was aber nicht zu dem Schluß verleiten darf, hierbei handle es sich um mindere Lagen. Im Gegenteil, einige der feinsten Weine des Jura werden unter dieser Appellation hergestellt.

Aus den Rotweinreben *Poulsard* (auch Ploussard genannt) und *Trousseau* entstehen vor allem in **Arbois** reizvolle Weine, einem guten Beaujolais oder Burgunder ähnlich. Poulsard ergibt helle, fruchtige Weine, während Trousseau-Trauben tanninbetonte Weine liefern, die ein gutes Alterungspotential haben. Übrigens: Seit dem 16. Jahrhundert wird in Arlay *Pinot Noir* (Spätburgunder) angebaut. Verglichen mit der Bedeutung der Weißweine, stehen die Rotweine des Jura aber in der zweiten Reihe. Allerdings besteht zunehmendes Interesse bei Winzern und Kunden.

Die Juraspezialität: Vin Jaune

Der bekannteste Wein des Jura ist der *Vin Jaune,* eine der großen internationalen Weinspezialitäten. Von der Substanz gleich bedeutend wie ein großer *Sauternes* oder ein *Weißer Burgunder* höchster Kategorie. Vin Jaune darf nur aus der *Savagnin*-Traube gekeltert werden, die in Frankreich ausschließlich im Jura angebaut wird. Sie entstammt wohl einer Selektion aus regionalen Wildreben. Die verwandtschaftlichen Beziehungen zu Traminer und Tokajer sind eher konstruiert. Die außergewöhnliche Qualität des Vin Jaune entwickelt sich durch die mindestens sechs Jahre und drei Monate dauernde Lagerung im Holzfaß. In dieser Zeit wird der verdunstete Wein nicht nachgefüllt. Bald nach der Gärung bildet sich – ähnlich wie beim Sherry – ein Gespinst spezieller Hefen, welches mikroklimatisch einzigartig ist. Durch diese schützende Hefeschicht *(Flor)* erhält der Vin Jaune unter anderem seine oxydativen Noten (Walnüsse, Morcheln, Waldboden). Poetisch nimmt der Wein den Schleier an, «il prend le voile».

Um den Vin Jaune ranken sich auch Legenden. Vor allem die mit dem vergessen Faß hält sich hartnäckig. Danach entstand die Weinspezialität schlicht aus Versehen. Anstatt, wie üblich,

den verdunstenden Wein nachzufüllen, damit keine Luft ins Faß kommt, wurde ein Faß im Keller vergessen – heißt es.

Der Vin Jaune darf nur in der speziellen 62 cl fassenden «Clavelin»-Flasche abgefüllt werden. Für die Rettung dieser Größe und gegen das Diktat der genormten EU-Weinflaschen von 75 cl, brauchte es, wie die Jurawinzer stolz bemerken, einen Beschluß des Europaparlaments. Die bauchigen Flaschen, benannt nach dem jurassischen Pater Clavelin, stammen aus der Glashütte von *La Vieille-Loye* im *Forêt de la chaux*. Über das Fassungsvermögen von 62 cl gibt es unterschiedliche Meinungen: Die einen sagen, daß es sich um eine alte Maßeinheit handelt, die anderen, daß der Inhalt dem durchschnittlichen Volumen entspricht und nach sechs Jahren und drei Monaten Faßlager von einem Liter Grundwein als Vin Jaune übrig bleibt.

Chardonnay, Strohwein, Crémant und Marc

Eine interessante, vielfach noch unterbewertete Spezialität des Jura sind **Chardonnay-Weißweine**. Oft mit einem Anteil an Savagnin-Trauben werden sie unter den Appellationen *Arbois, Côtes-du-Jura* und *Étoile* verkauft. Diese Weine sind gehaltvoll, ohne alkoholisch zu sein, mit einer feinen Bodennote *(goût du terroir)* und von langer Haltbarkeit. Sie werden weniger kühl als andere Weißweine getrunken und halten sich geöffnet über mehrere Tage.

Der **Vin de Paille** ist eine weitere Spezialität aus dem Jura. Es ist eine Art artifiziell hergestellte Trockenbeerenauslese. Die überreifen Trauben von verschiedenen Rebsorten werden nach der Lese, ursprünglich auf Strohmatten, heute oft an Drähten, über zwei bis drei Monate getrocknet, und erst nach dieser Nachreife abgepreßt und vergoren. Der daraus resultierende Wein ist edelsüß und voll raffinierter Fruchtaromen. Er eignet sich perfekt zu Blauschimmelkäse, Foie Gras und zu dunkler Schokolade.

In keiner Region Frankreichs, außer in der Champagne, werden mehr hochwertige Schaumweine hergestellt als im Jura. Die Qualität der Grundweine ist nirgends höher. Das Preisniveau liegt hingegen weit unter dem der berühmten Verwandtschaft. Meist werden weiß ausgebauter Pinot Noir und Chardonnay gemeinsam verwendet. 1995 erhielt der Jurasekt vom INAO, Institut National des Appellations d'Origine, das Recht, eine eigene «Appellation Crémant du Jura» zu führen, was in Frankreich immer noch als Ritterschlag für ein Produkt gilt.

Im Jura-Weingebiet wird traditionell auch einer der besten **Marcs** produziert. Der Marc ist ein Destillat aus Trester, also aus den Rückständen, die nach dem Abpressen der Trauben übrig bleiben. Auch der Jura-Marc ist seit einigen Jahren mit einer eigenen Appellation ausgezeichnet. Mit 50-Prozent Alkohol und seiner langen Lagerung in Jura-Weinfässern, ist der

Marc du Jura ein idealer Digestif, der meist weicher schmeckt als es die hohen Alkoholprozente erwarten lassen.

Wird Marc mit frischem Traubenmost im Verhältnis eins zu zwei gemischt, so entsteht **Macvin**, ein Apéritif, der dem *Pineau des Charentes* des Südwestens (Bordelais) entspricht. Als Apéritif, zum Dessert oder mit einer guten Melone sehr reizvoll. In der Regel werden hochwertige Weinmoste und sehr gute Marcs verwendet. Der Macvin ist kein neumodisches Entsorgungsprodukt von Überschußmosten, er hat eine jahrhundertealte Tradition.

Weinwissen bringt Freude

Während in Frankreich fast jedes gute Restaurant Weine aus dem Jura führt, sind sie in Deutschland und in der Schweiz so gut wie unbekannt. Ist man im Jura unterwegs, lohnt es sich, auf die regionale Weinkultur zu achten. Zum einen ist der Weinbau eng mit der Landschaft verbunden, zum anderen ist die regionale Küche stark vom Wein beeinflußt, sie läßt sich mit noch mehr Vergnügen geniessen, wenn man den passenden Wein dazu auswählen kann. Dabei sind die Ratschläge des Wirtes oder Sommeliers eine wichtige Orientierungshilfe – und nur selten aufs Verkaufen teurer Flaschen ausgerichtet.

Mit etwas Grundwissen in der regionalen Weinlandschaft geht die Weinauswahl allerdings schneller und sie bringt mehr Spaß. Ein ordentlicher Regionalwein ist in der Regel am billigsten und gibt einen authentischen Eindruck der bodenständigen Küche. Dies gilt zunehmend auch in den feinen Restaurants, die inzwischen oft ein Menu du Terroir und den dazu passenden Wein von den besten Winzern der Region anbieten. Ihre Weinkarten geben in der Regel einen repräsentativen Überblick über die regionalen Weine.

Ein sicherer Weg zu guten Winzern führt über gute Restaurants. Dort kann man nach besonders typischen Weinen der Gegend fragen, nach dem Essen nennt der Wirt oder der Sommelier auch gerne weitere ähnliche oder im Stil konträre Weine. Es lohnt sich, die Weinkarte während des Essens zu behalten, um die oftmals sehr umfangreiche Liste in Ruhe zu studieren. Fast jedem Gastgeber macht es Freude, ergänzende Erklärungen zur Weinliste zu geben. Mit der Empfehlung eines angesehenen regionalen Restaurants läßt sich bei einem bekannten Winzer auch leichter einen Einstieg finden. Wegen mangelnden Sprachkenntnissen sollte man sich nicht vom Weinprobieren abhalten lassen. Mit Grundbegriffen aus dem Wörterbuch und einem Block fürs Aufschreiben schwieriger Namen kommt man schon ganz schön weit.

Die Juraweine gewinnen durch ihre Reifung. Selbst ein geöffneter Weißwein hält sich in der Flasche problemlos mehrere Tage, wobei er eine interessante Entwicklung durchmacht. Jura-Weißweine werden nie kalt serviert, und oft schmeckt der fast schon zimmerwarme Rest im Glas besonders gut.

Etienne Thiebaud, Port-Lesney

Weingüter – von Nord nach Süd

Die im Folgenden vorgestellten Winzer gehören zu den Besten im Jura. Bei allen von uns empfohlenen Winzern ist es möglich, vor Ort zu probieren. Allerdings ist es ratsam, sich einen Tag zuvor telefonisch anzumelden, nur nicht gerade zur Weinlese. Auch im Jura gilt: wenn das Weinland am schönsten aussieht, haben die Winzer am meisten zu tun.

Etienne Thiebaud – Port-Lesney. Mit seinem Rastazopf entspricht *Etienne Thiebaud* eher dem Bild eines Reggae-Musikers als dem eines Winzers. Schon mit dem ersten Schluck seines Chardonnay sind solche Gedanken schnell vergessen. Und es paßt durchaus zu Thiebaud, daß in einem seiner abgelegenen Weinberge eine längst verschwunden geglaubte Rebsorte wieder entdeckt wurde. Etienne Thiebaud, der Grenzgänger zwischen den Appellationen «Vins de pays de Franche-Comté» und «Arbois», ist der jüngste Winzer unter unseren Empfehlungen. Und alles andere als ein alter Zopf.

Etienne Thiebaud. Domaine des Cavarodes. 36, rue Charles de Gaulle, 25410 Saint Vit, Mobile 0033-(0)6.22.74.96.70

Jacques Puffeney, Montigny-les-Arsures

Jacques Puffeney – Montigny-les-Arsures. Monsieur Puffeney ist kein Theoretiker, sondern ein Macher. Ein freundlicher Herr, schon vom Habitus dem Klischee des französischen Winzers ähnlich. Seinem unscheinbaren Haus ist – wie so oft in Frankreich – nicht anzusehen, daß es sich hier um einen der angesehensten Weinbaubetriebe in der Region handelt. Kaum daß ein Schild an der Tür auf die Domaine hinweist. Der Winzer, der von seinen Freunden «ours», Bär, genannt wird, ist auch ein großer Liebhaber des *Poulsard*. Sein Poulsard zeigt, daß der Wein aus dieser kleinen Traube weitaus mehr sein kann als nur der helle Rote aus dem Jura.

Jacques Puffeney, Quartier Saint-Laurent, 39600 Montigny-les-Arsures. Tel. 0033-(0)3.84.66.10.89

Lucien Aviet – Montigny-les-Arsures. Lucien Aviet macht seinem Spitznamen «Bacchus» von Statur und Temperament her alle Ehre. Dies sollte aber nicht täuschen, er ist ein grundsolider Handwerker, der einen guten Vin Jaune produziert. Exzellent sind auch seine Savagnin-Cuvées, die wie leichtere, aber nicht banalisierte Vin-Jaune-Varianten wirken. Dies alles wird produziert in einem Keller, der die Aura längst vergangener Zeiten besitzt. Trotz alter großer Holzfässer wirken die Weine alles andere als muffig oder zu oxydativ.

Lucien Aviet et Fils. Caveau de Bacchus. 39600 Montigny-les-Arsures, rue Boutière, Tel. 0033-(0)3.84.66.11.02

Domaine André und Mireille Tissot – Montigny-les-Arsures. Ein weiterer interessanter Betrieb in Montigny-les-Arsures. Die beiden machen feinduftige, mineralische und komplexe Chardonnays und einen sehr guten Vin Jaune, dazu eine Palette von Marcs. Seit einigen Jahren ist ihr Sohn *Stéphane* verantwortlich für die Vinifikation. Er hat das Gut weit nach vorn gebracht. Kürzlich wurde er vom bedeutendsten französischen Weinführer, dem «Classement des Vins de France», als zweiter im Jura nach Jean Macle mit drei Sternen ausgezeichnet. Mittlerweile komplett biodynamisch geführt.

Bénédicte und Stéphane Tissot. 39600 Montigny-les-Arsures, an der Straße nach Arbois. Täglich außer So/FT geöffnet von 9-12.30 Uhr und von 13.30-19 Uhr. Tel. 0033-(0)3.84.66.08.27.
Die Tissots verkaufen ihre Weine und die einiger herausragender befreundeter Winzer auch in einem eleganten neuen Laden an der Place de la Liberté, dem Hauptplatz von **Arbois** (täglich 9-12.30 und 14.30-19 Uhr, Tel. 0033-(0)3.84.66.20.78).

Und noch ein Tipp: Der Basis-Chardonnay von *Michel Gahier,* mit dem schönen alten Eisenbahnviadukt von Montigny-les-Arsures auf dem Etikette, ist ein preiswerter Einstieg in die Welt der Juraweine.

Michel Gahier. 39600 Montigny-les-Arsures, place de l'Eglise, Tel. 0033-(0)3.84.66.17.63

Camille Loye, Arbois

Camille Loye – Arbois. Camille Loye, der Grandseigneur unter den Winzern von Arbois, hat 1990 im Pensionsalter seine Reben verpachtet und sich zurückgezogen. Zwanzig Jahre später liegen in seinem Keller immer noch eine beträchtliche Anzahl gut behüteter Schätze. Die minderen Jahrgänge hat er auf Anraten seines Vaters stets en gros an einen Weinhändler verkauft, während er die außergewöhnlichen Jahrgänge lagerte und heute als gut gereifte und überdurchschnittliche Produkte verkauft. So zum Beispiel seinen 1989er Chardonnay, der tiefgelb, mit komplexen Aromen und erstaunlich frischen Noten überrascht und ein wundervolles Trinkerlebnis ist.

Camille Loye. 1, rue du petit Chagin, 39600 Arbois, Tel. 0033-(0)3.84.66.04.93

Evelyne und Pascal Clairet, Arbois

Evelyne und Pascal Clairet – Arbois. Die beiden haben 1997 die *Domaine de la Tournelle* gegründet. Sie bauen vorwiegend Chardonnay und Savagnin an. Minimale Erträge, späte Lese, extrem lange Vergärung mit Spontanhefen und bis zu 30 Monate Lagerung im Faß auf der Hefe führen zu konzentrierten Weinen, deren Opulenz nicht durch neues Holz entsteht. Die Finesse und Komplexität des Lagen-Chardonnay *Curon* und des Savagnin *Solstice* finden ihr Pendant in der burgundischen Elite. Da kostet aber das Weinvergnügen drei- bis fünfmal soviel. Selbst der Basiswein *Terres et Gryphées* ist ein feiner Chardonnay der Extraklasse. Und ihr *pétillant naturel*, ein unfiltrierter, leicht perlender Poulsard, ist ein Trinkvergnügen für den Sommer. Allerdings nicht 2011. Die Ausbeute für den traditionellen Poulsard war 2010 zu klein, als daß es für den süffigen pétillant naturel auch noch gereicht hätte.

Evelyne et Pascal Clairet. Domaine de la Tournelle. 39600 Arbois, 5, petite place, Tel. 0033-(0)3.84.66.25.76. www.domainedelatournelle.com

Philippe Bornard, Pupillin

Philippe Bornard – Pupillin. Seine Weinetiketten leuchten schon von weitem. Ein oranger Fuchs ist sein Markenzeichen, eigentlich das Feindbild eines jeden Winzers, da bekanntlich auch der Fuchs eine Vorliebe für reife Trauben hegt und pflegt. Wie auch immer: «RENARD» Bornard ist eine weitere neue Entdeckung innovativer Jurawinzer. Er gehört mit seinen drei *Pétillant naturel* (Chardonnay, Savagnin, Ploussard) und seinem traditionellen Ploussard zu den Großen. Vornehmlich sein moussierender Savagnin und sein knackig frischer Ploussard haben es uns angetan.

Philippe Bornard. Rue Croix-Bagier, 39600 Pupillin, Tel. 0033-(0)3.84.66.13.51

Pierre Overnoy – Pupillin. Der 80-jährige Junge unter der alten Jura-Weingarde ist nie dem Charme der Frauen verfallen. Freunde nennen ihn auch liebevoll «Moine Pierre». Nicht nur die Frauen, auch die Weinpharmazeuten mit ihren chemischen Wundermitteln haben sich an Overnoy die Zähne ausgebissen. Dies verschaffte ihm in der französischen Bioszene großen Respekt. Sein «Cheval de Bataille» ist Kult und ein Poulsard, respektive Ploussard der Extraklasse. Er hat seinen Betrieb vor einigen Jahren an *Emmanuel Houillon* übergeben, der nun ebenso zu den Topwinzern des Jura zählt.

Maison Pierre Overnoy-Emmanuel Houillon. 39600 Pupillin, Rue du Ploussard, Tel. 0033-(0)3.84.66.24.27

Benoit Badoz – Poligny. Offene, gerade und natürliche Weine, die immer wieder selbst in den abgelegensten Gasthäusern der Franche-Comté auftauchen. Ob in Lods, Pont-de-Roide oder Ornans – und nicht nur in einfachen Häusern. Ein Familienbetrieb in zehnter Generation und niemand zweifelt daran, daß es mit der elften weitergehen wird.

Benoit Badoz. 39800 Poligny. 3, avenue de la Gare et 15, rue du Collège, Tel. 0033-(0)3.84.37.11.85, www.badoz.fr

Xavier Reverchon – Poligny. Konzentrierte und feine Weißweine. Besonders hervorzuheben ist der «Côtes-du-Jura Vieilles Vignes Les Boutasses», der stark von der Savagnin-Traube geprägt ist – ein idealer Begleiter zum Comté, dessen Hauptstadt Poligny ist.

Xavier Reverchon. 39800 Poligny 2, rue du Clos, Tel. 0033-(0)3.84.37.02.58

♠ So eine Flasche moussierenden Pétillant naturel mit einer Trockenwurst oder einen aromatischen Chardonnay mit einem Stück reifen Comté auf der Holzbank in der warmen Herbstsonne zu genießen – das hat schon was.

Michael Keller, Voiteur

Michael Keller – Voiteur. Als Fremder, als Schweizer und als Quereinsteiger befremden die Aktionen von Michael Keller manchen Einwohner, Urwinzer und Weinhändler im Jura. Aber längst nicht alle. Viele Erzeuger verfolgen Kellers Arbeit mit Respekt, wenn auch nicht öffentlich. Daß Keller kein Schwätzer ist, sondern ein seriöser Winzer und daß Wein seine Passion ist, davon weiß auch die Elite der Jura-Winzer. Unlängst verpflanzte Michael Keller mit Erfolg Rebstöcke von 1934. Ja, man kann sagen, er betreibt Artenschutz. Das wird einem erst recht bewußt, wenn man ihm in seinem Schloßkeller, inmitten von Fässern und Flaschen, beim Philosophieren über Juraweine zuhört.

Michael Keller. 39210 Voiteur, Château Saint Martin, Tel. 0033-(0)3.84.44.91.87

François Mossu, **Voiteur**

François Mossu – Voiteur. Die Einheimischen bezeichnen François Mossu als den «Papst des *vin de paille*». Die auf Stroh ausgelegten Trauben trocknen ein und konzentrieren sich so von 100 Kilogramm Trauben auf ungefähr 18 Liter Weinmost. Da dessen Zuckergehalt höher liegt, als ihn die Gärhefen zu Alkohol verarbeiten können, bleibt eine natürliche Restsüße erhalten. Aber auch der Château-Chalon von Mossu gehört zu den besten Vins Jaunes.

François Mossu. 39210 Voiteur, Route de Menetru-le-Vignoble, Tel. 0033-(0)3.84.85.26.35

Jean Macle – Château-Chalon. Das Weingut von Jean Macle, das heute sein Sohn *Laurent* führt, liegt mitten im alten Abteistädtchen Château-Chalon. Hier, in einem der schönsten kleinen Orte Frankreichs, hoch über dem Herz des jurassischen Weinbaugebiets, war Jean Macle jahrelang Bürgermeister. Seine Erscheinung hat eine biblische Strenge, etwas Prophetenhaftes liegt im Habitus. Macles Erzeugnisse passen dazu, sie sind von einer besonderen Konzentration und Klarheit. Die aromatische Intensität von Macles Vin Jaune ist faszinierend, es fehlt die kantige Derbheit, die den «gelben Wein» in seiner Jugend meist kennzeichnet. Der *Marc* ist 20 Jahre im Faß gereift.

Jean Macle. Rue de la Roche, Ortsmitte (von Voiteur kommend in der ersten Linkskurve geradeaus), 39210 Château-Chalon, Tel. 0033-(0)3.84.85.21.85.

Domaine de Montbourgeau – Château L'Étoile. Die «Appellation L´Étoile» ist eines der kleinsten eigenständigen Anbaugebiete Frankreichs und bekannt für seine Crémants – Rotweine gibt es hier praktisch keine. Für viele Weinkenner zählt der *Crémant* der «Domaine de Montbourgeau» zu den Besten. Der Crémant von *Jean Gros* hat ein besonders feines und dichtes Mousseux, ist dabei duftig ohne jede Süße, sehr trocken, aber nicht kantig. Der Étoile-Weißwein (100% Chardonnay) hat genau den reizvollen Ton von frischen Walnüssen und eine erdige Würze, welche die guten Jura-Chardonnays von ihren Namensvettern im Burgund unterscheidet. Nach dem Tod von Jean Gros baut seine Tochter Nicole Deriaux die Weine der Domaine aus. Man wird hier stets besonders liebenswürdig empfangen. Das Weingut liegt in einer üppigen, bukolischen Landschaft unweit von *Lons-le-Saunier*. Die Zufahrt führt durch ein altes Tor über eine Lindenallee den Hang hinauf zu einem kleinen Herrenhaus.

Domaine de Montbourgeau. 39570 L'Étoile Tel. 0033-(0)3.84.47.32.96

Vandelle et Fils – Château L'Étoile. Das Château ist – wie so oft in Frankreich – kein Schloß im eigentlichen Sinn, sondern eine Domaine mit stattlichem Wohnhaus. Das Anwesen liegt auf einem Hügel mit Blick über die gleichnamige Appellation. Diese ist mit ihren 80 Hektar gut überschaubar. In Deutschland wurden im staatlich verwalteten oder genossenschaftlich dominierten Weinbau hochwertige Kleinlagen ohne Rücksicht auf Unterschiede des Mikroklimas oder der Böden häufig mit minderen, aber großen Nachbarlagen vereint, um mehr Fläche unter dem guten Namen der Kleinlage vermarkten zu können. In Frankreich verfolgte man eine andere Politik: Hier wurden die Unterschiede zwischen verschiedenen Lagen intensiv geprüft, das einflußreiche INAO schuf dann neue, oft kleine Appellationen und Unterappellationen. Daß es auch bei diesem Verfahren für alle Beteiligten keine zufrieden stellende Lösung gibt, liegt auf der Hand. Aber der Trend ging doch stets in Richtung Qualität und Regionalisierung. Und dies ist eine unabdingbare Voraussetzung, um sich im Weinbau gemäßigter Zonen in Hochlohnländern behaupten zu können. Hier im Château de l´Étoile baut die Familie Vandelle ihre soliden Weißweine und Vins Jaunes sowie exzellente Crémants aus.

Château de l'Étoile, Vandelle et Fils, 39570 L'Étoile, Tel. 0033-(0)3.84.47.33.07

Émile Bourguignon, Vincelles

Das südliche Revermont

Das Juraweingebiet «AOC Côtes-du-Jura» endet im Süden zwischen den Departementgrenzen von Jura und Ain. Der wichtigste Talkessel, daher auch *petit Château-Chalon* genannt, liegt bei *Gizia*. Ansonsten bilden, abgesehen von den Weinhängen *Grusse* und *St-Laurent la Roch*, sanfte wellenartige Hügelrücken die Basis der Weinlagen im Sud Revermont. In dieser Region werden vorwiegend mineralische Weine ausgebaut.

Émile Bourguignon – Vincelles. *Emile Bourguignon* ist einer der ganz Großen und gehört zur alten Garde der Jurawinzer. Er ist wohl der Einzige, der noch Vin Jaune im 600 Liter-Faß ausbaut. Diese Tradition ist heute verloren gegangen. Seine Weine sind für zahlreiche Kenner eine bezahlbare Offenbarung, wie etwa seine Assemblage *Savagin-Chardonnay 2002*. «Chapeau» vor so einem Lebenswerk. Wer allerdings seine Weine noch kennen lernen will, muß sich beeilen. Im Keller lagern nur

Alain Labet, Rotalier

noch wenige Flaschen, seine alten Fässer sind verkauft, der Keller bald geschlossen.

Émile Bourguignon. 39190 Vincelles, 5, rue du Pérou, Tel. 0033-(0)3.84.25.03.03

Domaine Labet – Rotalier. Die *Domaine Labet* liegt 20 Kilometer südlich von Lons-le-Saunier. Hier laufen die Juraweinberge am Abhang des Revermont langsam aus. Traditionell wurde hier *polyculture* betrieben. Die Bauern hatten neben dem Wein auch Obstbäume, etwas Vieh, Bienen. Dabei gibt es hier ein reizvolles Terroir mit kleinen, sehr sonnenexponierten Steillagen.

Die Labets wissen das Potential ihrer Lagen zu nutzen. Sie lesen spät, sorgfältig von Hand natürlich, lassen sehr lange spontan vergären und füllen sehr spät ab. Barriques werden nur sehr zurückhaltend eingesetzt. Das Ergebnis sind Weißweine von einer Dichte und Komplexität, aber auch von solcher Finesse, daß Gedanken an ganz große und ganz teure Burgunder aufkommen. Die zweite angenehme Überraschung: Da die Weinwelt gerne Stars und Moden nachläuft und die preistreibende Nachfrage nicht in erster Linie von der Qualität abhängt, macht es auch noch beim Bezahlen richtig Spaß, hier einzukaufen. Das Schöne an Labets Weinen ist, daß sie ihr enormes Potential schon in ihrer Jugend offenbaren – nicht nur dem Spezialisten. Es sind Trinkweine und nicht Optionsweine, wie so oft, wenn es um die Oberklasse geht. Sensationell beispielsweise der Lagen-Chardonnay *Fleurs de Marne – Les Beaumettes*, aber auch der *Varrons* und der *Fleur de Savagin* oder der «einfache» Côte du Jura *Fleurs* machen sehr viel Freude.

Die Labets produzieren auch einen wunderschönen *Vin de Paille*, der ebenfalls vom neuen Stil profitiert. Man schmeckt die ganze Finesse der extrem konzentrierten Trauben. Neben dem von Winzer Mossu (vgl. S. 171) wohl der letzte Vin de paille im Jura, vielleicht in ganz Frankreich, dessen Trauben noch auf Stroh und nicht an Drähten oder in Trockenkammern einschrumpeln.

Die Domaine ist seit 1893 in Familienbesitz und einige der Rebstöcke, die der Urgroßvater damals pflanzte, tragen immer noch. Bemerkenswert freundlicher Empfang durch Madame, sehr großzügige Probe im Keller des schönen südjurassischen Bauernhofs.

Domaine Labet. 39190 Rotalier, Place du Village. Tel. 0033-(0)3.84.25.11.13.

Domaine Ganevat – Rotalier. Jean-Francois Ganevat baut mittlerweile seine Weine komplett biodynamisch an. . Seine Lagen-Chardonnays gehören zum feinsten und komplexesten nicht nur im Jura. Sie brauchen Zeit, Karaffe und große Gläser. Auch interessante Rotweine.

Domaine Ganevat. 39190 Rotalier, La Combe. Tel. 0033-(0)3.84.25.02.69

Ismalia und Jean-Yves Perrier, Clos Bacchus

Zwischen Bio und naturel

Ende März 2011 präsentierten sich in Arbois 24 Winzer gemeinsam als «Le nez dans le vert». Der Andrang zur Weinmesse war groß: Lokale- und nationale Fernseh- und Radiostationen, zahlreiche Journalisten, auch Winzer aus der Schweiz und die lokale Prominenz. Bio in Frankreich? Das geht – und ist in Frankreich stark im Kommen. Im Speziellen bei den Winzern, vornehmlich bei den «Vin naturel»-Produzenten. Begonnen hat alles im Beaujolais, mit dem leider viel zu früh verstorbenen Weinbauern *Marcel Lapierre*. Mittlerweile produzieren über 300 Weinbauer «Vin naturel», davon einige im Jura. «Vin naturel» ist nicht unbedingt Bio. Diese Winzer bearbeiten ihre Weinberge ohne Chemie und mit dem Respekt gegenüber der Natur. Der Wein entsteht ohne Hilfe von Zusatzstoffen. Die Messe in Arbois wurde als «Salon des vignerons bio du Jura» durchgeführt. Der dabei meist gefragte Winzer war der junge *Etienne Thiebaud*, bei dem immer Andrang herrschte. Die Weinmesse soll 2012 wieder stattfinden. Schauen wir mal. Mehr Infos unter www.lenezdanslevert.com

Diverse Weine von Klein- und Kleinstbetrieben haben uns besonders gut gefallen – hier unsere Empfehlungen:

Domaine de la Loue, Catherine Hannoun, 5 route de Lorette, 39600 Port-Lesney, Tel. 0033-0614.70.19.55, www.domainedelaloue.com
Empfehlung: Savagnin 2009, Pétillant naturel 2011

Domaine du Pont de Breux, Jean-Charles Maire, 7, chemin du Pont de Breux, 39110 Marnoz, www.pont-de-breux.com
Empfehlung: Vin doux naturel (Macvin)

Les Dolomies, Céline Gormally, 40, rue de l'Asile, 39230 Passenans
Tel. 0033-(0)3.84.44.98.25, www.les-dolomies
Empfehlung: Chardonnay «Les Combes» 2009

Rata-Poil, Estelle et Raphaël Monnier, 9, rue du Deffois, 25610 Arc-et-Senans
Tel. 0033-(0)3.81.57.56.12
Empfehlung: AOC Vin de pays de France-Comté, «Le Ratapoil», eine unfiltrierte Assemblage aus alten Juratrauben.

Bitte ein Pils!

Zugegeben, einfach machen es einem die Juraweine nicht. Sie fordern den Gaumen und den Verstand des Weintrinkers. Und es ist legitim, wenn man mit einem Savagnin oder Chardonnay nicht auf Anhieb klarkommt und es lieber beim Blick auf die Rebhänge beläßt.

Wer aber meint, sich einfach so mit einem Jurabier aus der Welt des differenzierten Geschmacks verabschieden zu können, der irrt gewaltig. Auch beim Bier gibt es große, auch feine und subtile Unterschiede. Dabei geht es hier nicht um den Vorreiter der Jurabiere, die Brauerei **Rouget de Lisle** aus Bletterands, die mit ihrer breiten Palette an mehr oder auch minder reizvollen Geschmacksrichtungen heute fast schon nervt. Mittlerweile sind es 14 Kleinbrauereien im Jura, die ohne das übliche Filtrieren und Pasteurisieren arbeiten. Wir empfehlen zwei davon, die wir persönlich kennen:

Entre 2 Mondes. 12, rue Ernest Reyer, 25920 Mouthier-Haute-Pierre
Tel. 0033-(0)3.81.60.07.15
Biere: Artisanale, Blonde cuivrée, Indian Rousse, Ambrée, Blanche
Empfehlung: Das Indian Rousse ist kräftig, herb und weich zugleich. Zu einem Rindsfilet mit rosa Pfeffer.
Besuch: Auf telefonische Anfrage
Anreise: Von Pontarlier auf der N 57 nordwärts, dann auf der D 67 westlich nach Mouthier Haute-Pierre

La Franche. 28, rue principale, 39600 La Ferte
Tel. 0033-(0)3.84 37.65.33, www.lafranche.net
Biere: Artisanale, Blonde, Ambrée, Brune, Blanche
Empfehlung: Das Ambrée hat schöne herbe Aromen, es paßt perfekt zu einem geräucherten Forellenfilet.
Besuch: Täglich 10-12 und 16-19 Uhr, Okt.-April nur am Mi, Fr und Sa
Anreise: Von Arbois via D 469 westlich nach La Ferte

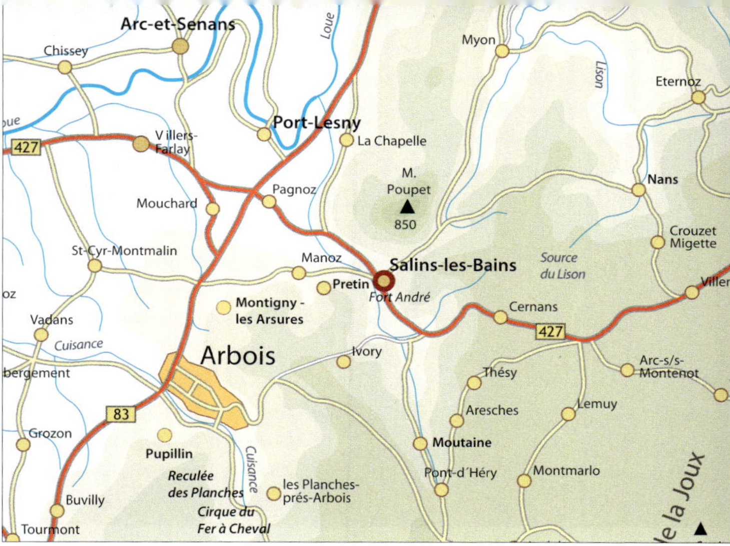

Salins-les-Bains

Über mehr als einen Kilometer zieht sich das kleine Städtchen mit 3.000 Einwohnern im tief eingeschnittenen Tal der Furieuse hin.

Grau ist die dominierende Farbe im Tal, nicht nur an den kurzen Herbst- und Wintertagen. Trotzdem kann Salins-les-Bains heute vom Tourismus gut leben. Die Aufnahme der Salinen und des *Fort Saint-André* ins UNESCO-Welterbe wirken wie eine Dauerwerbung für die Kleinstadt.

Seit der Römerzeit wurden die Salzvorkommen in der Gegend ausgebeutet. Salz war bis in die Neuzeit kostbar und viele Städte entwickelten sich am Ort der Förderung oder entlang den Transportwegen. So zählte auch Salins im 17. Jahrhundert mehr Einwohner als heute. Die Salinen waren im Mittelalter im Besitz der Grafen von Chalon, dann wechselten sie zur spanischen, später zur französischen Krone. Heute wird die Sole nur noch zu medizinischen Zwecken verwendet. Die alten Salinen sind in einem interessanten Museum zugänglich. Stollen aus

Die Salinen, Salins-les-Bains

dem 12. Jahrhundert führen in den 250 Meter mächtigen Salzstock hinein, aus dem mit Bohrungen und Pumpen die Sole gewonnen wurde. Diese wurde dann in großen, mit Holzkohle beheizten Pfannen getrocknet. Das imposante schloßartige Verwaltungsgebäude der Salinen in der Ortsmitte beherbergt heute ein überdimensioniertes Hôtel de Ville.

Les Salines. Place des Salines, 39110 Salins-les-Bains, Tel. 0033-(0)3.84.73.01.34. Öffnungszeiten siehe www.salinesdesalins.com

Hoch über Salins-les-Bains liegt das **Fort St-André**. 1674 nach den Plänen des Festungsbaumeisters Vauban erbaut, ist es ein gutes Beispiel der Militärarchitektur des 17. Jahrhunderts. Von den Mauern aus hat man einen sehr schönen Blick auf Salins-les-Bains, das aus der Ferne betrachtet sogar reizvoll wirkt. Das Fort ist über die D 467 in Richtung Pontarlier, dann via D 94 und D 271 zu erreichen. In der Festungsanlage kann man in zweckmäßig eingerichteten Zimmern übernachten.

Fort Saint-André, Village Vauban. Tel. 0033-(0)3.84.73.16.61
www.fort-st-andre.com

Belvédère: Einen lohnenden Weitblick über das Tal von Salins bis hin zu den hohen Jurabergen und zum *Montblanc* hat man vom Belvédère am *Mont Poupet* (10 Kilometer, zunächst auf der D 492 etwa 6 Kilometer Richtung Nans, dann links auf die D 273, schließlich nochmal links auf eine Forststraße). Nach Westen sieht man von hier oben im Dunst hinter der Bresse-Ebene auch die Hügel Burgunds und die Berge des Beaujolais.

Weiter auf der D 94 nach Arbois mit schönen Weitblicken hinüber nach Burgund und hinunter auf Arbois. Etwa fünf Kilometer vor Arbois zweigt rechts die gewundene D 54 ab, über die man noch aussichtsreicher ins Tal hinunterkommt.

Chez Isabelle – Pretin. Einige Kilometer oberhalb von Salins-les-Bains, inmitten einer unberührten Landschaft, steht ein aufwendig renovierter und gut ausgestatteter Bauernhof aus dem 18. Jahrhundert. Die Zimmer sind nach Themen gestaltet, die Materialien edel und der Blick reicht immer wieder ins satte Grün. Auf Vorbestellung wird auch gekocht, gut gekocht.

Chambres d'hôtes et Gîte des Fées Chez Isabelle, 39110 Pretin
Tel. 0033-(0)3.84.73.26.36, www.desfees.fr
RT: Keine
Typ: renovierter Bauernhof am grünen Ende der Welt, Zimmer.
Preise: Mittel
Speziell: Alles ist da – Bibliothek, Spa, Hammam, Boule, Tischtennis und...

Moulin Chate Pierre – Moutaine. Vier Kilometer südöstlich von Salins-les-Bains bieten *Chantal* und *Pierre Godin* in ihrer geschmackvoll renovierten Mühle drei individuell eingerichtete Gästezimmer, darunter «Ornella», mit warmen Gelbtönen im italienischen Stil. Was hier aber vor allem zählt, ist eine schier allgegenwärtige Natur und das exzellente Frühstück.

Moulin Chante Pierre. 39110 Moutaine, Tel. 0033-(0)3.84.73.29.90
www.chantepierre.com
RT: Januar und Februar
Typ: Zwischen Bach und Wiesen, 3 individuell eingerichtete Zimmer.
Preise: Günstig-Mittel

Arkaden in Arbois

Arbois

Überragt vom weithin sichtbaren Turm der Kirche «St-Just» liegt Arbois am Rand der Weinhänge, die sich am Abhang des jurassischen Plateaus erstrecken.

Arbois ist nicht nur eines der Zentren des Weinbaus im Jura – mit reichlich Verkaufsstellen von Gütern und Genossenschaften, sondern auch eine ideale Ausgangsbasis zur Erkundung der Region. Der Ort wird oft als eine der schönsten Kleinstädte des Landes bezeichnet. Diese Auszeichnung gehört eher in die Kategorie Lokalpatriotismus. Die Bausünden mehren sich seit Jahren, lieblos wird der zweifellos reizvolle alte Bestand mit Leuchtreklamen und billiger Dekoration entwertet, auch manche Bar im Zentrum wirkt nur noch müde und gestrig. Was freilich fehlt, ist der übliche Vorstadtring aus Fabriken, Einkaufszentren und Plattenbauten, mit denen la Grande Nation ihre Städte schmückt.

La Maison du Louis Pasteur, Arbois

Aber trotz seiner Schönheitsfehler, Arbois bietet nach wie vor ein provinziell, beschauliches Bild. Zumindest auf den ersten Blick, sowie an den Nebenschauplätzen – etwa in den kleinen pittoresken Gassen: ein kleiner Weg entlang dem Flüßchen Cuisance erschließt auch die Rückseiten der alten Häuser und des Schlosses, er führt an Mühlen, Gärten und Innenhöfen vorbei. Hier spürt man noch eine dicht gewebte, typisch kleinstädtische Atmosphäre. Das Zentrum der Stadt ist die kleine Place de la Liberté. In der anschließenden Grande rue, in der Rue de l´Hôtel-de-Ville und in der Rue Jean Jaurès liegen die Bürgerhäuser aus dem 18. Jahrhundert – zum Teil mit markant-wuchtigen Arkaden.

Maison de Louis Pasteur. In der Rue de Corcelles Nr. 83 (Fortsetzung der Grande Rue) liegt die *Maison de Louis Pasteur*. Fünf Jahre nach der Geburt von Klein-Louis sind die Eltern von Pasteur 1827 von Dole nach Arbois umgezogen, wo sich der Vater wieder als Gerber niederließ. Das Labor, in dem

Pasteurs legendäre Experimente zur Untersuchung der alkoholischen Gärung durchgeführt wurden, ist unverändert erhalten geblieben.

La Maison du Louis Pasteur. 83, rue de Courcelles, 39600 Arbois, Tel. 0033-(0)3.84.66.11.72. www.academie-sciences.fr/pasteur.htm

Église Saint-Just. Schräg gegenüber vom Hôtel de la Poste ragt der mächtige Turm der spätgotischen Église Saint-Just 60 Meter hoch auf. Er hat 290 Stufen und ist damit einer der größten typischen *Clocher comtois*, mit einer geschwungenen Haube und Mustern aus buntlasierten Biberschwänzen. Am Südeingang befindet sich die Gedenktafel und der Grabstein des Capitain Brent Morel, der 1595 das rebellische Arbois bei der Belagerung durch die Franzosen erfolglos verteidigte.

Aussicht. Vom Kirchplatz hat man einen romantischen Blick auf die Stadtkulisse; von der *Pont de St-Just* neben der Kirche Blick auf den Wasserfall am alten Wehr und die überhängenden Rückfronten der alten Häuser.

Auch von der *Pont des Capucins* hat man einen schönen Blick: auf den Glockenturm von St-Just, das Flüßchen Cuisance, die Hügel, die alten Häuser und die Reste der Verteidigungsanlage von Arbois. Teil dieser Befestigung war auch das **Château Pécauld**, das zwischen dem 13. und 16. Jahrhundert erbaut wurde. Heute beherbergt es das *Musée du Vin et de la Vigne* und das Juraweininstitut.

Château Pécauld. 39600 Arbois, Tel. 0033-(0)3.84.66.40.45
www.musees-franchecomte.com

Jean-Paul
JEUNET
ARBOIS

Hôtel-Restaurant Jean-Paul Jeunet – **Arbois.** In der Rue de l'Hôtel-de-Ville befindet sich in einem Stadthaus aus dem 18. Jahrhundert das Hôtel-Restaurant Jean-Paul Jeunet. Unter mächtigen, grauweiß gekalkten Deckenbalken wird hier eine klassische französische Gourmetküche mit regionalem Einschlag geboten. Vor über zwanzig Jahren hat Jean-Paul Jeunet das Haus von seinem nicht minder bekannten Vater übernommen. Er hat die zuvor opulente Küche zur Leichtigkeit des 21. Jahrhunderts geführt. Jeunet ist der unbestrittene Doyen der jurassischen Köche, obwohl es auch bei ihm einige Schwankungen gab und gibt. Seinen zweiten Michelin-Stern hat er jedenfalls wieder, während ihm Gault Millau mit 17 Punkten stets die Treue hielt. Zu Recht. Die karamelisierte Gänseleber, der mit Steckrübenbutter beträufelte Zander, das in Kräutern gegarte Schwein und das berühmte Bresse-Huhn mit Morchelrahm und Vin Jaune-Sauce, oder der Hase in Blutsauce (nur in den Wintermonaten) sind Gerichte, die faszinieren. Und sonst? Die Weinliste ist sehr umfangreich, und zeugt von der Handschrift des ehemaligen Sommeliers *Stéphane Plance*, der sich heute ganz auf sein Weingeschäft «Les Jardins de Saint-Vincent» (siehe dort) konzentriert. Die Zimmer im Hotel und im Annex sind klein und recht provinziell eingerichtet, das Frühstück bescheiden und zu teuer – da gibt es weitaus schönere Unterkünfte in Arbois und der Region.

Hôtel-Restaurant Jean-Paul Jeunet. 9, rue de l' Hôtel de Ville, 39600 Arbois, Tel. 0033-(0)3.84.66.05.67, www.jeanpauljeunet.com

RT: Di, Mi geschlossen. Juli, August bis Mitte September Di und Mi-Mittag geschlossen. Das Hotel ist durchgehend geöffnet

Typ: Gourmetrestaurant im ländlich-eleganten Rahmen. Separater Salon für Raucher. Zimmer.

Preise: Hoch. Die Gästezimmer im Annex sind günstiger als im Haupthaus.

Extras: Frühstück 16.50 Euro, Garage 12 Euro, Hunde ebenfalls 12 Euro.

Annexe le prieure. 200 Meter vom Haupthaus entfernt. Anmeldung über das Haupthaus.

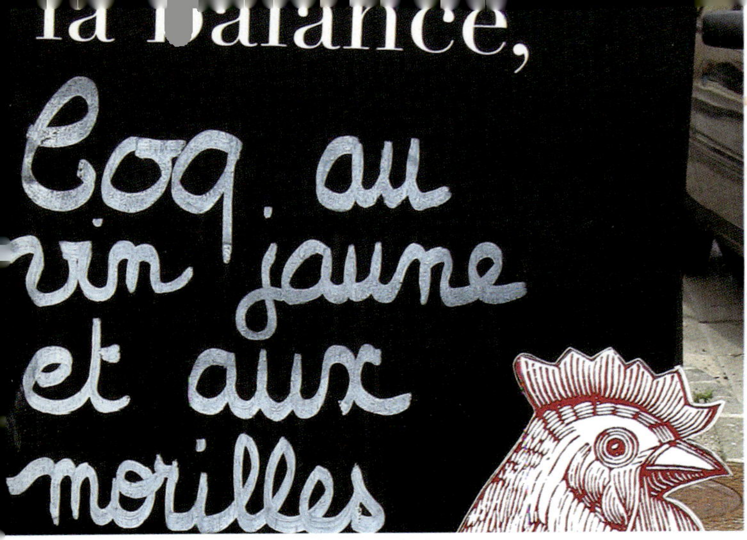

Vinophile Küche – La Balance, Arbois

La Balance – Arbois. *Thierry Moynes* Restaurant am Ortseingang ist in Arbois eine Alternative zu «Jean-Paul Jeunet». Seine Weinkarte überzeugt mit einer ausgezeichneten Auswahl an Juraweinen, wozu auch seine Gerichte im Bistrot-Stil gut passen. Etwa das Huhn im «Le Creuset» serviert, also im traditionellen französischen Schmortopf aus schwerem Gußeisen; überzeugend auch eine gut gewürzte Terrine mit Rind oder die frischen Forellen.

Restaurant La Balance mets et vins. 47, rue de Courcelles, 39600 Arbois
Tel. 0033-(0)3.84.37.45.00, www.labalance.fr
RT: Di-Abend und Mi; Mitte Dezember bis Mitte Februar
Typ: Bistrot mit guter Weinauswahl
Preise: Mittel

Des Claquets – Arbois. Wer Lust auf eine «Plat du Jour» hat, ist hier am richtigen Ort. Und nur für die. Ansonsten wird aus dem Bistrot eine Bar, die um 21 Uhr schließt. Vom Interieur reden wir nicht, aber vom Mittagstisch, der gefällt und die Einheimischen anzieht. Alles ist frisch, was bei der günstigen Rechnung verdächtig erscheint und die Frage aufwirft: «Wie

Idylle am Wasser – Bistrot de la Tournelle, Arbois

machen die das?» Die Küche ist typisch französisch, regional mit Juraklassikern von Huhn, Schwein und Kaninchen. Ab und zu geht es geschmacklich über die Departementgrenzen hinaus, mit Rindsragout in Rotwein oder gebratenem Meerfisch.

Bistrot des Claquets. 33, place de Faramand, 39600 Arbois.
Tel. 0033-(0)3.84.66.04.19.
RT: Mo-Nachmittag, So. Ab 21 Uhr geschlossen.
Typ: Bistrot
Preise: Günstig

Bistrot de la Tournelle – **Arbois.** Pittoreske Lage auf einer schmalen Grünfläche direkt an der sanft dahin strömenden Cuisance – verträumter gehts nimmer. Frisches Brot, eine Wurst, etwas Rohschinken und Käse, dazu die Weine von Evelyne und Pascal Clairet. Das Idyll am Wasser ist stimmig arrangiert, der perfekte Platz für einen langen, lauen Sommerabend. Im Innern des Bistrot (separater Eingang an der Petit Place) Stilmöbel, Nippes und alten Fotografien. Und mitten drin Patron und Bonvivant Pascal Clairet.

Bistrot de la Tournelle. 5, Petite Place, Tel. 0033-(0)3.84.66.25.76
RT: Sa und Mo geschlossen, sowie von Mitte September bis Mitte Juni
Öffnungszeiten: Di bis Sa von 11-14 und 17-22 Uhr, So von 17-21 Uhr
Typ: ♣ Kleiner, lauschiger Garten auf einer Natursteinterrasse am Fluß.
Preise: Günstig

Auberge du Grapiot – Pupillin. Die Auberge, nur wenige Kilometer von Arbois entfernt, entpuppt sich als ein sehr französisch renoviertes Natursteinhaus mit einem großen modernen Anbau, ohne den es uns zwar besser gefallen hat, aber bei dem Erfolg hat der Platz im Stammhaus eben nicht mehr ausgereicht. Das Essen ist jedenfalls gut, die Portionen sind opulent, das Angebot ist manchmal gewagt einfach. Zu einer Saucisse de Morteau an einer Käsesauce sagen wir ja bitte, zu einer Pouletbrust in Curry nein danke. Der Service ist unkompliziert und freundlich, bei Hochbetrieb kommt er an seine Grenzen. Fazit: Patron Samuel Richardet macht seine Sache recht und gut. Wunderbar ist, daß die Weine der lokalen Winzer auf der Weinkarte stehen und daß die begehrten Flaschen von Overnoy-Houillon auch tatsächlich vorrätig sind.

Auberge du Grapiot. Rue Bagier, 39600 Pupillin, Tel. 0033-(0)3.84.37.49.44
RT: Mo, Di. Von Mitte Juli bis Ende August ist nur Mo geschlossen.
Typ: Landgasthaus im bekannten Winzerdorf
Preise: Mittel

Drei gastfreundliche Gästehäuser, die mit Qualität überzeugen und auf zeitgenössischen französischen Chic verzichten:

Château de Chavanes. Quartier Saint Laurent, 39600 Montigny-les-Arsures, Tel. 0033-(0)3.84.37.47.95, www.chateau-de-chavanes.com
Apart eingerichtetes, stilvoll renoviertes Schloß im Winzerdorf, ♣ Park
Preise: Mittel-Gehoben

Closerie les Capucines. 7, rue de Bourgogne, 39600 Arbois
Tel. 0033-(0)3.84.66.17.38, www.closerielescapucines.com
Modern und stilsicher eingerichtetes Herrschaftshaus aus dem 17. Jahrhundert – mitten in Arbois und doch vollkommen für sich.

Gemütlicher Salon, romantischer Garten. Ferien im Januar.
Preise: Mittel-Gehoben

Le Gîte du vieil Arbois. 12, Petite Place, 39600 Arbois
Mobile 0033-(0)6.24.93.80.33, www.gite-arbois.com
Drei verschieden große Wohnungen mitten in Arbois.
Ideal für ein verlängertes Wochenende.
Preise: Mittel

Drei kleine Wunder im französischen Alltag. Trotz der flächendeckenden Versorgung durch hypermarchés können sich in fast jeder Kleinstadt noch spezielle Läden halten:

Patisserie Hirsinger – Arbois. Direkt an dem Place de la Liberté die alteingesessene Patisserie Hirsinger. Hier werden feinste Teilchen, Luxuspralinen und herrliche fruits confits, gelées des fruits und glacierte Maronen verkauft. Begonnen hat alles mit Auguste Hirsinger, der 1900 das Geschäft gründete. Heute führt in der sechsten Generation Edouard Hirsinger das erfolgreiche Kleinunternehmen, von Frankreich dafür als «Meilleur ouvrier de France» geadelt. Seine drei Kinder lassen hoffen, daß es auch in der fünften Generation mit der Feinbäckerei weitergehen wird. Auf der kleinen Terrasse unter den Arkaden mit einer heißen Schokolade und einer süßen Kleinigkeit in den Tag zu gehen, wäre sicher keine schlechte Idee.

Patisserie Hirsinger. 38, Grande rue, Tel. 0033-(0)3.84.66.06.97
www.chocolat-hirsinger.com

Les quatre heures du Crémier – Arbois. Gleich neben der Patisserie befindet sich die Crèmerie von *Jean-Pierre Borel*. Er führt neben regionalem auch eine schöne Auswahl großer französischer Käse aus anderen Regionen. Spezialitäten wie die Schnecken im Weckglas, «escargotière Bonvalot», Essig und Senf von *Fallot* in Beaune und am Wochenende das Brot des Pariser Bäckers *Poilane*, runden das Angebot ab.

Es mag zunächst etwas seltsam anmuten, ein Brot zu kaufen, das eine 500 Kilometer lange Reise hinter sich hat, aber Poilane-Brote sind nun einmal etwas Besonderes. Poilane backt mit eigenem Mehl, das frisch auf Steinmühlen ausgemahlen wird. Seine krustigen großen Weizenbrote sind eine Klasse für sich. Die Brote schmecken am ersten Tag schon köstlich und halten sich ohne Schimmelanflug über eine Woche. Es paßt als Hauptbeilage zu einem feinen Essen, zu Käse oder auch einfach nur mit guter Butter – es schmeckt immer wunderbar. Offenbar ist es einer Minderheit eben doch nicht egal, wessen Brot sie ißt. Statt über die weiten Transportwege zu klagen, sollte man sich Gedanken darüber machen, wie es so weit kommen konnte, daß es solches Brot nicht überall gibt.

Les quatre heures du Crémier. 44, Grande rue, Tel. 0033-(0)3.84.66.09.53

Les Jardins de Saint Vincent – Arbois. In der Grande Rue 49, gleich unterhalb des Place de la Liberté hat Stéphane Planche, «meilleur sommelier du Jura/Franche-Comté 2001», vor einigen Jahren seinen Weinladen eröffnet und ihn später zu einer Weinbar erweitert, wo er regionale Spezialitäten für den kleinen Hunger anbietet – und dazu eine interessante Auswahl an offenen 75 cl Flaschen französischer und heimischer Herkunft.

Stéphane Planches Sympathie gehört jenen Winzern, die neue Wege gehen, die traditionellen Altmeister werden darüber im Sortiment aber keinesfalls vernachlässigt. Im Hause wird großzügig probiert und eingeschenkt – Ambiance conviviale. An einem vorweihnachtlichen Abend haben wir den Laden als einzige Kunden betreten. Es wurde unverzüglich etwas zum Probieren angeboten, man fragt nach einem Winzer, schon wird eine Flasche zum Degustieren geholt. Es kommen drei andere Paare, teils wohl mit dem Hausherrn gut bekannt. Die Probeflaschen wachsen zur Batterie an. Diskussionen kommen auf, Fragen werden beantwortet, neue gestellt. Man

Sommelier Stéphane Planche, Les Jardins de St-Vincent, Arbois

sucht ein Restaurant. Nein, da besser nicht, kennen Sie – Sie müssen unbedingt – Darf ich für Sie anrufen? Ein Tisch wird reserviert. Merci vielmals!

Les Jardins de Saint Vincent. 49, Grande rue, 39600 Arbois, Tel. 0033-(0)3.84.66.21.75, Mobile 0033-(0)6.20.87.44.65; unterschiedliche Öffnungszeiten, probieren oder telefonisch nachfragen. www.lesjardinsdestvincent.com

Tiefe Täler – Cirques et Reculées

Auf alten Straßen durch Traumtäler gondeln – der Jura steigt in zwei Stufen von Westen nach Osten von der Saône-Ebene zur Gipfelreihe entlang der Schweizer Grenze auf. Bei klarem Wetter kann man diese Gliederung von Westen her – etwa hinter Dole – überraschend deutlich erkennen.

In der ersten Stufe sind – vor allem zwischen *Arbois* und *Lons-le-Saunier* – etliche kurze Täler tief eingeschnitten. Sie enden in steilen Felsenkesseln, den «Cirques». Diese Täler werden «Reculées » genannt, sie sind vielleicht die originellsten landschaftlichen Sehenswürdigkeiten des Jura. Diese erste Stufe, an deren Fuß die Weinberge des Jura hinaufziehen, trennt die Ebene vom *Plateau jurassien*, welches über 20 bis 30 Kilometer in kleinen Stufen zum hohen Jura hin verläuft. Übrigens ist die Oberfläche des Plateaus keineswegs eben, sondern hügelig, zum Teil felsig. Dahinter erheben sich die Bergketten der *Montagne jurassien*, die zur Schweizer Seite hin dramatisch abfallen, bis zu 1 000 Meter in die Tiefe.

Von Nord nach Süd werden im Folgenden die vier bedeutendsten «Reculées» beschrieben. Sie werden von uralten, landschaftsnahen, schmalen Sträßchen erschlossen, die nur sehr langsam und vorsichtig befahren werden sollten – aber diese Landschaft kann man ohnehin nur mit Muße erleben. Am spektakulärsten sind das *Reculée des Planches* und der *Cirque de Baume*, aber auch das *Culée de Vaux* und der *Cirque de Ladoye* lohnen einen Besuch.

Reculée des Planches. Die Straße ins *Reculée des Planches* verläßt **Arbois** zunächst als D 107 und biegt in *Mesnay* als D 247 nach rechts ab. Dem Oberlauf des Flüßchens *Cuisance* entlang, in **Planches-les-Arbois** über eine Steinbrücke nach links, nach knapp einem Kilometer kommt der Parkplatz an der *Grotte des Planches:* Aus ihrem Eingang entspringt in einer Kaskade die Cuisance. Abhängig vom Wasserstand bietet die Höhle ein sehr unterschiedliches Bild. Bei Schneeschmelze oder nach starken Regenfällen wird sie von einem reissenden unterirdischen Fluß durchströmt, über dem der Besucher auf schmalen Stegen dahinbalanciert. Eine Reihe von Bassins wechselt auf den begehbaren 800 Metern der Höhle mit Stromschnellen ab. Während Trockenperioden werden die Folgen der steten Wasserkraft im Stein sichtbar: polierte Rinnen, Treppen und Riesentöpfe, die von Strudeln und darin rotierenden Steinen ausgehöhlt wurden.

Grotte des Planches. 14, rue de la Baume, 39600 Les Planches près Arbois. Tel. 0033-(0)3.84.66.13.74, www.grotte-des-planches.net

Alles fließt – Cascades des Baume-les-Messieurs

In **Planches** geht es nach links über die winzige D 339 und zwei Kilometer steil hinauf zur D 469. Nach zwei Kilometer entlang der Kante des Reculées erreicht man einem kleinen Tunnel und das *Belvédère du Cirque du Fer à Cheval* – der Aussichtspunkt ist vom Parkplatz fünf Minuten entfernt: Fast 200 Meter über dem Talboden ein grandioser Blick über die lotrecht abfallende Wand ins Reculée hinunter.

Cirque de Ladoye. Etwa zehn Kilometer weiter südlich liegt der *Cirque de Ladoye*. Von **Monts-de-Vaux** aus nimmt man die D 256 e, dann in **Plasne** links ab auf die D 96: und wieder mal allerkleinste Bummelstraßen, die zwischen Weidezäunen über die Hochfläche führen. An der Kreuzung der D 96 mit der D 5 (Parkplatz) ein Belvédère hoch über dem Cirque de Ladoye mit beeindruckendem Blick in die Tiefe.

Fährt man einige hundert Meter auf der D 5 in Richtung Château-Chalon, steigt links die D 204 steil in der Wand des cirque hinunter nach **Ladoix-de-la-Seille**, um dann weiter dem grünen Tal zu folgen. An der Kreuzung mit der D 70

Tiefgrüne Romantik – Baume-les-Messieurs

(Postkartenblick auf Château-Chalon) links ab zum *Cirque de Baume.* Hier kommt man zunächst in den winzigen Ort **Baume-les-Messieurs,** der zur Hälfte aus der gleichnamigen Abtei besteht.

Cirque de Baume. Ein dreifach verzweigter Talabschluß, knapp zehn Kilometer östlich von Lons-le-Saunier: eine der größten landschaftlichen Sehenswürdigkeiten ganz Frankreichs.

Die hohen, schier lotrechten Felswände wirken hier wie aus dem Karst des Plateaus ausgesägt. Der Kontrast zum tiefgrünen Talboden mit seinen gewundenen Bachläufen und der Abtei von Baume-les-Messieurs entspricht einem Idealbild romantischer Landschaftsauffassung. Dennoch bleibt der Besucherandrang, verglichen mit dem Rummel am Pont-du-Gard oder am Mont-St-Michel, minimal. Außerhalb der französischen Sommerferien und einiger weniger Sonntagnachmittage kommt hier, wie an vielen Stellen im Jura, die Illusion heiler Welt ein wenig näher.

Die Abtei Baume-les-Messieurs. Die Abtei wurde schon im 6. Jahrhundert vom irischen Wandermönch St. Kolumban gegründet. Von hier aus vollzog sich im Jahr 910 die Gründung von Cluny und im hohen Mittelalter gehörte Baume-les-Messieurs zu den wichtigsten Benediktinerabteien. Im 17. Jahrhundert war Jean de Watteville Abt, eine Persönlichkeit, die der Phantasie von Alexandre Dumas entsprungen sein könnte. Die weitgehend erhaltenen Anlagen der Abtei beeindrucken eher durch das Gesamtensemble als mit kunsthistorischen Sternen. Die schlichten Gebäude gruppieren sich um vier Höfe herum. An der Kirche ein schönes Hauptportal, im Inneren zahlreiche Grabplatten, in der Chapelle de Chalon eine Steinplastik des Hl. Paul aus dem 15. Jahrhundert, im linken Seitenschiff das Grab Jean de Wattevilles. Das beste Werk in der Kirche ist ein polychromer flämischer Flügelaltar des frühen 16. Jahrhunderts.

Die Gebäude sind vielfach gestaffelt, teils bewohnt, teils halbverfallen, verwirrend verschachtelt mit vielen wunderschönen Details. Spitzbögen, Erker, Pfeiler und gotische Fenster, darüber wie ein natürlicher Rahmen die Steilwände des Cirque. Und Plätze für die Stimmung: angewitterte Steinbänke zwischen bemoosten Mauern, wilder Wein klettert, Buchs und alte Rosenbüsche laden zum Picknick ein. Ein Platz, an dem man mit einem Buch oder dem Block einen ganzen warmen Herbstnachmittag verträumen kann.

Gothique Café – Baume-les-Messieurs. Die Geschwister *Véronique* und *Jérôme Prodanu* sind vor einem Jahr in das Abenteuer Gothique Café eingestiegen. Mit Erfolg, das Haus brummt. Im Gothique feiern die Einheimischen Geburtstage, Geburten und Hochzeiten oder sie gehen mit Freunden gut essen. Das Ganze lebt. Auch mit den Touristen. Véronique ist für den Service zuständig, Jérôme für die Küche. Nach ihren Wanderjahren, Véronique lebte lange Zeit in Korsika und Jérôme in Schottland, haben sie sich in der Abtei von Baume-les-Messieurs wiedergetroffen. Die Küche von Jérôme ist nicht allzu verspielt, dafür frisch und saisonal. Zwischendurch überrascht sie mit einem schottischen Touch, wie etwa zur Vorspeise ein luftiges Rührei mit geräuchertem Fisch. «Scotch Woodcock» sagen die Schotten dazu, weitaus blumiger hört es sich es auf Französisch an. Die Suppen und Saucen sind perfekt, z.B. die Tomatensuppe mit Krautstiel, die Pastinakensuppe mit Wachtel oder die Morbierkäsesauce zum Entrecôte mit Biß. Die Schokoladencreme ist ordentlich, mehr nicht. Die Weinkarte ist verbesserungswürdig. Es gibt eindeutig interessantere Winzer im Jura als aufgeführt sind.

Rest. et Chambres d'Hôtes Gothique Café, l'Abbaye, 39210 Baume-les-Messieurs, Tel. 0033-(0)3.84.44.64.47, www.gothique-restaurant.com
RT: 1.9. bis 30.6. So-Abend und Mo. Juli und August durchgehend geöffnet.
Typ: Mit Rundbögen, Historie und Kitsch
♣ Panoramaterrasse und drei Gästezimmer.
Preise: Mittel

Le Grand Jardin – Baume-les-Messieurs. *Christine* und *Didier Favre* bieten eine gute lokale Küche in angenehmem Rahmen. Man fühlt sich gleich wohl zwischen Kunst und Krempel, zwischen Schnecken und Terrinen, der eine oder andere entbehrliche Firlefanz auf dem Teller oder an der Wand stört nicht weiter. Die drei Gästezimmer haben Charme, für Verliebte bietet sich das Zimmer «l'Abbaye» an. In der Nebensaison eine Wohlfühladresse inmitten beeindruckender Historie.

Restaurant Le Grand Jardin. Rue des Grands Jardins, 39210 Baume-les-Messieurs, Tel. 0033-(0)3.84.44.68.37, www.legrandjardin.fr
RT: Unterschiedlich
Typ: Angenehme Landpartie; 3 charmante Zimmer. ♣ kleine Terrasse
Preise: Mittel

Cirque de Baume

Abstecher in den Talkessel

Vor der Abtei geht es rechts über eine alte Steinbrücke, die *Seille* überquerend, dann nach wenigen hundert Metern nach links auf die schmale D 70e1. Dem Flüßchen folgend, das im Sommer manchmal austrocknet, geht es hinein in den *Cirque de Baume.* Nach gut zwei Kilometern ist der Talschluß erreicht. Die Kalkfelsen steigen nun fast 200 Meter senkrecht empor – hier öffnen sich die *Grottes de Baume.* Eine Folge von bis zu 80 Metern hohe Sälen führt über viele Stufen in den Berg hinein. Unterhalb des Eingangs zur Grotte werden die Steinstufen zu einer mächtigen, moosgrünen Treppenkaskade.

Grottes de Baume. 39210 Baume-les-Messieurs, Tel. 0033-(0)3.84.48.23.02. Vom 1. April bis 30. September von 10 - 17 Uhr geöffnet.

Einige hundert Meter vor der Höhle steigt das Sträßchen in engen Schleifen hoch zum Rand des Plateaus, um gleich darauf das berühmte *Belvédère des Roches de la Baume* zu erreichen. Die Kante des Felsabbruchs wirkt wie mit einem riesigen Messer geschnitten, so daß man erst mit dem letzten Schritt am sicheren Geländer den atemberaubenden Tiefblick wahrnimmt. Rechts vom Aussichtspunkt steigt ein in den Felsen gehauener Weg in den Cirque hinunter. Die *Échelles de Crancot*, die Jean de Watteville vor gut 300 Jahren anlegen ließ.

Eine Rückkehr in die Ebene ist aber auch über die D 471 möglich. Dabei gibt es als Dreingabe noch einen Aussichtspunkt mit schönem Blick auf die burgundischen Hügel jenseits der Saône-Ebene. Eine gute Alternative ist auch der Weg über Crancot nach Baume-les-Messieurs: zunächst auf der D 471 nach links bis Crancot, dort wieder links ab und auf der D 4, dann auf der D 70, hinunter nach Baume – mit Blick auf die Abtei im Grün des Talbodens vor weißgrauen Felswänden.

Ein guter Grund, um von Baume-les-Messieurs auf die gegenüberliegenden Seite und hinauf ins verschlafene Nest *Granges-sur-Baume* zu fahren:

Fromagerie artisanale d'Hervé Poulet et Fils. Comté, Morbier, Tomme du Jura, eine von Hand hergestellte Butter – und alles in bester Qualität. Nach einem kleinen Zwischentief mit Qualitätsschwankungen beim Comté sind die Käser wieder zu ihrer alten Form zurückgekehrt.

Fromagerie d'Hervé Poulet et Fils, Granges-sur-Baume, Tel. 0033-(0)3.84.48.28.32. Mo, Fr, Sa 9-12 und 15-19 Uhr; Di, Do 9-12 Uhr.

Historische Substanz, mal reizend, mal mürbe – Altstadt von Poligny

Poligny

Auch Poligny ist wieder eines dieser historisch reichen, im Alltag aber unmusealen Städtchen, die den Jura prägen. Solche handlichen Orte öffnen sich dem Besucher leicht. Dazu gehört, daß stets ein Parkplatz zu finden ist, wo das Auto auch mal stehen bleiben kann, ohne daß es leergeräumt wird. Selbst im kleinen Poligny gibt es genug zum Sehen und Einkaufen für ein paar angenehme Stunden.

Unübersehbar aber auch hier eine schleichende Erosion der ehemals so stabilen Institution heile, französische Provinz. Manches Bistrot wirkt schlicht abgehalftert, geschlossene Ladenlokale und heruntergekommene Bausubstanz fallen auf. Nicht nur, aber eben auch in Poligny bekommt der Mythos «La douce France» Kratzer.

Sehenswert. Die Stiftskirche *St-Hippolyte* in der Rue du Collège lohnt einen Besuch. Über dem Hauptportal eine gotische Madonna und ein Relief des Hl. Hippolyte, am rechten Seiten-

Stiftskirche St-Hippolyte, Poligny

eingang eine Piéta. Im gotischen Kirchenschiff befinden sich etwa 20 ausdrucksstarke Steinskulpturen der burgundischen Schule des 15. Jahrhunderts, dazu am Eingang des Chores eine Kreuzigungsgruppe.

Die romanische Kirche von *Mouthier-Vieillard* liegt noch im Ort Poligny auf einem von alten Linden beschatteten Platz. Zu erreichen von der Straße nach Lons aus: links ab in die Rue Notre-Dame. Erhalten sind von der einst mächtigen Kirche nur der Chor und ein Teil des Querschiffs (12. Jahrhundert), sowie ein mit Fratzen gespickter oktogonaler spitzer Turm aus dem 13. Jahrhundert. Im Inneren ein spätgotischer Alabasteraltar.

Das *Hôtel-Dieu* ist ein Krankenhaus des 17. Jahrhunderts, ähnlich dem bekannten Hôtel-Dieu in Beaune. Ein hübscher Kreuzgang und eine alte Apotheke mit Faiencegefäßen warten im Innern. Eine kostenlose Besichtigung ist jederzeit möglich, wenn denn die Anmeldung beim Eingang besetzt ist.

Einige Schritte neben der Grande Rue liegt der *Ursulinenkonvent* mit einem arkadengesäumtem Innenhof aus dem späten 17. Jahrhundert.

Das Raumgefühl einer Stadt: Das Wichtigste aber bleibt in Poligny, wie in anderen Jurastädtchen auch, das plan- und ziellose Umherlaufen in den alten Straßen. So lernt man die alte Kleinstadt am besten kennen.

Tisch | Einkauf

Viel kulinarische Tristesse in Poligny, zumindest bei den Restaurants. Und zum Schlafen ebenfalls Fehlanzeige. Das *Hôtel de Paris* muß nun wirklich nicht mehr sein. Da lohnt sich die Weiterfahrt nach Voiteur ins *Château Saint-Martin*. Und sonst? Das von diversen Einwohnern empfohlene Restaurant *La Sergenterie* hat uns nicht überzeugt. Immerhin: Zwei eigenwillige Adressen haben wir dann doch noch gefunden.

Café Moka – Poligny. Hier trifft sich «toût Poligny», darunter Bonvivants, Lebenskünstler und andere Künstler, auf ein Glas oder mehr. Wer gerne in einer stimmungsvollen Kneipe sitzt, schauen und zuhören mag, ist hier richtig. Andere werden sich fragen, was sie im Café Moka verloren haben.

Café Moka. 2, rue de l'Hôpital, Poligny. Tel. 0033-(0)3 84.37.17.45

Lycée Hôtelier – Poligny. Poligny beherbergt die Hotelfachschule Lycée Hôtelier mit seinem Restaurant d'Application . Es befindet sich im ehemaligen Hôtel de Genève, mitten im Stadtzentrum. Immer von Oktober bis Mai, jeweils von Montag bis Freitag zeigen die Schüler ihren Gästen, wie es mit Frankreichs Küche weitergeht. Eine Reservierung ist unbedingt notwendig, die Plätze sind bei den Einheimischen sehr begehrt.

Lycée Hôtelier / Restaurant d'Application. Nur nach telefonischer Voranmeldung am Tag vorher: Tel. 0033-(0)3.84.37.14.46.

Noch ein Wort zu Poligny und *Christophe Menozzi*, dem ehemaligen Sommelier von Georges Wenger in Le Noirmont (CH) und Gastgeber im «Le Comtois» in Doucier und im «Mungo

Park» in Besançon, der 2010 plötzlich von der Bildfläche verschwand: Er will 2012 in Poligny sein «Maison du Vin du Jura» eröffnen. Natürlich nur mit den besten Weinen des Juras von alten und neuen Könnern. Schön wär's ja.

Poligny – Capitale du Comté. Obwohl die Milch meist von höhergelegenen Weiden stammt, sitzen hier im Tal einige der großen Produzenten, Genossenschaften und Affineurs (Reifebetriebe). Bei etlichen kann man Comtés verschiedenen Reifegrades probieren und kaufen. Das Probieren gehört hier obligatorisch zum Kauf, oft wird einem gleich eine großzügig bemessene Scheibe über die Theke gereicht:

Maison du Comté – Poligny. Wer noch mehr über den Comté erfahren möchte, geht in die *Maison du Comté*. Hier sind historische und moderne Gerätschaften zur Käseherstellung ausgestellt und hier werden die entsprechenden Verfahren audiovisuell vorgeführt.

Maison du Comté. Avenue de la Résistance, 39800 Poligny, Tel. 0033-(0)3.84.37.78.40. Von Di bis So ab 14 Uhr geöffnet. Juli und August auch schon von 10 bis 11.30 Uhr. In den Wintermonaten geschlossen.

Fromagerie Vagne – Poligny. Am südlichen Rand der Stadt, bei der romanischen Kirche von Mouthier-Viellard, liegt eine Pflichtadresse für Käseliebhaber: im Reifekeller des Affineurs liegen wahre Comtéschätze, die hier an der Quelle nur wenig teurer als die Standardware verkauft werden.

Fromagerie Vagne. 5, Place Notre-Dame, Tel. 0033-(0)3.84.37.12.01

Crèmerie Juraflore – Poligny. Eine weitere exzellente Einkaufsquelle für Käse und Juraspezialitäten ist die Fromagerie *Arnaud*, die heute unter dem Namen «Crèmerie Juraflore» ihren Käse verkauft. Wer nun der bessere Affineur in Poligny ist – Vagne oder Arnaud – darüber gibt's unterschiedliche Meinungen bei den Einwohnern – wir bevorzugen Vagne.

Crèmerie Juraflore. 15, Place des Déportés, Tel. 0033-(0)3.84.37.13.50

Boucheries Yves Brelot – Poligny. In einem der schönen Häuser in der Grande Rue der elegante Laden von Metzgermeister und Traiteur *Yves Brelot*. Hier gibt es nicht nur ordentliches Fleisch, sondern auch alles für das opulente Picknick. Von Trockenwürsten und Céléri remoulade über feine Terrinen (auch mit Fisch und Gemüse) bis hin zu einem köstlichen Gratin dauphinois (Kartoffelgratin) mit reichlich Comté.

Boucheries Yves Brelot. 88, Grande rue, Tel. 0033-(0)3.84.37.12.52

Patisserie/Salon de Thé Jean-Louis Greusard – Poligny. Daneben die Patisserie von Jean-Louis Greusard mit extrafeinen Teilchen, etwa einem *triangle d´or*, Schokolade mit in Marc eingelegten Rosinen. Wer der Versuchung nicht widerstehen kann, setzt sich am besten gleich in den zugehörigen Salon de Thé.

Patisserie Greusard. 96, Grande rue, Tel. 0033-(0)3.84.37.32.09

Essencia Philippe Bouvret – Poligny. Der kleine, animierende Feinschmeckerladen von Philippe Bouvret verlangt fast zwingend nach einem Zwischenhalt. Das kulinarische Sortiment ist breit und qualitativ hervorragend: Käse, Würste, Weine, Schnäpse, Säfte und mehr. Eine grandiose Quelle, die von der Passion des sympathischen Inhabers zeugt. Speziell: Weinfreunde finden hier diverse Flaschen von den neuen Stars der französischen Weinszene, sowie korrekt gelagerte alte Jahrgänge, darunter auch Raritäten.

Essencia Philippe Bouvret. 24, Place Notre-Dame, Tel. 0033-(0)3.84.37.08.46

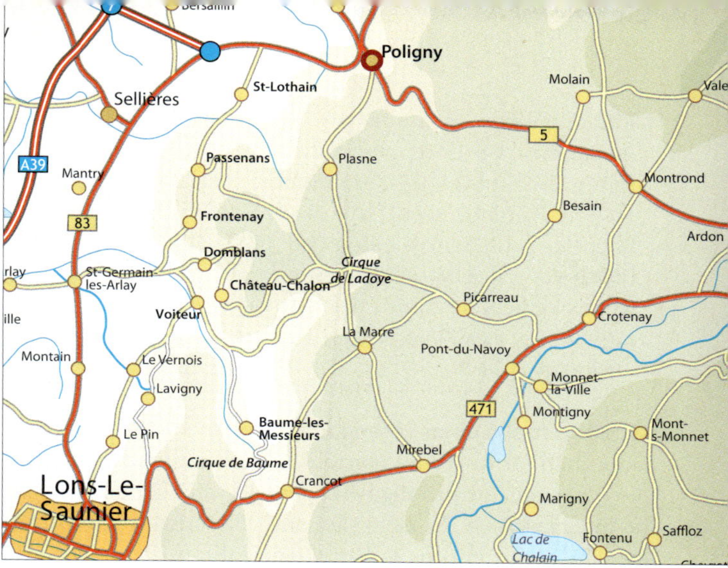

Radtour und Lieblingsstraße

Die drei schönsten Reculées können auch auf einer Radtour besucht werden:

Von **Poligny** geht es auf der kleinen D 68 mit schöner Aussicht auf die Ebene, zunächst steil hinauf nach **Plasne**. Über die mit Steinmäuerchen abgegrenzten Weiden des Plateaus auf der D 96 zum *Cirque de Ladoye* (vgl. dort), rechts ab und auf der D 5 nach Westen, nach knapp einem Kilometer steil hinunter in den Cirque und nahe der hier entspringenden *Seille* entlang: auf der D 204 nach Süden bis zur Kreuzung mit der D 70. Wunderschöner Blick hinauf nach Château-Chalon, zudem ein guter Picknickplatz. Auf der D 70 weiter nach Süden in den *Cirque de Baume* und dann nach **Baume-les-Messieurs** (vgl. dort). Von der Abtei auf der D 210 steil hinauf zur D 4 (dabei Blick auf Baume) und dann rechts zur D 471. Auf dieser etwa zwei Kilometer

Richtung Lons-le-Saunier (bis zum «Belvédère les Roches de Baume», vgl. dort). Nun auf einem winzigen Sträßchen (ohne D-Nummer) wieder hinunter nach **Baume**. Auf der D 70 bis **Voiteur**. Rechts auf der D 5 durch die Weinberge hoch nach **Château-Chalon** (vgl. dort). Schließlich direkt hinter dem Ort links ab auf das winzige Sträßchen über die weite Hochebene zurück nach Plasne und **Poligny**.

Angaben zur Radrundtour. Ausgangsort Poligny, Länge etwa 65 km, Anstieg 900 m, Dauer 5-7 h.

Lieblingsstraße eines Lesers: Wer es einfacher haben möchte, kann dem (Auto-)Tourenvorschlag eines Lesers folgen, dem die D 57 südlich von Poligny schlicht als «die schönste Strecke im Jura» erschien: Zunächst auf der N 83 südwestlich von Poligny in Richtung Lons-le-Saunier ausfahren, dann nach fünf Kilometer auf der D 57 über *St. Lothain, Passenans, Frontenay, Blandans* nach *Domblans*.

Tisch | Bett | Einkauf

La Maison du Haut – Saint Lothain. Nahe der vorgeschlagenen Radtour (fünf Kilometer südlich von Poligny) gibt es eine reizvolle Unterkunft mit fünf einfachen Zimmern und deftigem Essen. Die freundlichen Gastgeber *Sylvie* und *Michel Nicot* kümmern sich um alles, inklusive Gästezimmer und Ferienwohnungen in kleinen Holz-Chalets. Außerdem werden 15 Plätze zum Campen vermietet. Kleinere Ausrutscher bei der Einrichtung übersieht man diskret.

La Maison du Haut. Les Bordes, 39230 Saint Lothain
Tel. 0033-(0)3.84.37.31.08, www.maisonduhaut.com.
RT: Unterschiedlich
Typ: Auberge mit einfacher Küche
5 Gästezimmer
Naturgarten
Preise: Günstig

Le Bistrot de la Mère Simone – Passenans. Die alten Gastgeber Madame Lilli und Madame Marie-Thérèse sind vergessen, der Neue, Bertrand Echinard, hat sich im Jura gut eingelebt und führt das Bistrot durch alle Untiefen. Monsieur und seine Köchin Aurélie Chevalier sind auf Kurs. Das angestaubte Layout der Speisekarte erschreckt, das Gekochte überrascht: Markbein mit Meersalz und geröstetem Brot, eine ordentliche Croûte aux Morilles, ein Croustillant de Saint-Marcellin, eine gute Terrine de campagne, eine Suprême de poulet aux morilles... das ganze kulinarische Jura-Programm.

Le Bistrot de la Mère Simone. 84, Rue de l'asile (Place du Village), 39230 Passenans, Tel. 0033-(0)3.84.44.38.99
Offen: Mo bis Do und So nur am Mittag; Fr-Mittag und -Abend; Sa-Abend
Typ: Bistrot mit nostalgischem Charme
Preise: Günstig-Mittel

Boucherie Jean-Pierre Miny – Passenans. Metzgermeister Miny ist oft mit seinem Verkaufswagen in den Nachbardörfern unterwegs, derweil Madame in der archaischen Dorfmetzgerei von Passenans bedient, die nicht nur auf den ersten Blick gewöhnungsbedürftig ist – das Angebot dort ist allerdings ausgezeichnet.

Boucherie Jean-Pierre Miny. Grande rue, 39230 Passenans, Tel. 0033-(0)3.84.85.20.87

Frontenay. Zwischen Passenans und Château-Chalon versteckt sich einer der unbekanntesten und schönsten Winkel des Jura. Das Dorf Frontenay streckt sich mit seinen gepflegten Natursteinhäusern und Gärten breit am Hang entlang. Im Ort mehrere stattliche Häuser, mitunter schon richtige kleine Herrensitze. Hoch über Frontenay eine gotische Kirche inmitten eines uralten, aber nicht aufgelassenen Friedhofs, der kaum merklich in den lichten Wald übergeht. Eine Allee alter, mächtiger Linden führt entlang der Grabsteine, fast aufgereiht sind sie, ähnlich den Sarkophagen der Alyscamps in Arles.

Mit dem Auto sollte man besser nicht dem verwitterten Parkplatzschild folgen, sonst landet man auf dem Friedhof. Dicht oberhalb der Kirche, auf dem Fahrsträßchen aber nicht ganz nahe, liegt endlich das Schloß, frühneuzeitlich noch, ein wenig Burg (von hier oben wurde einmal die ökonomisch so wichtige Salzstraße gesichert), aber nicht abweisend. Und dieser Eindruck besteht zu Recht. Denn jeder wird auf Schloß Frontenay willkommen geheißen und darf den weiten Blick ins Land genießen, ist zu Besichtigung und oft kostenlosen Veranstaltungen eingeladen. Tafeln im Torhaus erläutern mehrsprachig die Geschichte des Ortes und weisen auf das Veranstaltungsprogramm hin. Das Gebäude wurde im 19. Jahrhundert in der Manier des Architekten und Kunsthistorikers VIOLLET-LE-DUCS ergänzt, der durch seine Restaurierungen mittelalterlicher Bauwerke und seine wissenschaftlichen Arbeiten zur Architekturgeschichte bekannt geworden ist. Der Schloßhof mit den beschnittenen Akazien wird von einer gewaltigen Zeder überragt.

Château de Frontenay. 39210 Frontenay
Tel. 0033-(0)3.84.85.23.36, www.chateaudefrontenay.com
Geöffnet: Von Mai bis Oktober. Das Schloß kann für Feste, Seminare und Hochzeiten gemietet werden. Siehe Website.

Besondere Lage, lange Geschichte – Château-Chalon

Château-Chalon

Ein winziger Ort mit 160 Einwohnern auf einem schmalen Felssporn, 200 Meter über dem Tal der Seille – auf halbem Weg der Luftlinie zwischen Poligny und Lons.

Château-Chalon hat nicht nur eine wunderbare Lage, sondern auch eine reiche Geschichte: Schon in gallo-römischer Zeit war der gut zu verteidigende Platz befestigt. 869 erstmals erwähnt, war später die Abtei von Château-Chalon eines der angesehensten Klöster Frankreichs. Aus dem Benediktinerinnenkonvent wurde im Lauf des Mittelalters eine hochadelige Institution.

Von der Abtei stehen heute noch das Verwaltungsgebäude und das schöne Tor, das den Ort zur äußersten Spitze der Felsnase hin abschließt und die von Efeu überwucherten, mit Bäumen bestandenen Mauerreste. Hier erreicht man auch die Kanzel, von der sich eine grandiose Aussicht über die Weinhänge bietet, im Tal fließt die Seille zwischen alten Bäumen hinaus in die Ebene. Selbst hier hält sich der Besucherandrang

St. Pierre, Château-Chalon

in juraüblichen Grenzen. Dies obwohl Château-Chalon zu den 200 schönsten Dörfer Frankreichs zählt. Die Dorfkirche *Saint-Pierre* stammt aus dem 12. Jahrhundert. Der geduckte Bau mit seinem Vordach ist im wesentlichen romanisch, weist aber im Mittelschiff bereits erste Zeichen der nahenden Gotik auf. Die engen Gassen Château-Chalons sind flankiert von Winzerhäusern mit ihren gedeckten Kellerabgängen.

Die edlen Lagen. Der über tausend Jahre alten Weinkultur der Abtei und der ungewöhnlichen Lage seiner Weinberge verdankt Château-Chalon seine herausragende Position im Weinbau – nicht nur im Jura, sondern in ganz Frankreich. Die Weinlagen, auf die man hier so stolz ist, haben besondere Charakteristika. Die Rebberge steigen an mehreren Stellen wie ein Amphitheater auf und bilden gleichsam sonnenstrahlenfangende Wärmeschüsseln. Am schönsten ist dies von der Aussichtskanzel am Ortsrand von Château-Chalon zu sehen. Die Weinberge reichen bis auf 450 Meter und werden durch die Berge der ersten Jurastufe bestens gegen Nord- und Ostwinde geschützt. Die erlaubte Mengenproduktion des Vin Jaune von Château-Chalon ist auf 50 hl/ha begrenzt – also 50 Liter auf 100 Quadratmeter. Schlußendlich werden aber durchschnittlich nur 20 hl/ha – also 20 Liter auf 100 Quadratmeter erzielt. Ein erheblicher Teil dieser Hänge ist im Besitz des ehemaligen Bürgermeisters *Jean Macle*. Er hat die steilsten, lange zuvor aufgegebenen Lagen wieder bepflanzt. Heute führt sein Sohn *Laurent* das Weingut weiter (vgl. das Kapitel «Juraweinland»).

Tisch | Bett | Einkauf

Les 16 Quartiers – Château-Chalon. Direkt vor der Kirche Saint-Pierre befindet sich in einem Gebäude aus dem 16. Jahrhundert ein kleines, feines und gemütliches Restaurant mit Traumgarten. Die gute Küche überzeugt mit einer klaren Linie, frischen Zutaten und saisonalen Produkten. Gleich mehrmals haben wir mit verschiedenen Weinbauern bei *Madame Bouveret* gegessen, der Köchin und Gastgeberin in einem: Kalte Tomatensuppe, Kalbsterrine, Forelle auf Linsen, ein mit Sommerkräutern mariniertes Kaninchen, geschmorte Lammhaxe, einen im Schmalz gebratenen Entenschlegel und ein Huhn aus der Bresse in einer üppigen Sauce aus Rahm, Vin Jaune und Morcheln. Als Dessert gab es einen warmen und noch leicht flüssigen Schokoladenkuchen und eine wunderbar duftende Vanillecreme. Das Restaurant von Madame Bouveret entwickelt sich zu unserem Lieblingsplatz. Zumindest in der Zwischensaison – im Sommer braucht man viel Zeit und Geduld. Die Weinkarte bietet einen Querschnitt durch den Jura. Manchmal gibt es sogar einige rare Jahrgänge von Altmeister Pierre Overnoy aus Pupillin. Dies mitten in Château-Chalon.

Les 16 Quartiers. Rue de l'Église, 39210 Château-Chalon
Tel. 0033-(0)3.84.44.68.23
Öffnungszeiten: Mitte November bis Ende März jeweils abends; März bis Juni

2004
2004
ARBOIS PU
Appellation Arbois Cont
Maison Pierre OVERN
Emmanuel HOUIL

Sa- und So-Abend, im Juli und August zusätzlich Do-Abend.
Typ: Einfaches, qualitätvolles Restaurant in exklusiver Lage
♣ beschattete Terrasse.
Preise: Mittel
Speziell: Nachmittags wird das Bistrot zum Salon de Thé. Es wird kein Alkohol mehr ausgeschenkt und der kleine Hunger für Zwischendurch muß sich mit einem Stück Kuchen begnügen. Das Ganze hat mit Frankreich, seinen diversen Alkohollizenzen und den damit verbundenen Kosten zu tun.

Relais des Abbesses – Château-Chalon. Wer über Nacht in dem hübschen Ort bleiben will, kann im Relais des Abbesses bei *Agnès* und *Gérard Vidal* in einem der vier Gästezimmer stilvoll übernachten. Und wenn Madame Lust und Laune hat, kocht sie ihr bekanntes «Poulet de Bresse au vin jaune et ses morilles à la crème». Wer mit mehreren Freunden von Château-Chalon aus den Jura erkunden möchte, kann bei den Vidals gleich das ganze **Maison Adèle** mieten. Alles ist lässig bis sehr bunt eingerichtet.

Le Relais des Abbesses/La Maison Adèle. Rue de la Roche, 39210 Château-Chalon, Tel. 0033-(0)3.84.44.98.56, www.chambres-hotes-jura.com
RT: Mitte November bis Ende Januar geschlossen
Typ: Üppig dekoriertes historisches Gebäude mit 4 Zimmern und ♣ Garten
Maison Adèle mit 3 Zimmer/Bad und Gemeinschaftsküche inkl. ♣ Panoramaterrasse.
Preise: Mittel

Fromagerie Vagne – Château-Chalon. Die gute Fromagerie aus Poligny hat eine Filiale in Château-Chalon und verkauft hier ihr Käsesortiment und zusätzlich Produkte aus der Region. In der rue St-Jean sieht man die an einer Bruchsteinwand gestapelten Comté-Laibe reifen, an bestimmten Tagen gibt es Führungen durch die Fromagerie. Siehe Website.

Fromagerie Vagne. Rue St-Jean, Le Chalet, Tel. 0033 (0)3.84.44.92.25
www.comte-vagne.com

Und Château-Chalons berühmte Winzer? Die Legenden? Wo sind sie? *Jean Macle* hat sich aus gesundheitlichen Gründen

Verschlafen in der Ebene – die Allee zum Château Saint-Martin

vollkommen zurückgezogen und das Weingut seinem Sohn übergeben. Zeit, andere, nicht minder gute Winzer kennen zu lernen (siehe «Juraweinland», Seite 151ff), z.B. in Voiteur:

Voiteur ist ein verschlafenes Nest in der Ebene. Langweilig, ohne Charme, mit zwei durchschnittlichen Bäckereien, zwei ausgezeichneten Winzern und einem sympathischen Chambre d'hôte im Schloß.

Château Saint-Martin – Voiteur. An der Straße in Richtung Lons-le-Saunier, nach einer Allee, liegt hinter hohen Mauern versteckt ein ganz besonderes *Chambre d'hôte*: Mitten in einem zwei Hektar großen Park mit einer selten verwunschenen Kapelle aus dem 14. Jahrhundert steht Château Saint-Martin – trutzig wie eine Burg. Zumindest von der Ostseite her betrachtet. Seine Ursprünge gehen ins 14. Jahrhundert zurück, vollendet wurde das Anwesen im 17. und 18. Jahrhundert. Die Schloßbesitzer sind Schweizer, eigentlich

Zwei Schweizer Gastgeber im Jura – Château Saint-Martin, Voiteur

mehr Weltenbürger als Juraeinsiedler, sie haben zuvor schon mehrere Jahre im Zentrum von Marseille gelebt. *Brigitte* und *Michael Keller* entdeckten ihr Traumschloß von der Bahn aus, die in gebührender Distanz am Château vorbeifährt. Mittlerweile leben die beiden seit mehr als zehn Jahren in Voiteur. Die Schloßherrin war Stewardeß bei der Swissair, sie ist heute gute Seele, Managerin und Gastgeberin des Hauses, der Schloßherr ist immer noch Künstler, im Jura hat er sich eine zweite Leidenschaft erschlossen, als nachhaltiger Winzer. Gut, Wein war schon immer eine Passion von Keller. Das wird einem spätestens dann klar, wenn man ihn über den Weinbau und über seine Weine reden hört.

Im Schloß selber geht es sehr unkompliziert zu, wie es halt so läuft auf wiederbelebten Landschlössern im Jura. Da flitzt die junge Tochter Angeline durchs Haus, Hühner gackern, Ziegen meckern, es bellt die Hundemeute, die Wäsche trocknet im Wind und das Feuer im Kamin darf natürlich auch nicht fehlen.

Die großen Zimmer sind stilvoll, die kleinen Badezimmer zweckmäßig eingerichtet. Was fehlt, ist ein Aufenthaltsraum mit bequemen Sesseln für graue Regentage und Liegestühle im Garten. Zu Zier des Hauses gehört der grandiose alte Keller mit zahlreichen Fässern und großem Flaschenlager. Alles in allem ein angenehmer Platz.

Château Saint Martin. 39210 Voiteur, Tel. 0033-(0)3.84.44.91.87
www.juranatura.fr

RT: Unterschiedlich

Typ: Schloß mit Park und Patina, 5 großzügige Zimmer
♣ Schloßgarten mit Kapelle

Preise: Mittel-Gehoben

Speziell: Saint-Martin eignet sich für Naturmenschen, die das Unkomplizierte lieben.

Etwas südöstlich der Achse Voiteur-Lons-le-Saunier liegt verträumt auf der Route nach Baume-les-Messieurs das kleine Dorf **Nevy-sur- Seille**, was eigentlich nicht weiter erwähnenswert wäre, wenn sich da nicht ein reizvoller Picknickplatz bei der Steinbrücke, die über das Flüsschen Seille führt, anbieten würde. Von den Reisenden links liegen gelassen, findet sich hier ein Stück heile Welt, die man ebenso im Dorf bei *Madame Dédé* besichtigen kann.

Café Chez Janine – Nevy-sur-Seille. Eine Beiz wie damals, inklusive Beret-Träger und Suze-Aschenbecher, den nun niemand mehr benützen darf. Hier geht hin, wer Lust auf eine kleine Gesellschaftsstudie, auf eine einfache Casse-croûte und auf ein Glas oder zwei Côtes-du-Jura hat.

Café Chez Janine. Route de la Vallée, 39210 Nevy-sur-Seille
Tel. 0033-(0)3.84.44.62.43

RT: Unterschiedlich

Typ: Dorfbistrot vergangener Tage

Preise: Günstig

Überschaubar, provinziell, menschlich – Lons-le-Saunier

Lons-le-Saunier

Lons ist eine französische Provinzstadt wie aus dem Bilderbuch. Die «préfecture», ein Theater aus dem zweiten Kaiserreich, kleine Boulevards, einige elegante Geschäfte und einige Bettler an der Ecke. Trotzdem ein Idyll.

Gerade mal 18.500 Einwohner leben in der Hauptstadt des Departments Jura. Diese Überschaubarkeit trägt zum Reiz von Lons bei – zumindest für den Besucher. In der Rue de Commerce Nr. 24 wurde 1760 ROUGET DE LISLE geboren, der Autor der «Marseillaise». Als Pionierhauptmann schrieb er im April 1792 in Straßburg den «Chant de Guerre pour l´Armée du Rhin». Weil das Lied zuerst von Soldaten aus Marseille gesungen wurde, ist es als «Marseillaise» bekannt. Rouget de Lisle verarmte später völlig, kam zeitweise sogar ins Schuldgefängnis und erhielt erst kurz vor seinem Tod 1836 unter dem Bürgerkönig LOUIS-PHILIPPE eine Ehrenpension. Mehr über diesen tragischen Helden im Museum.

Musée Rouget-de-Lisle. 24, rue de Commerce, Tel. 0033-(0)3.84.47.29.16

Wie aus einem Guß – Ladenarkaden in Lons-le-Saunier

Sehenswert: Der Bogen der *Rue de Commerce* mit seinen Arkaden und den vielfach gestaffelten Dächern ist die schönste Straße der Stadt. Sie wurde im 17. Jahrhundert nach einem Brand planmäßig angelegt. Hier finden sich auch viele banale Geschäfte, sogar Kettenläden, aber alle respektieren in den Dimensionen ihrer Schaufenster und im Verzicht auf Leuchtreklamen die architektonische Integrität der Straße. Die Rue de Commerce beginnt an der Place de la Liberté, die von der Rokokofassade des Theaters bestimmt wird. Das Glockenspiel des Theaters spielt zu jeder Stunde zwei Takte der Marseillaise.

Die frühgotische Kirche *St-Désiré* – Neben der Krypta aus dem 11. Jahrhundert ist eine Grablegung der burgundischen Bildhauerschule des 15. Jahrhunderts bemerkenswert. Hinter dem Theater in der Rue des Cordeliers die *Église de Cordeliers* mit dem Grabmal des Adelgeschlechts Chalon-Arlay, das leider nicht zugänglich ist.

Übrigens: Warum in den Ferien nicht mal ins Theater? Alleine wegen der Architektur lohnt sich ein Besuch.

Théatre de Lons-le-Saunier. Rue Jean Jaurès, Tel. 0033-(0)3.84.86.03.03, aktuellen Spielplan erfragen.

Tisch | Bett | Einkauf

In Lons-le-Saunier haben leider einige traditionelle Läden dicht gemacht, ein paar gute sind geblieben, ein spezieller Fischladen ist hinzugekommen und ein neues Lokal, das auf dem richtigen Weg scheint.

Cuisine et couleurs – Lons-le-Saunier. *Jean-Christophe Darphin* vereint in seinen Gerichten zwei Regionen: Die Provence und die Franche-Comté. Klingt etwas abenteuerlich, die Kombinationen erweisen sich aber als schmackhaft und nicht gesucht. Kommt hinzu, daß die Auswahl klein und durchdacht ist. Aus je drei Vor- Haupt- und Nachspeisen stellt man sich das dreigängige Menü zusammen, das Ganze für knappe Euro 35. Soweit, so gut, bis zum März 2011. Da staunten wir über eine Charlotte de saumon mariné, tartare de tomates et avocats au balsamique blanc, eine Noix de veau cuite en cocotte, jus à la sauge et tomates confites und eine Ananas rôti pain de sucre rôti, moelleux à la banane. Das hat zwar gemundet, seine Philosophie vom «Regionalen» fanden wir aber sehr diskret in den verwendeten Gartenkräutern, die ihm Jérôme Prodanu vom Gothique-Café in Baume-les-Messieurs züchtet und verkauft. Und wenn schon mit dem Gaumen aus dem Jura schweifen, haben wir mit dem Wein gleich nachgezogen: Der Côtes de Gascogne der Domaine Uby hat gepaßt.

Cuisine et couleurs. 11, place Perraud, 39000 Lons-le-Saunier
Tel. 0033-(0)3.84.47.23.29, www.restaurantcuisinetcouleurs.fr
RT: So, Mo
Typ: Gourmetlokal mit eigenwilliger Einrichtung. Am Besten sitzt man auf der kleinen Holzterrasse vor dem Lokal mit Blick auf die Platanen.

Auberge de Chavannes – Courlans (sechs Kilometer südöstlich, in Courlans an der Nationalstraße N 78 nach Louhans). Hier war eines unserer Lieblingsrestaurants. Pierre Charpentier bot beste und bezahlbare französische Küche. Vorbei. Sein Nachfolger *Nicolas Pourcheresse* hat die ländlich-elegante Einrichtung und die Küche modernisiert, die Preise angehoben und die Auberge wurde zur «Hôberge» – kulinarisches Lifting. Aber nicht nur der Name, auch die Teller sind verspielt bis bemüht – Türmchen, Lüftchen, Espuma & Co.

Auberge de Chavannes. 1890, route de Chalon, 39570 Courlans
Tel. 0033-(0)3.84.47.05.52, www.auberge-de-chavannes.com
RT: Mo
Typ: Auf modern gebürsteter Landgasthof
Preise: Gehoben-hoch, außer bei den speziellen Arrangements

Grand Café de Strasbourg – Lons-le-Saunier. Eine Adresse für das Petit Déjeuner – im Fin de Siècle-Ambiente des *Grand Café de Strasbourg* im rückwärtigen Teil des Theaters. Ein Traum aus der französischen Gründerzeit, mit Liebe restauriert und durch den Alltagsbetrieb vitalisiert. Unter den mächtigen Kugellampen, vis-a-vis der Spiegelwände schmecken die Croissants und Brioches vom lokalen Bäcker Pelen einfach besser als in seinem etwas kühlen Salon de Thé (vgl. unten). Gute kleine Bistrotkarte mit regionalem Akzent. Abends geht es zwar ambitionierter zu, ein Besuch ist aber nicht zwingend. Am Morgen schon.

Le Strasbourg. 4, rue Jean-Jaurès, Tel. 0033-(0)3.84.24.36.92
Typ: Café und Croissants im Fin de Siècle
Preise: Günstig

Grand Café du Théâtre – Lons-le-Saunier. Das Grand Café du Théâtre ist nicht ganz so schön, dafür gibt's den belebten Platz vor dem Theater als Bühne gratis dazu.

Grand Café du Théâtre. 2, rue Jean-Jaurès, Tel. 0033-(0)384.24.49.30

Rokoko auf drei Rängen – Théatre de Lons-le-Saunier

Patisserie/Chocolaterie Pelen – Lons-le-Saunier. An der Ecke des Place de la Liberté zur Rue St-Désiré hat die traditionsreiche Patisserie Pelen ihr Domizil (es gibt auch einen Laden in Lyon). Der gediegenen Einrichtung des Geschäftslokals aus den ersten Jahren des letzten Jahrhunderts entspricht die außerordentliche Solidität des Angebots: hausgemachte Schokoladen, köstliche Teilchen, herrliche fruits confits. Ein «écureuil» (Eichhörnchen) etwa besteht aus einer allerfeinsten Crème gerösteter Haselnüsse mit Nußbaiser in dickem frischem Marzipan, dekoriert mit einem Schattenriß des putzigen Namensgebers in dunklem Kakao.

Im ersten Stock ein Salon de Thé, leider im Stil der 70er Jahre renoviert. Der freundliche Service und die Qualität des Gebäcks lassen leicht darüber hinwegsehen.

Patisserie Pelen. 1, rue St-Désiré, Tel. 0033-(0)3.84.24.31.39

Boucherie Gautier – Lons-le-Saunier. Direkt neben der Patisserie Pelen ist die Metzgerei Gautier. Es gibt gut abgehangenes Rindfleisch, Bressehühner, feine Würste aus dem Jura und aus dem Lyonnais. Hinzu kommen diverse Patés, Weinbergschnecken, angemachte Salate mit einem hervorragenden «Célérie remoulade».

Boucherie Gautier. 3, rue St-Désiré, Tel. 0033-(0)3.84.24.03.29

Poissonnèrie Saint George – Lons-le-Saunier. Wo früher die wunderbare *Epicerie fine Les Délices de la Table* ihr Domizil hatte, ist nun die Poissonnèrie Saint George. Hier gibt es nichts aus der Truhe, nur glänzend-frische Turbots, Loups, Daurades und mit die besten Austern Frankreichs, die Marennes spéciales von Gillardeau.

Poissonnèrie Saint George. 10, rue Saint-Désiré, Tel. 0033-(0)384.47.10.64

Ferme Comtoise – Lons-le-Saunier. Etwas weiter auf der gleichen Straßenseite, kurz vor der Avenue Thurel die Ferme Comtoise mit einer guten Auswahl an Ziegenkäse und der ganzen traditionellen Jurakäse-Palette, sowie diverse andere lokale und regionale Spezialitäten, dazu feines Gemüse und Früchte.

Ferme Comtoise. 23, rue St-Désiré. Tel. 0033-(0)3.84.24.06.16

Umgebung von Lons

Lohnend der Aussichtspunkt **La Croix Rochette.** Man verläßt Lons über die D52 in Richtung *St-Claude/Genf.* Nach sechs Kilometern rechts ab, auf der D41e nach *St-Maur*, dann noch einige hundert Meter. In 636 Meter Höhe weiter Blick über die Saône-Ebene zu den Bergen des Maconnais, über die Plateaux und Bergketten des Jura, bei klarem Wetter ist sogar der Montblanc zu sehen. Ein guter Picknickplatz – ideal zum Probieren der Einkäufe aus Lons.

Ferme-Auberge La Grange Rouge – Gerouge. Etwas südwestlich von Lons findet sich eine ansprechende Ferme-Auberge mit traditioneller Küche. Einfache Gerichte wie Braten vom Lamm oder Rind, auch mal ein Schweineragout oder Brühwürste werden aufgetischt. Die meisten Produkte stammen vom Hof, der Rest wird aus dem Jura zugekauft. Übernachten geht auch, in den einfachen Zimmern – dazu das Glockengeläut der Viehherde rund um den Hof.

Ferme-Auberge La Grange Rouge. 39570 Gerouge
Tel. 0033-(0)3.84.47.00.44
RT: Mitte August bis Mitte September geschlossen. Ansonsten immer vorher anrufen und reservieren, sonst bleibt die Küche kalt.
Typ: Ferme-Bauernhof, eine handvoll einfache Zimmer ♣ Garten
Preise: Günstig

Ferme d'en Fremier – Revigny. Eine Adresse für besten Käse sei hier ebenfalls erwähnt. Auf gleicher Höhe von Gerouge, nur etwas weiter östlich in Revigny befindet sich die Fromagerie von *Jean Paul Richene*. Ein Pflichtkauf für den Käseliebhaber ist sein finessenreicher Tomme, der durch würzige Aromen und mit wenig Salz besticht, alles biodynamisch zertifiziert. Wer nicht in diese Gegend fährt, kann den *Marché des producteurs* in Dole ansteuern, alle anderen kommen direkt vorbei. Es lohnt sich.

Ferme d'en Fremier. 39570 Revigny, Tel. 0033-(0)3.84.24.37.71. Öffnungszeiten tel. erfragen.

Château du Pin. Ab Lons nach Norden über die N 83, dann gleich rechts ab auf der D 70 kommt man nach **Le Pin** (etwa fünf Kilometer). Das Château du Pin wurde im 13. Jahrhundert errichtet und nach seiner Zerstörung im 15. Jahrhundert wieder aufgebaut. Vom Burgfried hat man einen weiten Blick auf die Rebhänge des Umlandes. Nur übernachten geht hier nicht, doch Voiteur und Château Saint-Martin sind nicht weit.

Château Fort Le Pin. 39210 Le Pin, Tel. 0033-(0)3.84.25.32.95. Besichtigung von Anfang Mai bis Ende September.

Arlay

Beeindruckendes Dorf mit musealem Charakter und stattlichem Schloß – etwa zehn Kilometer nördlich von Lons-le-Saunier. Ursprünglich Burg der Grafen von Chalon, fiel der Ort im 14. Jahrhundert an das Haus Orange, war königlich spanisch und gehörte seit Anfang des 19. Jahrhunderts den Fürsten Arenberg, nun dem Comte de Laguiche.

Das heutige Schloß wurde im 18. Jahrhundert erbaut und hat reizvolles Biedermeier-Mobiliar (style restauration). Im schönen Park liegen die Ruinen der mittelalterlichen Burg, die einen weiten Blick nach Westen in die Ebene der Bresse und nach Osten hoch zu dem auf einer Felsnase gelegenen Château-Chalon bieten. Eine besonders attraktive Ansicht von Arlay bietet sich von dem winzigen Sträßchen, das von Arlay nach Süden in Richtung **Quintigny** führt.

Das Weingut des Château d´Arlay bietet das ganze Spektrum der Juraweine in guter Qualität an. Wer an keiner geführten Weinexkursion teilnehmen möchte, kann irgendwo im großen Schloßpark praktische Studien treiben. Gläser und Korkenzieher nicht vergessen.

Château d'Arlay. Route de Saint-Germain, 39140 Arlay
Tel. 0033-(0)3.84.85.04.22, www.arlay.com
Weinproben werden ganzjährig von Montag bis Samstag angeboten. Sonntags nur nach telefonischer Vereinbarung.
Besichtigungen. Der Jardin des Jeux, das Schloß, der Park, die Raubvögel von Jurafaune können jeweils vom 15. Juni bis 15. September täglich von 14 bis 18 Uhr besichtigt werden.

Domaine Jean Boudry – Arlay. An der Rue Saint Vincent sind wir auf ein weiteres Weingut gestoßen, daß Beachtung verdient. Seit 1579 ist die Domaine Jean Boudry in Familienbesitz. Und so schmecken die Weine auch. Traditionell, ehrlich, sauber. Sehr beeindruckt waren wir von den Flaschen, die im Keller der Domaine lagern. Diverse Château-Chalon, eine Flasche von 1895 (um die 2000 Euro), zahlreiche Vins Jaunes, bei denen man, je nach Jahrgang (bis 1955 zurück) zwischen Euro 40 und 150 zahlt. Zurück zur Gegenwart. Auch die Provenienzen jüngeren Jahrgangs überzeugen, verblüfft waren wir aber über den «Galant des Abbesses», ein Getränk auf der Basis von Kräutern und Traubenmost, welches auf ein Rezept der Äbtissen von Château-Chalon aus dem 16. Jahrhundert zurückgeht.

Domaine Jean Bourdy. 41, rue St-Vincent 39140 Arlay, Tel. 0033-(0)3.84.85.03.70, www.cavesjeanbourdy.com

Le Jardin de Misette – Arlay. Eine einfache Übernachtungsmöglichkeit im Dorf, in einem alten, etwas verwitterten Winzerhaus am Ufer der Seille. Der kleine Garten wirkte etwas unaufgeräumt, aber die Gastgeber sind herzlich und unkompliziert. Die Kochbuchautorin *Madame Marie-Claude Petit* schreibt nicht nur, sondern kocht auch ausgezeichnet: Käsekuchen, Stubenküken und Früchtekuchen mit Vanillecreme zum Beispiel. Und Christian Petit schenkt großzügig Wein nach – die Stimmung unter den Gästen ist fröhlich und unbeschwert.

Le Jardin de Misette. Rue Honoré Chapuis, 39140 Arlay
Tel. 0033-(0)3.84. 85.15.72
RT: Unterschiedlich
Typ: Winzerhaus, ♣ verwunschener Garten
Preise: Günstig

Hostellerie St-Germain – St-Germain-les-Arlay. In der alten Poststation in der Mitte des kleinen Ortes kocht *Marc Tupin*, er wurde vom Gault Millau zum «Jeune Talent 2009» der Franche-Comté erkoren und seither hat sich hier einiges geändert. Die traditionelle französische Landküche mußte einer «Pinzettenküche» weichen mit Elementen an, in, um und so fort. Und der Jungkoch wird bereits als Michelinsternanwärter gehandelt. Wir würden uns trotzdem über etwas weniger dekorative Kunst auf dem Teller freuen.

Maria Tupin ist für den Service verantwortlich, der aus talentierten und weniger talentierten jungen Damen besteht. Es nervt, wenn sich niemand um das leere Weinglas oder das fehlende Mineralwasser kümmert. Die altväterliche Sitte, den Wein auf einem separaten Abstelltisch im Abseits zu platzieren, ist sowieso aus der Mode gekommen.

Doch genug gemeckert. Bei unserem letzten Besuch gab es Wildterrine mit Feigenkompott, ein saftiges Stück Wildschwein mit Kartoffelpüree, etwas Käse und karamelisierte Quitten. Ein anderes Mal war es eine exzellente Foie gras mit einem Zwiebelconfit, eine Forelle aus dem Bergbach und ein zartes Lamm mit Senf- und Kräuterkruste. Die Weinkarte überzeugt mit Provenienzen aus dem Jura und anderen spannenden Regionen Frankreichs zu korrekten Preisen.

Hostellerie St-Germain. 635, Grande rue, 39210 St-Germain-les-Arlay, Tel. 0033-(0)3.84.44.60.91, www.hostelleriesaintgermain.com

RT: Winter Mo und Di ganzer Tag; Sommer Mo und Di-Mittag; sowie von Mitte Dezember bis Ende Januar

Typ: Ehemalige Poststation; ♣ kleiner gekiester Garten unter Bäumen

Preise: Mittel-Gehoben

Tricolore à la Bresse

Bresse ohne Stress

Einige Kilometer über die Jura-Departementgrenze hinaus müssen einfach sein – allein wegen dem unvergleichlichen Wochenmarkt in Louhans und der genialen Bäckerei in Saillenard.

Louhans. Eine der schönsten und vitalsten Kleinstädte Frankreichs (6000 Einwohner) wartet im Herzen der Bresse. Mit einer langen kopfsteingepflasterten Hauptstraße, im Bogen angelegt, gesäumt von den alterskrummen Fachwerkhäusern der Bresse.

Hostellerie du Cheval Rouge – **Louhans.** Die kleine Hostellerie du Cheval Rouge in der Rue d'Alsace Nr. 5, eine ehemalige Poststation, ist mit neun günstigen Zimmern und einem einfachen Restaurant ideal für einen spontanen Zwischenhalt.

Hostellerie du Cheval Rouge. 5, rue d'Alsace, Tel. 0033-(0)385.75.21.42

Fromagerie Liberge – Louhans. An der Grande Rue 4 ein altmodischer Laden mit einer Auswahl wunderbarer regionaler chèvres und diversen Produkten der bekannten Pariser Delikatessenhäuser.

Boucherie Gallet – Louhans. Die Boucherie an der Grande Rue Nr. 22 verkauft die besten Produkte der Region: Milchkalb und Bressehühner, aber auch exzellente Kutteln, gute Tauben- und Poulardenterrinen.

Montagsmarkt Louhans. Von 8 bis 12 Uhr geht es montagmorgens entlang der Grande Rue recht laut und wild zu. Lebendes Federvieh und Kaninchen, pralles Leben statt Filet und Brüstchen. Außerdem ein großes Angebot an Gemüse und Käse.

Le Fournil du Moulin de Sauvagette – Saillenard. Françoise und Thierry Dany backen mit Abstand das beste Brot weit und breit und trotzdem werden sie von den Eingeborenen ignoriert. Warum das so ist, haben wir nicht herausgefunden. Vielleicht liegt es am Preis, oder vielleicht weil sie nicht von hier, sondern aus der Ardèche stammen – wer weiß? Ihre Brote gehören jedenfalls zu den besten in Frankreich und auch Bäcker Thierry Dany ist ein «Meilleur ouvrier de France».

Le Fournil du Moulin de Sauvagette. 71580 Saillenard, Tel. 0033-(0)3.85.74.19.94. Die Mühle liegt im Nirgendwo und die Öffnungszeiten variieren. Unbedingt vorher anrufen, das Brot von den Danys muß ohnehin vorbestellt werden.

Voiteur
Picarreau
Crotenay
Ney
La Marre
Pont-du-Navoy
Le Vernois
Lavigny
Monnet-la-Ville
Montigny
Mont-s-Monnet
Pillemoine
Baume-les-Messieurs
Le Pin
Mirebel
Le Vaudioux
Cirque de Baume
Crancot
Marigny
Lac de Chalain
Fontenu
Saffloz
Chevrotaine
Doucier
Conliege
Revigny
Le Frasnois
Publy
Blye
Ain
Charcier
Menetrux-en-Joux
Cascades du Hérisson
St-Maur
Charézier
Uxelles
Bonlieu
Nogna
52
Clairvaux-les-Lacs
Alièze
Pont-de-Poitte
470
Hautecour
Dompierre-s-Mont
Mérona
Soucia
Moutonne
Orgelet
La Tour-du-Meix
Châtel-de-Joux
Prénovel
Etival
Chaux-des-Prés
Maisod
Meussia
Les Piards
La Rixouse
Chamberia
Sarrogna
Les Crozets
Leschères
Charchilla
Crenans
Onoz
Lac de Vouglans
Morains-en-Montagne
Fétigny
Chatonnay
Villards
Ravilloles
Cernon
St-Lupicin
Arinthod
Lect
27
Lavans-les-St-C.
Bienne
St-Claude
Hymetière
l'Ain
Vescles
St-Romain
436
Chemilla
Vaux-lès-St-Claude

Wasserfälle, Seen und der Süden

Die Wasserfälle des Hérisson – laubfeuchte Schluchten, Kaskaden, hinter denen man durchlaufen kann, Trapperwege im Wald. Kanada oder Jura?

Der Hérisson, ein Wildbach, der etwa 20 Kilometer östlich von Lons in den Ain mündet, überwindet auf den ersten drei Kilometern seines Laufs ein Gefälle von 280 Metern. Hierbei bildet er mit der *Cascade de l´Eventail* und der *Cascade du Grand Saut* zwei der schönsten Wasserfälle des Jura. Für Naturliebhaber ein Ziel ersten Ranges. Der Wasserstand des Hérisson variiert stark nach Jahreszeit. Bei Niedrigwasser sind die Fälle zwar weniger imposant, dafür werden auf dem Bachgrund bizarre Felsformationen sichtbar.

Der französische Fernwanderweg GR 559 verläuft auf diesem Abschnitt entlang der Hérisson-Fälle. Wir folgen ihm von Westen: Bereits einige hundert Meter nach dem Parkplatz steht man unter der *Cascade de l´Eventail.* Hier stürzt das Wasser über viele Treppen 65 Meter in die Tiefe. Ein steiler Pfad führt weiter zum *Belvédère des Tuffs.* Nach einigen Minuten auf der rechten Seite des Flusses kommt die *Grotte Lacuzon,* dann weiter auf dem linken Ufer die *Cascade du Grand Sau*t. Eng und steil, zum Teil mit Geländer versehen, zieht der Weg hoch, und erreicht gleich darauf die kleine *Cascade du Gour Bleu* mit ihrem blauen Wasserbecken. Es folgen noch vier weitere Wasserfälle: *Saut Garnier, Saut de la Forge, Saut du Moulin* und *Saut du Girard.* Insgesamt dauert die Wanderung entlang der Cascades d'Hérisson etwa drei Stunden.

Besonders schön ist die Tour an einem sonnigen Frühlingstag, wenn der Hérisson viel Wasser führt und (wie meist) erstaunlich wenig Besucher unterwegs sind. Aber auch ein Spätherbsttag mit Rauhreif, an dem die Sonne den Nebel vertrieben hat, ist reizvoll. Dann sind die an sich gut unterhaltenen Wege allerdings feucht und rutschig, aber Einsamkeit

Laubfeuchte Schluchten, Wege im Wald – Hérissonkaskaden

und Großartigkeit der Szenerie sind faszinierend. Eine kleine Expedition, die sich lohnt.

Anfahrt: Die Hérisson-Fälle sind von drei Seiten zu erreichen. Die spektakulärste Sicht auf die Fälle hat man auf dem meistbegangenen Weg. Von Lons-le-Saunier oder Doucier kommend, geht es über die D 326 entlang dem Lac de Chambly und dem Lac du Val weiter bis hin zum Parkplatz bei der Moulin Jacquand.

Vom Oberlauf des Hérisson werden die Wasserfälle entweder über den kleinen Ort **Ilay** (Parken bei der Auberge du Hérisson) erreicht, oder von **Bonlieu** an der Nationalstraße 78, dann noch zwei Kilometer über die «Route Forestière des Cascades» – letztere ist die lohnendste Anfahrt.

La Maison d'Agathe – Uxelles. Südlich von Doucier, umgeben von viel Natur bietet sich in Uxelles eine ländliche Adresse zur Übernachtung an. Der Hof von Patricia und Gilles Pelletier ist ursprünglich und gemütlich, das Anwesen wird mit Liebe zum Detail gehegt und gepflegt. Das Frühstück überzeugt mit besten Produkten, das Brot ist hausgemacht.

La Maison d'Agathe. 39130 Uxelles, Tel. 0033.(0)3.84.25.52.14
Typ: Alter Bauernhof mit vier altmodischen Zimmern
Speziell: Die Besitzer vermieten auch Ferienhäuser.
Preise: Günstig-Mittel

Bonlieu. Nach der Wasserfall-Tour an den Hérisson-Kaskaden bietet sich ein Restaurantausflug nach Bonlieu an. Ein winziger Ort mit knapp 200 Einwohnern – und doch ist er auch auf Karten eingezeichnet. Zum einen liegt das an der Lage im Zentrum einer der malerischsten Regionen des Jura, zum anderen weist es darauf hin, wie dünn besiedelt die Gegend ist.

La Poutre – Bonlieu. Ein Beispiel für eine Spezies, die auch in der französischen Gastronomie längst auf der Roten Liste steht: Das kleine Landgasthaus von François Moureaux mit anspruchsvoller Küche – durch und durch ein Familienbetrieb. An Sommersonntagen ist es hier natürlich nicht einsam, aber sonst... Wir kamen an einem verregneten Wochentag hierher, nach langer Fahrt wirkte das unscheinbare Haus am Straßenrand fast schon dunkel, die Familie saß in der Wohnküche vor dem Fernseher beisammen. Zunächst hielt uns nur die Gewißheit hier, anderswo so spät am Abend nichts mehr zu bekommen. Aber aus vager Hoffnung wurde ein großer Abend. Mit einem Ragout von Schnecken mit Kartoffelpüree, einer Ententerrine, einem Kalbsrücken in konzentrierter Morchelsauce, feinstem Lamm mit Kruste und Geschmack. Kurz, wir bekamen beste traditionelle Küche vorgesetzt, bei der ein Fond noch Chefsache ist. Das war der Start als jährlicher Gast hier immer wieder einzukehren. Das Haus ist behäbig und im guten Sinn provinziell. Gästezimmer gibt es auch, wobei im nahen Uxelles «Agathe» wartet.

La Poutre**. 25, Grande rue, 39130 Bonlieu, Tel 0033-(0)3.84.25.57.77
RT: Mo-Abend und Di; im Juli und August nur Mo-mittags. Geschlossen von November bis April.
Typ: Einfach-aufrichtige Landpartie mit einigen Gästezimmern
Preise: Mittel

Belvédère des 4 lacs

Die Seen

In der Umgebung von Bonlieu gibt es neben den Wasserfällen des Hérisson etliche schöne Seen und reizvolle Aussichtspunkte. Eine abgeschiedene ruhige Gegend, wie es für weite Teile des Jura so charakteristisch ist.

Der kleine *Lac de Bonlieu* liegt von Wald und Felswänden umgeben, zwei Kilometer südlich des Ortes. Markierter Rundweg (ca. fünf Kilometer) mit Belvédère. Der *Lac de Narlay,* etwa fünf Kilometer nördlich von Bonlieu gelegen, ist mit 48 Metern der tiefste der natürlichen Jura-Seen, zusammen mit dem Wasser des etwas unterhalb gelegenen und kleineren *Lac du Vernois* speist er den *Lac de Chalain*. Der *Lac d´Ilay* gibt sein Wasser ebenfalls über eine «résurgence» an den Hérisson weiter. Dieser See wird, wie die beiden kleineren *Lacs de Maclu,* vom 993 Meter hohen *Pic de l´Aigle* überragt.

Der größte See der Region ist mit 232 Hektar der *Lac de Chalain* bei **Doucier**, etwa 20 Kilometer östlich von Lons gelegen. Teils von sanften Hügeln, teils von felsigen Waldhängen umgeben, ist der 32 Meter tiefe See eine «résurgence» des zehn Kilometer oberhalb gelegenen *Lac de Narlay*. An seinem Westufer deuten zahlreiche Funde, darunter Holzpfosten von Pfahlbauten und ein hölzerner Einbaum, der im «Musée municipal d´archéologie» in Lons-le-Saunier zu besichtigen ist, auf eine größere neusteinzeitliche Siedlung hin.

Baden, Bootfahren. Am *Lac de Chalain* gibt es einen schönen Badeplatz mit großer Liegewiese bei der Domaine du Chalain. Ein zweiter guter Platz zum Schwimmen liegt am rechten Ufer an der D27, nach 1,5 Kilometern in Richtung Marigny und Champagnole.

Noch schöner wird's dann am *Lac de Maclu*. Am östlichen Ufer gibt es roh gezimmerte Stufen auf zwei überhängenden Bäumen sowie lange Seile, an denen man sich à la Tarzan ins Wasser schwingen kann oder auch nicht.

Panoramablick vom Pic de l'Aigle: Der Gipfel des Pic de l´Aigle mit seinen knapp 1.000 Metern bietet einen der exponiertesten Aussichtspunkte des Jura. Direkt im Blick die postkartenschönen Seen *d´Ilay* und *de Maclu*, in der Ferne die Saône-Ebene, dahinter sind bei klarem Wetter schon die Hügel der Côte-d´Or zu ahnen. Im Osten die Berge des hohen Jura, über denen im Süden der Montblanc erscheinen kann.

Belvédère des 4 lacs: Zwei Kilometer hinter *Chaux-du-Dombief* kommt die Abzweigung zum nächsten Aussichtspunkt. Vom Parkplatz aus sind es nur ein paar Minuten zu Fuß zum Belvédère des 4 lacs – mit Rundumsicht über die oben beschriebenen Seen (siehe Foto gegenüber). Beide Aussichtspunkte lohnen den Weg zu jeder Jahreszeit.

Boucherie Philippe Drovin – La Chaux-du-Dombief. Delikate Trockenwürste, Jambon de montagne und an die nur im Winter erhältlichen Saucisses aux choux, die saftigen Kohlwürste. 19, Grande rue, Tel. 0033-(0)3.84.60.13.79

Stauseen im Aintal

Südlich Champagnole wird der Ain vom Höhenzug der Côte d'Heute nach Süden gezwungen, um sodann ein etwa 20 Kilometer langes Hochtal in Schleifen zu durchziehen. Eine schöne, stille Landschaft mit Störchen und Fischreihern.

In **Pont-du-Navoy** überspannt eine alte Brücke den langsam breiter werdenden Fluß. Im unteren Teil dieses Hochtals weitet sich der Ain schon zum See: hier beginnen die Staubecken der Wasserkraftwerke. Aber keine Angst, hier ist keine technisch verfremdete Seenlandschaft entstanden, sondern es wurde lediglich ein früheres Landschaftsbild wieder hergestellt. Der bei weitem größte dieser Stauseen ist ein 32 Kilometer langes fjordähnliches Gewässer, das sich im Bett eines alten, nacheiszeitlichen Sees von Pont-de-Poitte bis Vouglans erstreckt, der *Lac de Vouglans.*

Die Seen im Ain-Tal sind die einzige Gegend im Jura, wo sich etwas sommerlicher Massentourismus etabliert hat. Die

Massen halten sich jedoch in Grenzen. Jedenfalls sind in den letzten Jahren einige Campingplätze entstanden. Darunter auch große und gut ausgestattete, die Anklang bei holländischen Gästen finden. Kein Grund, die Gegend zu meiden. Das Seenland ist sehr reizvoll, alle großen Sehenswürdigkeiten des südlichen und westlichen Jura sind nah und die Bresse und Burgund sind in nur einer Stunde zu erreichen. Gerade für Familien mit Kindern ein ideales Ferienziel. Die zwei kleinen natürlichen Seen, denen Clairvaux seinen Namen verdankt, sind weniger pittoresk als die meisten anderen Gewässer der Gegend. Dafür sind sie zum Baden geeignet und haben kindertaugliche Sandstrände.

Pont-de-Poitte ist an einer Brücke über den Ain entstanden. Von dort oben sieht man bei Niedrigwasser die *marmites des géants*, große steinerne Wirbeltöpfe im Flußbett. Anfahrt: von Lons-le-Saunier nach 14 Kilometer über die N 78 Richtung Genf, fünf Kilometer vor Clairvaux-les-Lacs.

Ain – **Pont-de-Poitte.** Das *Ain* ist ein französisches Provinzhotel, ein Logis de France wie aus dem Bilderbuch. Das hübsche Natursteinhaus liegt zentral in der Ortsmitte, wo sich die Landstraße zu einem kleinen platanenbestandenen (Park-) Platz weitet. Der alte Postgasthof mit seinen neun kleinen, sauberen Zimmern (inzwischen alle mit Bad/Toilette) bietet eine klare regionale Küche, zwar ohne Raffinement, aber einfach gut. Schöne Sommerterrasse mit Blick auf den Ain.

Hotel de l'Ain**. 18, place de la Fontaine, 39130 Pont-de-Poitte
Tel. 0033-(0)3.84.48.30.16
RT: Unterschiedlich
Typ: Angenehmes Provinzhotel, neun kleine Zimmer, Terrasse
Preise: Günstig

Lac de Vouglans – Frankreichs drittgrößter Stausee

Der Lac de Vouglans liegt inmitten einer intakten Landschaft mit schönen Dörfern. Eines davon ist die Bilderbuchkleinstadt **Orgelet**. Sie gehört zu den «Petites cités comtoises de caractère» und liegt 20 Kilometer südöstlich von Lons-le-Saunier. Orgelet besitzt eine überraschend große, schlichte gotische Kirche mit beeindruckendem Raumcharakter.

Patagonien, Kanada oder doch Jura – am Lac de Vouglans

Drei Kilometer vor Orgelet geht es rechts hoch zum *Château de Presilly*. Die mächtige Burg des 11.-14. Jahrhunderts war verfallen und zugewachsen, als sie der Dorfpfarrer vor 50 Jahren wieder entdeckte. Ein Verein restauriert nun langsam, was vom Gemäuer noch steht. Und das ist einiges.

Stausee mit drei Badeplätzen – Lac de Vouglans

Weiter dann auf der D470 bis nach **La-Tour-du-Meix.** Ein Kilometer hinter dem Ort (Schild) der erste der drei offiziellen Badeplätze am *Lac de Vouglans*. Da der Stausee ansonsten meist steile, schwer zugängliche Ufer hat, beschränkt man sich vernünftigerweise auf diese gut angelegten Strände.

Im winzigen Dorf **St-Christophe**, hoch über Tour-de-Meix, steht eine frühgotische Wallfahrtskirche mit mehreren Plastiken darunter einer seltenen Darstellung der «Heiligen Vier Könige». Den Schlüssel zur Kirche erhält man im Messnerhaus, das am Chor angebaut ist.

Auf dem *Pont de la Pyle* (dessen 74 Meter hohe Pfeiler zum größten Teil im Wasser stehen) könnte man den Stausee überqueren. Langsamfahren wird mit schönen Ausblicken belohnt. Ab der Brücke von April bis Oktober Rundfahrten auf dem See: *Jura Croisières Fluviales.*

Informationen zu den Jura-Seen und zur Rundfahrt auf dem Lac de Vouglans: www.juralacs.com und www.bateaux-croisieres.com

Aussicht und Picknick am See – Wir bleiben aber am Westufer und fahren auf der D 60 weiter nach Süden. Schon nach zweihundert Metern lockt links ein Waldsträßchen (Sackgasse) zum Abstecher auf ein See-Belvédère mit Picknick. Wer auf der Hauptstraße bleibt, sollte spätestens nach drei Kilometern nach links auf die D3 abbiegen, um eine Schleife zum Badeplatz vom *Bellecir* zu ziehen. Wieder zurück auf der D60, weiter durch waldreiches Hügelland. Kurz nach der Abzweigung der D3 dann einer der schönsten Aussichtspunkte am Lac de Vouglans, eine breite Schleife des Sees um eine waldige Halbinsel. Man meint eher an einem Fjord oder einem kanadischen See als an einem mitteleuropäischen Stausee zu stehen.

Acht Kilometer weiter ist man endlich an der Staumauer, der *Barrage de Vouglan*. Der 103 Meter hohe Damm (Bauzeit: 1957-1968) hat mit 600 Mio m^3 den drittgrößten künstlichen See Frankreichs aufgestaut. Die Turbinen des zugehörigen Kraftwerks erzeugen 280 Mio kWh pro Jahr. Das Innenleben des Kraftwerks kann vom 1.7. bis 29.8. jeweils von 10-12 und von 14-18 Uhr besichtigt werden. Der Ain wird unterhalb des Staudamms überquert, die Dammkrone kann leider nicht befahren werden. Dann windet sich die D299 hinauf nach *Lect*. Kurz vor dem Ort links auf zwei Kilometer langer Stichstraße zum Belvédère de Vouglans, mit dem besten Blick auf die Staumauer.

Karte 19: **Cuiseaux, Gigny und St-Hymétière**

La douce France – Heile Welt in Cuiseaux

Das ländliche, friedliche, zufriedene Frankreich gibt es noch immer. An der Sologne, im Poitou, im Périgord, wo viel Raum und Zeit ist. Wo Franche-Comté und Bresse aufeinander treffen hat sich la douce France ebenfalls gehalten. Etwa in der Gegend von **Cuiseaux**, einem ehemals befestigten Landstädtchen von knapp 2.000 Einwohnern, es liegt 25 Kilometer südlich von **Lons-le-Saunier** an der Nationalstraße 83.

Solche Landstriche gelten zugleich als «la France profonde», das eigentliche Frankreich, weit weg von Paris und den sozialen Brennpunkten der banlieus. In diesen Gegenden hat man seine Wurzeln, sein Refugium, einen kleinen oder großen Familienbesitz, wo die Familie im Sommer oder an den Wochenenden zusammenfindet, auch wenn man schon seit Jahrzehnten in der Stadt lebt. Das gilt nicht nur für eine schmale Oberschicht, diese Lebensweise kann ebenso für den gutverdienenden Facharbeiter gelten. Auf dem Land sind Jagd, Angeln und Ernte die Themen, auch wenn der Anteil der Landwirtschaft an der gesamten Wertschöpfung in Frankreich kaum höher ist als in Deutschland.

Auf dem Land wird auch Politik gemacht. Fast jeder Politiker aus Paris ist zugleich im Generalrat des Départements oder, noch wichtiger, als Bürgermeister eines Ortes in der Provinz aktiv. In solchen Strukturen liegt eine Ursache für den hocheffizienten französischen Agrarlobbyismus, aber auch für den Erhalt der herrlichen Vielfalt an Agrarprodukten im weiteren Sinne. Im Zentrum des Wochenendes steht immer noch ein ordentliches Essen in einem guten Gasthaus der Gegend. Das kann eindrucksvoll erleben, wer sich am Sonntagmittag zum Essen im Restaurant-Hôtel *Vuillot* in Cuiseaux niederläßt.

Vuillot** – **Cuiseaux:** Der Sonntagmittag ist in Frankreich noch immer der Augenblick, wo sich die Tische biegen, Weinflaschen geleert werden und gute Laune herrscht – und so ist es auch im Hôtel Vuillot in Cuiseaux. Oft sitzen hier drei Generationen an einem Tisch. Menschen aller Schichten, darunter auch bekannte Winzergesichter aus dem Jura, die zuhause in der Dorfbeiz nicht verraten, daß sie über die Departementgrenze hinaus essen gehen. Im Raum liegt dieser wunderbare, intensive, dennoch unbestimmbare Duft einer soliden Küche. Der Service aus dem Dorf arbeitet zuvorkommend, das Restaurant strahlt Geborgenheit aus, der Appetit der Gäste ist beachtlich. Bei unserem letzten Besuch gab es wieder einmal zwölf Burgunderschnecken, gefolgt von einem Poulet de Bresse an einer leichten Cassissauce. Beim Käse blieben wir mit einem reifen Comté und einem Bleu de Bresse regional.

Das Haus bietet sich als Zwischenetappe an. Seine 16 Zimmer sind schlicht mit Dusche oder Bad, das Frühstück dort muss nicht sein, der Dorfbäcker bei der Kirche ist die spannendere Alternative.

Hôtel Vuillot**. 71480 Cuiseaux, Tel. 0033-(0)3.85.72.71.79
RT: So-Abend, Mo-Mittag, Januar
Typ: Älterer Landgasthof, 16 Zimmer
♣ Garten und Pool
Preise: Mittel

Die Kirche im Zentrum des mittelalterlichen Städtchens besitzt neben einem schönen Chorgestühl im linken Seitenschiff das Gnadenbild einer schwarzen Madonna aus dem 13. Jahrhundert. An der Stadtmauer ziehen sich Bauerngärten entlang. Am dritten Adventssonntag findet in Cuiseaux ein kleiner Markt der besonderen Art statt, an dem Kinder auf Ponies durch die Gassen reiten. Vor dem Bäckerladen ist dann mit viel Stroh und Gattern ein kleiner Stall improvisiert. Duftender Glühwein und Weihnachtsgebäck wird verkauft, die Feuerwehr macht Musik. Das ganze Städtchen ist auf den Beinen. Kein

Plakat, keine auswärtigen Gäste – nur Oase-Leser.

Boulangerie Au Péché Mignon. Ein exzellentes «Pain artisanal» bietet der Dorfbäcker an der Kirche. 52, rue Saint-Thomas, Cuiseaux, Tel. 0033-(0)3.85.72.72.07.

St-Amour – Sechs Kilometer nach Süden auf der N 83. Ein vergessenes Landstädtchen, sonst nicht mehr viel, nur enge Gassen und Bogengänge – und eine gute Adresse zur Einkehr:

Hôtel de Commerce – St-Amour. Das würdige Haus an der Kirche strahlt schon von außen Tradition und Können aus. Spät am Abend nach einer langen Tour im hohen Saal mit den hübschen alten Möbeln tafeln wäre keine schlechte Idee. Serviert wird eine Küche, wie wir sie uns wünschen: Zarte Flußkrebse, eine aromatische Foie Gras, eine saftige Poularde aus der Bresse, fast schon selbstverständlich die gute Käseauswahl. Und, Amphibienfreunde bitte mal weglesen: während der Saison kommen die obligaten *cuisses de grenouilles* auf den Tisch.

Hôtel de Commerce. 39160 Saint-Amour, Tel. 0033-(0)3.84.48.73.05
RT: So-Abend und Mo, von Mitte Dezember bis Mitte Januar
Typ: Ehrwürdiger Landgasthof mit authentischer Stimmung, die in den neuen Komfortzimmern leider verloren ging.
Preise: Mittel

Von St-Amour noch knapp zehn Kilometer weiter nach Süden: Bald öffnet sich die Landschaft, es wird sanfter, die Häuser der Dörfer und Städtchen liegen wie hingeworfen auf grünen Hügeln, dazwischen bemooste Trockenmauern und mistelbehangene Bäume. Der Blick geht weit über die Saôneebene zu den Hügeln des Maconnais. Nun ist man in **Coligny**, dem ersten Ort im Département Ain. «Région Rhône-Alpes» kündigt ein Schild an. Hier geht's für den Juragänger endgültig nicht mehr weiter.

Die Kirchen von Gigny und St-Hymétier

Zwei wunderschöne romanische Kirchen liegen im Süden des Revermont, an der Grenze von Franche-Comté und Bresse. Ein hügeliges Bergland, dessen Kuppen dicht mit Wald überzogen sind und dessen Täler als Weiden genutzt werden.

Gigny – Die Kirche von Gigny war im Mittelalter Zentrum eines kleinen Klosterreiches, dem 49 Dörfer angehörten. Gegründet wurde die Abtei 886 von Abt Bernon von Baume-les-Messieurs. 910 zogen von Gigny und Baume-les-Messieurs je sechs Mönche aus, um das Kloster Cluny zu gründen, welches das Zentrum des größten monastischen Imperiums im europäischen Mittelalter werden sollte. Die Lage der Kirche im Herzen des winzigen Ortes Gigny ist interessant: ein Halbkreis von umstehenden Häusern und die Tordurchfahrt zeichnen noch immer die Anlage der Abtei nach. Das Innere der Kirche beeindruckt durch seine Größe und die fast düstere Strenge des Raums. Die mächtigen eckigen Pfeiler aus unbehauenem Kalkstein und die meterdicken Wände im Chor weisen auf eine Entstehung in vorromanischer Zeit hin. Im mittleren und hinteren Teil sind Mittelschiff und Seitenschiffe durch romanische Säulen mit groben Kapitellen des 11. Jahrhunderts getrennt. Außen an der rechten Seitenwand hoch unter dem Dach gibt es einige schöne Primitivplastiken.

St-Hymétière – Vor dem Ort, inmitten eines Friedhofs mit schmiedeisernen Grabkreuzen, umgeben von Weideland, liegt die schönste der romanischen Kirchen im Jura. Es ist die Vollendung des Typus der ländlichen hochromanischen Kirche mit kreuzförmigem Grundriß, halbrunder Apsis und oktogonalem Turm. Perfekt in Stil, Erhaltung und umgebender Szenerie. (Siehe Karte Nr. 19, Seite 242)

En route

(Rad-)Tour in den südlichen Jura. Ausgangspunkt einer Fahrt – mit Auto oder Fahrrad – könnte **Cuiseaux** sein. Die Strecke verläuft über kleine und kleinste Straßen im Hügelland des Revermont mit respektablen Anstiegen und schönen Abfahrten. Wohlan:

Von Cuiseaux zwei Kilometer nach Norden bis *Chevreaux*. Hier von der Burgruine, eine mittelalterliche Kulisse wie aus dem Bilderbuch, weiter Blick über die Ebene der Bresse zu den Hügeln Burgunds und den Bergen des Beaujolais. Auf einer winzigen Straße geht es nach Osten zum Weiler *Lamarre*. Über *Charnay* und *Graye-et-Charnay* führt die Straße weiter nach Osten bis nach *Gigny*. Von Gigny ein kurzes Stück auf der D 117, dann links ab auf die D 98 über *Morges* nach *La Bossière*. Von dort auf der D 29 zur D 3 einige hundert Meter nach rechts, dann links ab auf kleinster Straße nach *St-Hymétière*. Von hier auf der D 103 nach *Arinthod*, einem Dorf mit hübschem Marktplatz und Arkadengängen. Auf der D 3 über St-Julien nach Andelots-les-St-Amour, dort rechts ab nach Véria und auf vielfach gewundener Straße wieder hinunter nach *Cuiseaux*.

Angaben zur Tour: Ausgangspunkt Cuiseaux, Länge 75 km, Anstieg 500 m. Dauer mit dem Rennrad oder Mountainbike etwa 5 bis 7 h. Mit dem Auto beträgt die reine Fahrtzeit etwa 2 h.

Moirans-en-Montagne – Spielzeugland

Der Jura ist die Heimat der französischen Spielzeugindustrie. In Moirans, oberhalb des Stausees von Vouglans, werden in einem futuristischen Gebäude 5000 Puppen, Holzspielwaren, Blechspielzeug, Eisenbahnen und mehr gezeigt. Dazu Vieles zur Geschichte der Spielzeugherstellung und zur Kultursoziologie des Spiels. Im Museumsladen wird auch Spielzeug aus dem Jura verkauft.

Musée du Jouet. 5, rue Murgin, 39260 Morains-en-Motagne, Tel. 0033-(0)3.84.42.38.64, www.musee-du-jouet.fr

Sauber restauriert – Kathedrale St-Pierre, St-Claude

St-Claude

Ein Wallfahrtsort in wunderschöner Lage auf einem felsigen Dreieck zwischen den Bergflüssen Bienne und Tacon. Aus einer Eremitage des 5. Jahrhunderts hervorgegangen, war die Benediktinerabtei seit dem 9. Jahrhundert geistliches Fürstentum. Seit dem 12. Jahrhundert trägt sie den Namen eines früheren Abtes, St-Claude. Im hohen Mittelalter durch den Wallfahrtsbetrieb reich geworden, verkam die Abtei mit der Zeit zur fetten Pfründe des Comtoiser Adels. Erst während der Revolution gelang es, das Kloster aufzulösen.

Die spektakuläre Lage von St-Claude läßt sich am Besten vom Grand Pont aus bewundern. Über die Rue A. Janvier geht es in die Rue de la Poyat: Hier ist das soziale Gefälle der alten Stadt auch topographisch nachzuvollziehen. Oben um die Kathedrale und in der Rue du Pré stattliche Häuser und elegante Geschäfte, weiter unten schmale, schlichte Häuser in einer lichtarmen Straße. Von der Brücke am Ende der Rue de la Poyat schöner Blick zurück auf die steil gestaffelten Häuser.

Werden seit dem 19. Jh. in St-Claude gedrechselt – Bruyère-Pfeifen

Von der Kathedrale führen die Rue du Marché und die Rue du Pré zur anderen Seite der Stadt.

In der Oberstadt liegt die Kathedrale St-Pierre. Der gotischen Klosterkirche mit ihrer schönen Apsis wurde im 18. Jahrhundert eine klassische Fassade vorgesetzt. Im Inneren ist vor allem das hochgotische Chorgestühl beachtenswert. Apostel- und Prophetenfiguren wechseln mit Episoden aus der Geschichte der Abtei. Leider fiel ein Teil dieses Kunstwerks 1983 einem Brand zum Opfer. Eine gute Restaurierung ist mittlerweile abgeschlossen. Links vom Eingang ein spätgotischer Altar.

St-Claude und vor allem die tief eingeschnittenen Täler, die zur Stadt hinführen, liegen oft und lange im Schatten. Nicht nur im Winter wirkt vieles matt und grau – Tristesse in der Provinz droht. St-Claude ist aber auch eine vitale kleine Stadt mit guten Einkaufsmöglichkeiten – die Provinz lebt also doch. In der Rue du Marché unweit der Kathedrale befinden sich einige gut sortierte Läden mit den berühmten Bruyère-Pfeifen.

St-Claude ist ihre Heimat. Seit Mitte des 19. Jahrhunderts werden sie hier nach der alten Tradition des Drechslerhandwerks hergestellt.

Musée de la Pipe et du Diamant. Das Museum neben der Kathedrale beherbergt eine große Sammlung von Pfeifen verschiedenster Materialien und Formen. Außerdem eine Ausstellung zur Edelsteinschleiferei, ein weiteres altes Handwerk der Stadt.

Musée de la Pipe et du Diamant. 1, place Jacques Faizant, 39200 St-Claude, Tel. 0033-(0)3.84.45.17.00, www.musee-pipe-diamant.com

Bruyère-Pfeifen kauft man am besten bei *Roger Vincent,* der ersten Adresse in St-Claude.

Roger Vincent. 2, chemin du Marais, St-Claude, Tel. 03.84.45.27.72. Täglich außer Sonntag von 10-12 und 15-18 Uhr. In der Hochsaison täglich von 10.30-11.30 und 15.30-17 Uhr.

Crèmerie Clemant – St-Claude. In der Rue du Pré die alteingesessene Crèmerie, die neben Käse auch feinen Honig, Konfitüren und eine gute Auswahl an Wein, Likör, Spirituosen führt.

Crèmerie Clemant, 5-7, rue du Pré, Tel. 0033-(0)3.84.45.09.70.

Patissierie Chocolaterie Jérôme Simon – St-Claude. Handgeschöpfte Schokolade, Pralinen, Japonais, Mousses und mehr.

Patisserie Chocolaterie Jérôme Simon, 33, rue du Pré, Tel. 0033-(0)3.84.45.00.05.

Weitere Touren in der Region St-Claude

In der Umgebung von St-Claude gibt es eine Fülle von weiteren sehr reizvollen Ausflugszielen. Einige Vorschläge:

Ein besonders schöner Blick auf die Stadt bietet sich von der D69, von *Morez* aus dem Norden kommend. Acht Kilometer vor der Stadt (bei Cinquétral) Belvédère mit spektakulärem Blick in den 400 Meter tiefer gelegenen Talkessel. Sehr lohnend auch zwei Belvédères hoch über den *Gorges du Flumen* im Südosten (siehe weiter unten). Die D436 Richtung Genf führt auf der Strecke nach **Septmoncel** am Rand dieser wilden Schlucht hoch. Hinter einem Tunnel vom *Belvédère du Saut du Chien* Blick auf den höchsten Wasserfall des Tacon. Danach kommt man zum *Chapeau de Gendarme,* dies ist die geologische Formation einer in sich gewundenen vielfachen Schichtung, die wirklich einem Dreispitz ähnelt. Kurz darauf rechts ab auf die D25 und zum *Belvédère de la Cernaise* (vier Kilometer), wieder mit schönem Blick auf St-Claude und die Gorges du Flumen. Einige hundert Meter weiter rechts ab zum *Belvédère de la Roche Blanche* (1.139 m) und das ist nun wirklich spektakulär: Das Hinweisschild verwittert, der Weg nur angedeutet. Dann ein 150 Meter tiefer Steilabfall, das schmale Bergtal öffnet sich weit hinunter nach St-Claude, rechts und links eingerahmt von wild gefalteten Jurafelsen.

Auf der kleinen Nebenstraße D304 kommt man ab dem östlichen Ortsausgang von St-Claude nach fünf Kilometer zu dem Weiler **Chaumont**. Am Ortsende läßt man das Auto stehen und erreicht, rechts einem Pfad folgend, in einer halben Stunde die *Cascade de la Queue de Cheval.* Der 50 Meter hohe Wasserfall ist vor allem nach der Schneeschmelze beeindruckend.

Nach weiteren fünf Kilometer erreicht die D304 die Anhöhe *Crêt Pourri,* mit 1025 Metern Höhe einer der schönsten Aussichtspunkte in der einsamen, waldreichen Gegend (Parc Naturel Regional). Am besten im winzigen Weiler *Mainmorte* parken, ¼ h nach links bis zur Orientierungstafel.

Romanische Landkirchen im südlichen Jura

In der Franche-Comté gab es einmal, bedingt durch eine Gründungswelle klösterlicher Gemeinschaften, viele Sakralbauten aus präromanischer und romanischer Zeit.

Die meisten dieser Kirchen wurden zerstört oder durch Umbauten in den folgenden Epochen bis zur Unkenntlichkeit der romanischen Substanz überformt. Es ist daher überraschend, auf engem Raum im Südwesten des Jura vier fast stilrein erhaltene romanische Kirchen vorzufinden. Die gute Erhaltung der Bauwerke läßt sich zum Teil mit dem Niedergang der jeweiligen Klostergemeinschaften erklären. Es fehlte schlicht an Mitteln und Bedarf, in späteren Kunststilen weiterzubauen. Andererseits hat sicher auch die abgeschiedene Lage und die Fügung, daß die drei größeren Kirchen schon vor der Revolution nicht mehr Ordensbesitz, sondern Gemeindekirchen waren, zu ihrer Erhaltung beigetragen. Zwei schlichte, gerade deshalb so reizvolle romanische Sakralbauten liegen nahe beieinander im Westen von **St-Claude**:

St-Lupicin – Die Kirche von St-Lupicin ist ein aus dem Anfang des 12. Jahrhunderts stammendes Relikt des Klosters, das der heilige Lupicin, Mitgründer der Abtei von St-Claude, 445 hier bauen ließ. Von aussen durch Anbauten beeinträchtigt, strahlt der überraschend große Innenraum der Kirche die strenge Würde aus, die der Romanik eigen ist.

Anfahrt: Von St-Claude etwa 15 Straßenkilometer westlich, abbiegen von der Hauptstraße D 470 in Lavans auf die D 118.

St-Romain – Fährt man in Lavans geradeaus weiter kommt man zur Kirche von St-Romain. Ein schmaler Weg führt hier zwischen Buchshecken zu einer romanischen Kapelle, die auf einem ausgesetzten Felsplateau thront. Direkt dahinter fällt das Tal der Bienne über 250 Meter tief ab. Die völlig schmucklose kleine Kirche von einfachstem Grundriß, einsam im verwilderten Immergrün des Buchses gelegen, erinnert an eine Bauweise und Weltsicht, die fast tausend Jahre alt ist. Am Pfingstmontag dürfte die Zeitreise allerdings schwierig sein, denn da ist die Kapelle Ziel einer großen Wallfahrt.

Anfahrt: Bei der Abzweigung in Lavans-lès-Saint-Claude auf der D436 geradeaus und nach drei Kilometern links in die winzige D300 einbiegen. Vor dem Weiler St-Romain das Auto abstellen.

Auf der N 5 Richtung Schweizer Grenze

St-Laurent-en-Grandvaux ist bescheidener als der Name klingt. 1867 durch ein Feuer zerstört, wurde der Ort banal wiederaufgebaut. An der Kreuzung von National- und Departementstraßen liegt ein typischer, auf den ersten Blick wenig interessanter Marktflecken des hohen Jura. Genaueres Hinschauen lohnt sich:

Boulangerie-Patisserie Canoz. Guter Patissier mit Salon de Thé; 5, rue de Genève.

Boucherie Degoud. Solider Metzger/Traiteur am Marktplatz: 11, rue de Genève, Tel. 0033-(0)3.84.60.12.48.

Folgt man der N 5 von St-Laurent-en-Grandvaux weiter in Richtung Schweizer Grenze, kommen die Orte *Morbier, Morez* und *Les Rousses*. Schöner wird's, wenn kurz nach St-Laurent-en-Grandvaux auf die kleine D 437 abzweigt. Sie führt – von Bergbächen begleitet – über ein Hochtal bis nach *Mouthe* (28 Kilometer).

Parc du chien polaire – Chaux-Neuve. Wer schon immer einmal mit Schlittenhunden durch den Schnee gleiten wollte, hat im Parc polaire in der Nähe von Chaux-Neuve (ca. sechs Kilometer südlich Mouthe) die Möglichkeit dazu. Auf dem felsigen Freigelände leben 45 Schlittenhunde, eine der größten europäischen Meuten. Und nach der Fahrt bietet sich vor Ort die Übernachtung im Tipi an.

Parc polaire. Le Cernois Veuillet, 25240 Chaux-Neuve. Tel. 0033-(0)3.81.69.20.20, www.parcpolaire.com

Einige Kilometer südlich von St-Laurent-en-Grandvaux in Richtung *St-Claude* (D 437) liegt inmitten von Hochweiden der große **Lac de l'Abbaye**. Sein Wasser ist sauber und, da etwas moorig, besonders warm. Leider gibt es keinen richtigen Badeplatz: Weiden, Sumpf oder Privatgelände. Von der Seestraße zweigt etwa zwei Kilometer nach dem Hôtel de l'Abbaye links ein kleiner Weg ab, der in Serpentinen zu einem Aussichtsplatz hochführt.

Fromagerie de Grande Rivière – Grande Rivière. Zwischen St. Laurent und dem See im Weiler Les Chauvins die kleine Fromagerie de Grande Rivière. Als wir dort vorbeikamen, wurden gerade Autos für eine Hochzeit geschmückt – es war außerhalb der Öffnungszeiten. Auf die vorsichtige Frage, ob wir etwas kaufen könnten, wurden wir herzlich hereingebeten und, wie sich dann herausstellte, vom Brautvater liebenswürdig bedient. Die Trauung begann erst in zehn Minuten. Ein feiner Comté und ein exzellenter Morbier sowie köstlicher Frischkäse lohnen den Umweg auch für Unverheiratete. Die

Hochzeitsgesellschaft trafen wir später beim Phototermin vor dem Kirchlein am See wieder.

Fromagerie de Grande Rivière. Les Chauvins, 39150 Grande Rivière, Tel. 0033-(0)3.84.60.10.86

Richtung Morbier und ab nach französisch Sibirien

Auf der N 5 erreicht man bald **Morbier**, den Ort, nach dem der Weichkäse mit dem schwarzen Mittelstreifen aus Asche benannt ist. Zwei Kilometer vor dem Ort führt die D 18 in ein wunderschönes einsames Hochtal des *Combe des Cives*, in dem nur der kleine Ferienort **Chapelle-des-Bois** liegt. Neben Mouthe «das» Langlaufzentrum des Jura. Niederschlagsreiche und kalte Winter sorgen trotz der vergleichsweise bescheidenen Höhe von 1087 Metern für relativ sichere Verhältnisse. Es gibt 14 Routen mit zusammen 110 Kilometern gespurter Loipen. Und hier werden regelmäßig die tiefsten Temperaturen Frankreichs gemessen. In klaren Nächten können bis zu minus 40 °C erreicht werden.

Distillerie & Auberge Chez Michel – **Chapelle-des-Bois.** *Michel Petit* brennt in der 4. Generation seinen herb-würzigen exzellenten Enzianschnaps. Der einstige Bauernschnaps ist mittlerweile zur Rarität geworden. 15-18 Kilogramm der Wurzeln des gelben Enzians werden in Scheiben geschnitten, vergoren und gebrannt. Das ist Knochenarbeit, da die Wurzeln nicht so leicht aus dem Boden zu holen sind. Das süßherbe Konzentrat hat dementsprechend seinen Preis. Rund 60 Euro muß man für eine 70 cl Flasche *Gentiane* budgetieren – gut, daß es auch 35 cl Flaschen gibt.

Neben der Brennerei von Michel Petit liegt die kleine *Auberge de la Distillerie*, kurz «Chez Michel», mit acht einfachen Zimmern und einigen Ferienwohnungen in einem typischen Haus des Hochjura. Nach einem Abend bei geräuchertem

Schinken, Huhn, Wurst und Käse passen die genialen Brände von Michel Petit perfekt.

Chez Michel. 25240 Chapelle-des-Bois, Tel. 0033-(0)3.81.69.21.64
www.auberge-distillerie.fr.
RT: Im November und Dezember
Typ: Rustikale Folklore im Restaurant, gute Produkte aus Küche und Keller
Preise: Günstig, allerdings konnen die Schnäpse von Michel Petit die Rechnung ganz schön in die Höhe treiben.

La Combe de Cives – Chapelle-des-Bois. Das kulinarische Kammerspiel findet in der Höhe, etwas außerhalb von Chapelle-des-Bois statt. François Fabre ist Gastgeber und Koch zugleich. In seinem wunderschönen Berggasthof «La Combe de Cives» zu logieren ist ein Privileg. Wer ohne Übernachtung einkehren möchte, muß mit mindestens sechs Personen anreisen und sich anmelden, sonst tischt Monsieur keine Spezialitäten auf. Und welcher Jurafreund will schon auf eine hervorragende Käseomelette oder eine knusprige Rösti mit einer würzigen Jesus verzichten? Und dann wären da noch der geniale Jambon à l'Os, den François Fabre in einer delikaten Macvinsauce serviert oder der Comté, der Früchtekuchen... – und alles nur gut.

La Combe de Cives. Chapelle-des-Bois, Tel. 0033-(0)3.81.69.24.87
www.combedescives.fr
RT: Unterschiedlich
Typ: Auberge de Montage mit einigen heimeligen Zimmern; ♣ Garten
Preise: Günstig

■ **Ecomusée Maison Michaud.** Hinter dem Ort ein Bergbauernhof aus dem 17. Jahrhundert, in dem Brot gebacken und Schinken geräuchert wird.

Ecomusée Maison Michaud, Chapelle-des-Bois, Tel. 0033-(0)3.81.69.27.42,
www.ecomusee-jura.fr

Zur Grenze bei Les Rousses

Gleich südlich von Morbier führt die N5 hinunter auf den Grund einer *Cluse,* diese Querverbindungen sind typisch für die langen Hochtäler des hohen Jura. Die Eisenbahn überwindet den Höhenunterschied von 300 Metern mit weitausholenden Bögen, einer davon auf einem klassischen Viadukt. Den besten Blick auf die Szenerie hat man vom *Belvédère de la Garde*, an der D 69 Richtung St-Claude, oder, noch etwas höher, vom *Roche au Dade* (nach dem Belvédère de la Garde links ab, dann noch ¼ h zu Fuß).

Das Städtchen **Morez** mit seinen 5 500 Einwohnern zieht sich im engen Tal der Bienne fast zwei Kilometer lang dahin. Seit dem 19. Jahrhundert ist Morez ein Zentrum der französischen Brillenherstellung. Der Aufschwung kam mit der Erfindung des «pince-nez» , des Zwickers, der in den Bildern des Biedermeier auf viele Nasen klemmt. Der bescheidene Ort ist geprägt von vielen kleinen Fabrikgebäuden und zwei Viadukten, die an eine Modellbahnanlage erinnern.

Mitten im Ort befindet sich das erst vor einigen Jahren eröffnete Brillenmuseum. In einem französisch-futuristischen Bau werden 450 Sehhilfen aller Art präsentiert und zugleich wird dabei ein Einblick in die Physiologie des Sehens gegeben.

Musée de la Lunette. Place Jean Jaurès, 39400 Maurez, Tel. 0033-(0)3.84.33.39.30.

Les Rousses. Im nächsten Hochtal liegt unweit der Schweizer Grenze Les Rousses, die zweitgrößte Skistation des Jura. Entsprechend trist wirkt der Ort im Sommer, wobei es im Winter nicht viel besser ist. Seine munter gewachsenen, mit Holz kaschierten Etagenhäuser sind keine Augenweide. Allerdings finden sich hier, wie so oft in Frankreich, eine ganze Reihe von guten Lebensmittelquellen. Beim Wohnen mag Monsieur Dupont ja noch Kompromisse eingehen, beim Essen wären Abstriche vom Gewohnten jedoch indiskutabel.

Hôtel Le Lodge – Les Rousses. Ein schönes Hotel für einen angenehmen Zwischenhalt. An kalten Tagen knistert der Kaminofen. In zwei, drei Schritten ist man mitten in der Natur, mit Wanderwegen und im Winter Langlaufloipen. Und Golfen geht auch. Zur Wahl stehen zwei 18-Loch-Plätze.

Hôtel Le Lodge. 309, rue Pasteur, 39220 Les Rousses, Tel. 0033-(0)3.81.69.21.64, www.hotellelodge.com

RT: Keine

Typ: Gute Mischung zwischen alt und modern. Sehr freundliche Gastgeber. angenehme Zimmer. Eine unkomplizierte Adresse.

Preise: Mittel, das Frühstück separat 9.50 Euro

Fromagerie traditionelle des Rousses – Les Rousses. Hier finden sich alle Jura-Käse in perfekter Qualität. Die Spezialität der Fromagerie ist ein Jura-Weichkäse aus Rohmilch, einem guten Reblochon ähnlich. Dazu exzellenter Mont d´Or, diverse Joghurts, Quark und Butter und – nicht zu vergessen – feine Würste.

Fromagerie traditionelle des Rousses. 137, rue Pasteur, 39220 Les Rousses, Tel. 0033-(0)3.84.60.02.62

Nördlich von Les Rousses gelangt man auf der D 415 durch ein endlos weites Tal zum Lac de Joux ins *Vallée du Joux*. Über dem kleinen See von Rousses ein weitläufiger Golfplatz in Panoramalage. Flankiert von weiten Wäldern, links vom Forêt du Risoux, rechts vom Forêt du Noirmont. Eine schöne Waldstraße führt im Sommer hinüber zur *Combe des Cives* (acht Kilometer), wo die opulente Küche von François Fabre wartet. Man glaubt es kaum, daß Genf und sein See von hier nur 40 Kilometer entfernt sind. Die Nähe zu spektakuläreren Alpenzielen schützt den Jura vor den Seeanrainern aus dem Großraum um Genf.

Östlich St-Claude: Wanderalm und Skihochland

In und um St-Claude sieht es kulinarisch öde aus. Zwei Adressen haben wir rund zehn Kilometer südöstlich und östlich von St-Claude dann doch noch entdeckt. Die eine Beiz mit Traditionsküche pur, mit besten Zutaten, frisch aus dem Garten in einem Bauernhof, idyllisch gelegen, mit freundlichen Gastgebern die für wenig Geld eine bescheidene Unterkunft und ein ausgezeichnetes Essen anbieten. Das andere nicht minder stimmungsvolle Lokal ist von außen unscheinbar, innen voller angenehmer kulinarischer Überraschungen samt sensationeller Weinkarte.

La Dalue – Bellecombe. Hier wird täglich frisch gekocht. Großmutterküche in ihrer Bestform, die man in einer urgemütlichen Gaststube genießt. Etwa eine Gemüsesuppe mit würzigem Kochspeck, eine kräftige im Rotwein gegarte Brühwurst oder die beste Croûte aux morilles weit und breit. Dazu Juraweine von kleinen, traditionellen Winzern. Herzlicher Empfang und beste Betreuung durch Père Bernard und Fille Estelle.

La Dalue, 39310 Bellecombe
Tel. 0033-(0)3.84.41.69.03, www.gite-la-dalue.com
RT: Keine
Typ: Bauernhof mit schöner Gaststube ♣ Garten
Preise: Günstig

L'Anversis, Bistrot de Montagne – Lamoura. Gleich 18 Sorten Absinth bieten *Sylvie* und *Bernard Robbe* in ihrem schönen «Bistrot de montagne» an. Hinzu kommt eine Weinkarte, die im Jura ihresgleichen sucht. Alles was Rang und Namen hat, viele Unbekannte und Newcomer wie etwa Etienne Thiebaud aus Port Lesney sind ebenfalls vertreten. Hinzu kommen diverse großartige Weine aus anderen Regionen Frankreichs. Chapeau. Wer hier einkehrt, sollte besser vorher nach einer Unterkunft in der Nähe suchen, Autofahren geht nach dem Abend nicht mehr.

Auf einer Schiefertafel sind alle Produzenten aufgeführt. Da wird lokales Kalbfleisch mit frischen Pfifferlingen aufgetischt (die Pilze stammen nicht aus dem Osten, sondern tatsächlich aus dem Jura, genauso die Morcheln). Die Bouillon ist kräftig, der Käse aromatisch, das Fleisch butterzart, die Croûtes und Tartines sind unwiderstehlich, ebenso die schmelzenden Käseklassiker Fondue und Raclette. Alles wird schlicht und großzügig auf weißen runden Tellern angerichtet, frei von Firlefanz. Die weite Anreise lohnt sich.

L'Anversis, La combe du Lac à Lamoura, 39310 Lamoura
Tel. 0033-(0)3.84.41.20.91, www.lanversis.com
Öffnungszeiten: Nur abends geöffnet. Ab 17 Uhr bis 1 Uhr, Küche zwischen 19 und 21 Uhr, im Sommer täglich, in der Zwischensaison von Do bis So, im Winter nur während dem Betrieb der Gondelbahn.
Typ: Bistrot de montagne; ♣ Terrasse mit Weitblick
Preise: Mittel

Die drei kleinen Dörfer *Lajoux, Les Molunes* und *Lelex* bilden ein Skizentrum, was Schlimmes befürchten läßt. Von Lajoux an der D 436, die zur Schweizer Grenze und zum *Col de la Faucille* (CH) führt, sind es nur fünf Kilometer auf der D 292 nach *Les Molunes*, einer Streusiedlung auf einem Weideplateau. Les Molunes ist der ruhigste dieser Orte. Im Winter weites Langlaufland, im Sommer eine wunderschöne, fast schon hochalpine Weidelandschaft, ideal für sonnige Wanderungen. Von Mijoux über Lelex zieht sich das Valserinetal zwischen der Crêt de la Neige und der Crêt de Chalam 50 Kilometer nach Süden, um endlich bei Bellegarde den Ain zu erreichen.

La Fromagerie – Lajoux. Die auf 1.200 Meter höchstgelegene Molkerei des Jura arbeitet seit 1995 biologisch. Wer will, kann sich über die Herstellung der Käse fachmännisch informieren lassen.

La Fromagerie, 12, Village, 39310 Lajoux, 0033-(0)3.84.41.20.38

Exzellenter Ziegenkäse – Ferme du Pré Millet, Les Bouchoux

Fromagerie du Haut Jura – Les Moussières. Eine große Genossenschaftsmolkerei in Les Moussières. Hier kann man täglich, außer sonntags, die Käseherstellung Schritt für Schritt durch große Fenster beobachten und die Produkte auch gleich kaufen. Die Molkerei macht einen besonders guten Bleu de Gex und feinen Frischkäse.

Fromagerie du Haut Jura, 39310 Lajoux, Tel. 0033-(0)3.84.41.60.96
www.fromagerie-haut-jura.fr

Ferme du Pré Millet – Les Bouchoux. In dem wunderschönen Bauernhof mit kleiner Kapelle wird von *Jean-Luc* und *Béatrice Pricaz* exzellenter Ziegenkäse verkauft. Die Öffnungszeiten sind unterschiedlich, und von Ende November bis Ende Januar gibt es keinen Ziegenkäse – am besten vorher anrufen. Außerdem gibt es einen Stand auf dem Samstagsmarkt in St-Claude.

Ferme du Pré Millet. 39370 Les Bouchoux, Tel. 0033-(0)3.84.42.74.41
Anfahrt: Auf der D 124 fährt man von St-Claude etwa zehn Kilometer in südlicher Richtung. Bei Tailla geht es in einer Kurve rechts ab nach Pré-Millet (1 km).

Der Aussichtsbalkon im Hohen Jura

Langsam und stufig steigt der Jura über 50 Kilometer aus der Saône-Ebene auf 1.500 Meter Höhe an, schroff und steil ist der Abbruch zum Schweizer Mittelland hin.

Über 1.000 Höhenmeter auf nur drei Kilometer Luftlinie liegen zwischen dem *Mont-Rond* und **Gex**; zum zehn Kilometer weiter entfernten Genfer See sind es nochmal 250 Höhenmeter. Und direkt dahinter bauen sich die Alpen auf. Kein anderes Mittelgebirge bietet so grandiose Ausblicke auf die Alpen wie der Jura. Der Begriff «Aussichtsbalkon» paßt hier absolut. Am besten ist die Sicht bei spätherbstlichen Inversionswetterlagen. Bei Hochdruck und geringer Luftbewegung sammeln sich die kalte Luft und eine Nebeldecke in den tieferen Schichten, darüber klare, milde Luft in den Höhenlagen – die Alpen erscheinen plastisch und zum Greifen nahe. Manchmal ist es noch richtig warm in der Höhe und die Grasmatten sind trokken. Während unten im Tal der kalte Nebel liegt, ist oben der richtige Ort für ein langes Picknick. Sonnige Hänge laden zum Sonnenbad ein oder zum Draußenliegen. So gewinnt auch der November an Reiz. Im Winter ist der Zugang zu einigen der Gipfel wie etwa dem Mont-d'Or oder dem Mont-Rond auch mit dem Skilift möglich, aber der Pistenbetrieb und die Kälte sind der kontemplativen Alpenbetrachtung eher abträglich.

Gipfelziele mit Alpensicht. Es gibt mehr als ein Dutzend relativ leicht erreichbarer Jura-Gipfel mit spektakulärer Alpensicht. Den großen Bergen der Savoyer Alpen am allernächsten sind der *Mont-Rond* und der *Colomby de Gex*. Beide sind am besten vom *Col de la Faucille* aus zu erreichen. Der 1.323 Meter hohe Paß wird von **St. Claude** über die N5 durch ein Hochtal von **Les Rousses** her – oder über viele Serpentinen von **Gex** aus angefahren.

Auf den Gipfel des *Petit Mont-Rond* (1.534 m) führt ein mehrstündiger Fußweg oder die Fahrt mit der Sesselbahn.

Eine Orientierungstafel strukturiert die alpine Gipfelwelt: Bei optimalen Verhältnissen bietet sich ein 250 Kilometer breites Alpenpanorama, das von der Jungfrau im Berner Oberland bis zu den Grandes Rousses reicht. Zentral im Bild immer der Montblanc, aber auch der Grand Combin und die Spitze des Matterhorns sind zu sehen.

Wer mehr Zeit hat, kann auf dem Fernwanderweg GR9 dem Grat über den 1614 Meter hohen *Grand Mont-Rond* bis zur 1689 Meter hohen *Colomby de Gex* folgen (etwa 1 h). Hier wird fast der höchste Punkt des Gebirges erreicht. Nur die *Crêt de la Neige*, fünf Kilometer weiter, ist mit 1.717 Metern noch höher. Auf ihren Gipfel führt ab *Lélex* auch eine Seilbahn. Weil der Kammweg zum Colomby de Gex so schön ist, bietet er sich auch als Rückweg an.

Vom Straßenpaß *Col de la Faucille* und auf der Abfahrt hinunter nach Gex hat man wunderschöne Ausblicke auf die Alpen, manchmal fast genauso grandios wie vom Jurakamm aus – immerhin sind wir hier noch auf über 1000 Meter ü. M. Der Genfer See liegt allerdings meist im Dunst oder unter dicken Nebelschichten verborgen. Am Parkplatz *Le Pailly* (1.175 m) eine Übersichtstafel der markierten Wanderwege. Die französische Region *Col de la Faucille/Mijoux* bildet zusammen mit dem Schweizer Gebiet *Lélex/Crozet* die größte Skistation des Jura.

Zwei Kilometer unterhalb des *Col de la Faucille* in Richtung **Gex** in Adlerhorstlage der alte Berghotel-Klassiker *La Mainaz*. Beliebt bei den Franzosen und in der Saison stets gut belegt. Keine zwingende Adresse, aber wer von der Alpensicht nicht genug bekommen kann, wacht hier am richtigen Ort auf.

La Mainaz. Route du Col de la Faucille N5, 01173 Gex, Tel. 0033-(0)4.50.41.31.10, www.la-mainaz.com

RT: Unterschiedlich

Typ: Gepflegtes rustikales Chalet. Gästezimmer, die Zimmer mit Mont-Blanc-Blick gehören zu den teureren.

Preise: Mittel-Gehoben

Gex

Über Gex erhebt sich, stellenweise fast lotrecht, der Ostabbruch des Jura.

Obwohl das Land um Gex bereits 1601 von Savoyen an Frankreich kam, blieb es wirtschaftlich völlig zur Schweiz hin orientiert. Erst 1805 wurde die Straße über den *Col de la Faucille* gebaut. Auf Betreiben VOLTAIRES hin wurde das Gebiet im 18. Jahrhundert Freihandelszone. Während der Revolution verleibte sich Frankreich kurzzeitig den Kanton Genf ein, mußte diesem aber beim Wiener Kongreß seine Unabhängigkeit wiedergeben und die alten Privilegien von Gex bestätigen. 1919 meinten die Franzosen, aus dem Versailler Vertrag eine Aufhebung der alten Rechte ableiten zu können, aber 1932 bestätigte der Internationale Gerichtshof in Den Haag endgültig die Zollfreiheit, der sich allerdings leider nur die Einwohner von Gex und Umgebung erfreuen können.

Formal gehört das *pays de Gex* nicht mehr zum Jura, sondern zum Département Ain. Gex ist ein Provinzstädtchen von 5000 Einwohnern ohne besondere Sehenswürdigkeiten. Von der mit Platanen bestandenen Place Gambetta im Zentrum reicht der Blick an schönen Tagen hinüber zum Montblanc.

Bleu de Gex: In jedem besseren Käseladen in Frankreich begegnet einem der eigenwillige Blauschimmelkäse. Vorzüglich zum Beispiel bei *Daniel Michelin*, dem Käser der Region, der in Frankreich mit Abstand zu den Besten seiner Gilde gehört. Schlicht ein Käseparadies mit einigen Extras wie Trockenfleisch und Würste.

Fromagerie Michelin. 01170 Segny-Gex, Tel. 0033-(0).4.50.42.35.83, www.fromages-michelin.com

Kurgäste und einarmige Banditen: Acht Kilometer nordöstlich von Gex liegt **Divonne-les-Bains**, der einzige elegante Kurort des Jura. Schon in römischer Zeit wurde das Wasser der göttlichen Divina-Quellen genutzt. Heute ist Divonne ein antiquiert-heiteres Badestädtchen mit Palacehôtel, Park und Pferderennbahn. Das Casino ist längst profanisiert, statt der großen Welt spielen heute Leute mit kleinem Geld an den «machines à sous», den einarmigen Banditen.

Die feine Küche und das Château de Divonne, könnten zum nostalgisch getönten Luxuswochenende verlocken, das natürlich seinen Preis hat. Wobei Naturfreunde wie Jurapuristen wohl eher einen Bogen um dieses edle Haus machen. Vielleicht genügt ja schon der Spaziergang zum *Mont Mussy* am Stadtrand, oder der Blick vom Balkon auf See und Montblanc.

Château de Divonne. 01220 Divonne-les-Bains Tel. 0033-(0)4.50.20.00.32.
RT: Januar
Typ: Sehr gediegenes Landhotel. Seidenschal und Lamborghini treffen auf Landadel mit Stil, Grazie und Gehstock. Gästezimmer
Preise: Hoch

Voltaires Land

Im äußersten Zipfel Frankreichs, liegt **Ferney-Voltaire**, heute zu einem eher reizlosen Vorort von Genf geworden. Im 18. Jahrhundert war Ferney eine Landmarke in der Topographie der Aufklärung, ein Kristallisationspunkt während der Agonie des *Ancien régime*. Seit 1754 lebte François-Marie Arouet, der sich «Voltaire» nannte, im Genfer Exil. Nach Schwierigkeiten mit der Zensur des calvinistischen Gottesstaates kaufte er 1758 die unmittelbar hinter der französischen Grenze gelegene Herrschaft Ferney. Die Mittel hierzu verdankte Voltaire einem Gewinn bei der französischen Staatslotterie, den er mit geschickten Spekulationen stetig mehrte. Voltaire versuchte, hier – am Rande der Nation – ein ideales Gemeinwesen ganz im Sinne der Aufklärung zu realisieren. Das Schloß wurde vergrößert, ein Park angelegt, das zugehörige Dorf erhielt ein Krankenhaus, eine Schule und Uhrenmanufakturen. Sogar die Kirche ließ der Agnostiker renovieren.

In Ferney entstand rasch eine Art Musenhof. Stets waren zahlreiche Gäste im Hause, eine Art Tourismus zum Denkmal der Aufklärung entwickelte sich. Inmitten dieses Treibens diktierte der Meister seine berühmten Briefe, in denen er zu den Themen der Zeit pointiert Stellung bezog. In manchen Fällen hatte diese Aktivität unmittelbar und noch mehr mittelbar politische Relevanz. So etwa, als er die Rehabilitierung des 1762 in Toulouse hingerichteten Katharers *Calas* erreichte. Dieser war zu Unrecht beschuldigt worden, seinen eigenen Sohn wegen dessen Konversion zum Katholizismus ermordet zu haben. Oder, als die Bewohner einiger Dörfer im Herrschaftsbereich der Abtei St-Claude die Aufhebung der Leibeigenschaft herbeiklagen wollten. Der Prozeß wurde trotz zahlreicher Pamphlete Voltaires verloren, doch trugen solche europaweit wahrgenommenen Vorgänge dazu bei, die Auflösung der alten Ordnung zu beschleunigen.

Das Schloß Voltaires kann im Juli und August jeweils am Samstagnachmittag besichtigt werden.

«Wir setzten uns vor der kühlen Luft in Schutz hinter Felsen, ließen uns von der Sonne bescheinen, das Essen und Trinken schmeckte vortrefflich. Wir sahen dem Nebel zu, der sich nach und nach verzog, jeder entdeckte etwas, oder glaubte, etwas zu entdecken.»

Johann Wolfgang von Goethe auf seiner zweiten Schweizer Reise

Der Winter ohne Schnee – auf dem Oberbölchen

Der Schweizer Jura

Viele Wege führen durch den Schweizer Jura. Als nordöstlicher Ausläufer des Tafeljuras beginnt der Jura schon im Kanton Schaffhausen – aber mehr geologisch als emotional. Wer denkt schon am Rheinfall an den Jura? Auch den Aargauer Jura lassen wir links liegen. Bis auf eine Adresse. Richtig los geht es aber erst auf den Oberbaselbieter Jurahöhen.

Barmelhof – Erlinsbach. Zwischen Aarau und Olten fährt man via Erlinsbach über die Barmelweid in den östlichen Zipfel des Oberbaselbiets nach Anwil. Wir setzen aber bereits außerhalb von Erlinsbach den Blinker und fahren links eine schmale, steile Strasse hoch (ausgeschildert) zum «Barmelhof». Ein Kleinod wartet, eine Bauernbeiz wie die Schweiz nicht mehr viele zählt. Urig, ehrlich und gut. Rauchwürste, Kotelette, Speck und Bauernbrot. Viel mehr ist da nicht, muß da auch nicht sein. Bis auf die Schlachttage, dann,

Kleinod mit Kachelofen – Barmelhof, Erlinsbach

wenn die beste Blutwurst der Nordwestschweiz aufgetischt wird. Bei der Familie *Basler* ist alles Handarbeit: Leberwürste, Sauerkraut, Apfelschnitze und Rösti. Ein Volksfest im kleinem Rahmen mit Wirtin *Heidi Basler* in der Hauptrolle. Wer an diesen Tagen nicht reserviert, geht leer aus. Sonst kann es sehr ruhig sein. In dieser Gaststube Jurapläne schmieden, ist ein guter Beginn für eine schöne, unvergeßliche Reise.

Barmelhof. Barmelhofstrasse 49, CH-5015 Erlinsbach
Tel. 0041-(0)62.844.22.71
RT: Mo, Di. Von Mi bis So ab 9 Uhr geöffnet
Typ: Die gute alte Bauernstube. Alles echt und nicht perfekt. ♣ Garten
Preise: Günstig-Mittel

Vor oder nach dem Autobahnkreuz A1/A2 bei Egerkingen, je nach dem ob von Aarau oder von Basel herkommend, verläßt man die Autobahn A 2 bei der Ausfahrt *Diegten* und fährt weiter bis nach *Eptingen*. Am Dorfeingang geht es rechts auf eine kurvenreiche Bergstraße, die über den auslaufenden Jurakamm nach Langenbruck führt. Die Schweizer Jurareise beginnt.

Kloster Schönthal – Langenbruck. Der ehemalige Werber *John Schmid* hat das Kloster Schönthal mit Sachverstand und Geld in eine Kunstoase verwandelt. Rund um die Liegenschaft führt nun ein kilometerlanger Skulpturenweg durch die hügelige Landschaft. Und im hauseigenen Museum finden das ganze Jahr über Ausstellungen zeitgenössischer Künstler statt. Wer hier länger bleiben will, findet drei großzügige und stilvoll eingerichtete Gästezimmer sowie eine romantische Kammer. Hinzu kommen eine perfekt ausgestattete Küche für Selbstversorger, ein schönes Eßzimmer und ein romantischer Innenhof.

Kloster Schönthal. 4438 Langenbruck, Tel. 0041-(0)62.390.11.60
www.schoenthal.ch
RT: Unterschiedlich. Unbedingt telefonisch reservieren.
Typ: Ehemaliges Kloster mit Gästezimmern und einer Küche zum selber kochen. Innenhof
Preise: Hoch

In Richtung Barockstadt – Von Langenbruck nimmt man die Straße (N 12) nach Holderbank. Beim Restaurant Kreuz geht es links den Weg hoch in Richtung Wald, nach ein paar Minuten erscheint ein sehr schönes Gasthaus:

Tiefmatt – Holderbank. Patron und Inhaber *Martin Frei* war Spitzensportler, Biobauer und ist heute sympathischer Gastgeber der «Tiefmatt», ein traditionelles Ausflugslokal das mit ihm nach einer intensiven Renovation (all der Kitsch und Plastik ist weg) neue Wege geht. Das stärkste Argument, die Schotterstrasse hinauf zu fahren, ist Michael Kreutz, der Hamburger Spitzenkoch. Mit ihm ist die kreative Küche auf der «Tiefmatt» angekommen. Die kostet zwar was, ist aber für das Gebotene erstaunlich preiswert. Entenleberparfait mit Feldsalat, Selleriesuppe, Wildkräuter-Risotto mit Quarkschnitzel, Blinis mit Ziegenkäsecreme und Randen, Wolfsbarschfilet auf Curry-Vanille-Linsen und mehr. Bei allen

Ein Hamburger im Hochwald – Tiefmatt, Holderbank

Gerichten verblüfft die Harmonie, der Geschmack als Ganzes auf der Zunge, trotzdem sind die einzelnen Aromen dezent zu spüren – perfekt. Klare Luft, Panorama, Haushund Flic und Vogelgezwitscher sind im Preis inbegriffen. Eine durchdachte Weinkarte mit Weinen aus der Schweiz und Deutschland kommt hinzu. Wer sich hier eine längere Auszeit gönnt, bezieht eines der vier gemütlichen Gästezimmer.

Gasthaus Tiefmatt. CH-4718 Holderbank
Tel. 0041-(0)62.390.11.36, www.tiefmatt.com
RT: Mo, Di. Geöffnet von Mi bis Sa von 12.15-15 Uhr und ab 18 Uhr, So ab 10 Uhr. Wanderer können sich außerhalb der Öffnungszeiten am Kiosk mit Bier, Wein, Mineralwasser, Kuchen, Sandwichs, Käse und Trockenwürsten selbst bedienen.
Typ: Kulinarischer Höhenflug mit Aussicht, ♣ Terrasse mit Alpenblick, vier Gästezimmer mit Etagen- oder Privatdusche und Frühstück.
Preise: Mittel

Parallel zur nicht sichtbaren Autobahn A 1 geht es ohne Hektik über *Balsthal, Niederbipp* und *Wiedlisbach* nach *Solothurn*.

Solothurn, im Hintergrund der Hausberg Weissenstein

Solothurn

Die Barockstadt ist nicht nur für Touristen, sondern auch für zahlreiche Eidgenossen eine schöne Unbekannte. Nur Filmemacher und Literaten kommen in Scharen – zumindest im Januar und im Mai, wenn hier die Film- und Literaturtage stattfinden.

Solothurn lebt von seiner Grenzlage, geographisch und kulturell. Solothurn oder eben *Soleure* vereint Deutsch und Welsch, Klassik und Rock, Linke und Rechte. Genug Gründe, um hier ein kurzweiliges Wochenende inmitten von Kultur, Natur und stimmungsvollen Beizen zu genießen. Zu den Attraktionen gehört am Samstag der lebendige Markt, der im Solothurner Dialekt «Märet» heißt.

Solothurn ist bekannt für seinen Nebel, der sich hier in den Wintermonaten festsetzt. Die Solothurner fliehen bei Nebel auf ihren 1287 Meter hohen Hausberg Weißenstein. Bei freier Straße geht es mit dem Auto auf einer mit Haarnadelkurven gespickten Schmalspurstraße den Berg hinauf. Übrigens: Das Kurhotel ist geschlossen, hat keine Gäste mehr, da der in die Jahre gekommene Sessellift nicht mehr fährt. Über den wird immer noch heftig debattiert. Der Denkmalschutz erachtet ihn – wie wir – als schützenswert, die Betreiber wollen ihn durch eine moderne Gondelbahn ersetzen. Im Augenblick weiß niemand, wie es weitergeht. Nebenbei: Schon vor knapp 170 Jahren war dieser Berg touristisch erschlossen.

«Von der Einsiedelei St. Verena führt ein Weg zum nahen Jura, und, zwischen Wald und Felsen, empor zum Nebenbuhler des Rigi, dem Solothurner Weissenstein. Obgleich die Kuppe dieses Berges nur 3950 Fuß über dem Spiegel des Mittelmeers erhaben ist, wird sie doch jedes Jahr von einigen Tausend Lustreisenden erstiegen. Auf der Höhe empfängt den Wanderer ein bequemes neu erbautes Gasthaus, mit Einrichtungen zu Wolkenkuren und Bädern versehen. Er gelangt, wie er will, zu Fuß, zu Pferd, zu Wagen dahin. Er sieht 2600 Fuß tief Solothurn, die Umgegend, die ganze mittlere Schweiz unter sich, bis zu den finstern Vorbergen der Alpenkette, und diese selbst, vom hohen Säntis Appenzells, bis zum Monte Rosa und Montblanc, in ihrer vollen silbernen Glorie.»

Heinrich Zschokke. Die klassischen Stellen der Schweiz (1842)

Übrigens: Solothurn ist auch die Stadt der Originale. Eine aussterbende Spezies in der Zeit von Facebook & Co. In der Theatergasse, gegenüber dem Stadttheater, kann man in der «Fuchsenhöhle» noch so einem analogen Original begegnen. Am Samstagmittag – und nur dann – tischt der Gastwirt *Ruedi Spillmann* von der **Fuchsenhöhle** seine legendären Tatarbrötchen auf, zu denen sich oft «tout Soleure» bei ihm einfindet. Der gebürtige Stadtbasler ist ein Meister des freien Worts, sein respektloser Charme hat schon manchen Schwätzer außer Gefecht gesetzt. Geöffnet ist von Dienstag bis Samstag, sofern der Patron Lust dazu hat. «Bell»-Würstli (sein Großvater *Ruedi Bell* gründete die Basler Großmetzgerei, wer «Wienerli» sagt, erhält Hausverbot) gehören ebenso zum Programm, wie ab und zu ein «Gnagi» mit Sauerkraut oder ein Paar Weißwürste mit süßem Senf. Ausnahmsweise werden diese bis 13 Uhr

Schlicht, praktisch, gut – Vini al Grappolo, Solothurn

(München ist weit) serviert, da um 11 Uhr die «Fuchsenhöhle» erst aufgeht. Zu trinken gibt es eine gepflegte Auswahl an Spirituosen, gezapftes Bier und zwei Weine – der Einfache und der Bessere.

Tisch | Bett | Einkauf in Solothurn

Stadt Solothurn Tourismus. Hauptgasse 69, 4500 Solothurn, Tel. 0041-(0)32.626.46.46, www.solothurn-city.ch

Solothurn ist bekannt für seine zahlreichen, stimmungsvollen Einkehren. Eine Auswahl:

Fuchsenhöhle. Theatergasse 19, Tel. 0041-(0)32.623.88.80
Typ: Einfaches Lokal im Stile der sechziger Jahre
RT: So, Mo. Wenn der Wirt nicht mag, bleibt das Lokal geschlossen.
Preise: Günstig

Vini al Grappolo, Prisongasse 4, Tel. 0041-(0)32.623.55.45, www.algrappolo.ch
Typ: Sympathisches kleines Lokal mit wenigen und guten Gerichten. Die Kür ist die Weinkarte und die in der Beiz integrierte italienische Weinhandlung.

Lässt es krachen: Ruedi Spillmann und Bellwürstli, Solothurn

20 verschiedene Absinths – Die grüne Fee, Solothurn

RT: So. Mo bis Fr ab 11 Uhr, Sa nur bis 18 Uhr, im Winter bis 00.30 Uhr
Preise: Günstig. Speziell bei den Weinen ist das gastfreundliche Preis-Leistungsverhältnis wohl einmalig in der Schweiz.

Baseltor. Hauptgasse 79, Tel. 0041-(0)32.622.34.22, www.baseltor.ch
Typ: Ambitioniertes schönes Genossenschaftslokal mit einigen wenigen Gästezimmern über den Dächern von Solothurn
RT: Keine. Mo bis Fr ab 9 Uhr, Sa ab 8.30 Uhr und So ab 17.30 Uhr geöffnet
Preise: Mittel

Die grüne Fee. Kronengasse 11, Tel. 0041-(0)32.534.59.90
www.diegruenefee.ch
Typ: Solothurns gut ausgestattete Absinthhöhle mit einer großartigen Auswahl an 24 verschiedenen Absinth aus dem Val-de-Travers. Ein Ort, nicht nur für Dichter und Denker.
RT: So. Mo ab 17 Uhr, Di bis Fr ab 11.30, Sa ab 10 Uhr geöffnet
Preise: Mittel

Kolonialwaren – Kerzen-Jeger. Der schönste und stimmungsvollste Laden in Solothurn. Mit verschiedenen Produkten wie Olivenöle, Likören, Weine, Single Malts und Jura-Spezialitäten. Außerdem Kerzen, Tapeten, Taschen etc. Hauptgasse 36, Tel. 0041-(0)32.622.31.70.

Am Jurafuß dem Chasseral entgegen

Man sieht ihn von überall als mächtigen Hügel – mit einem kleinen Buckel auf dem Rücken. Der Chasseral ist nicht der höchste Berg des Schweizer Jura, aber der markanteste.

Ob vom Grand Ballon in den Vogesen, von den Höhen des Südschwarzwalds oder von den Zentralalpen, der 1.607 Meter hohe *Chasseral* über dem Bieler See erscheint stets am Horizont. Umgekehrt sieht man von ihm – vor allem bei spätherbstlichen Inversionswetterlagen – die Alpenkette schier in Griffweite. Soviel Sicht, die gute Thermik für Gleitflieger, die verkehrgünstige Lage, das alles bleibt natürlich nicht ohne Folgen. Die Höhenzüge des Chasseral sind allerdings so weitläufig, daß man dem Rummel auch schnell wieder entgehen kann – und unter der Woche läßt sich der Ausflugsbetrieb auch

Und immer wieder Alpenblick . . . .

ganz vermeiden. Oder man sucht sich einen der anderen, nicht ganz so bequem erreichbaren Jura-Balkone aus, etwa den *Chasseron* (siehe Seite 283), den *Mont Tendre* oder den *Dole*.

Auf Nebenstraßen zum Chasseral: Von Solothurn geht es in Richtung Biel bis nach *Grenchen*. Von hier aus fährt man auf der Nebenstraße über Allerheiligen und Romont in Richtung Jurafuß. Von dort führt eine kleine Nebenstraße weiter von Dorf zu Dorf bis zum Chasseral. Weit unten im Tal rauscht der Verkehr, hier droben rauschen die Blätter im Wind. Ab Romont (ausgeschildert) über Vauffelin, Frinvillier und Orvin geht der beschauliche Weg nach *Lamboing*.

An der Ostflanke des Chasseral zieht von Lamboing nach Twann am *Bieler See* die Twannbachschlucht hinunter (Seite 278). Wir fahren aber zunächst die Straße weiter nach Diesse und Nods, und von dort auf einem Nebenweg direkt zum **Chasseral** hoch.

Auf halbem Weg, zwischen Neuchâtel und dem Chasseral, bietet sich in *Dombresson* als Zwischenetappe das Hôtel de Commune an (siehe unten). Von Dombresson geht es mit dem Auto zum Aussichtsbalkon Vue-des-Alpes (Parkplatz, Hotel, Devotionalienläden, alles direkt an der N 20). Von hier aus ist man dann in einigen Minuten in *La Chaux-de-Fonds*. Wer noch nicht an Höhe verlieren will, orientiert sich links und fährt in wenigen Minuten zu dem etwas weiter westlich gelegenen **Tête-de-Ran** – der 1.422 Meter hohe Bergrücken für schöne Wanderungen mit Sicht auf Alpen und Jura.

Hôtel de Commune – Dombresson. Ein ungewöhnliches Gemeindehaus – das Hôtel de Commune hat sich im Gemeindehaus, einem schlicht stattlichen Kalksteinbau, niedergelassen. Das ehrwürdige Haus verlor zwar durch diverse Renovierungen im Laufe der Zeit von seinem Charme, aber man fühlt sich hier gleich wohl. In der einfachen holzbetonten Wirtsstube hinter einer schweren Eichentür, die zugleich als Dorfcafé dient, fühlen wir uns sogar pudelwohl. Im eher aufgepeppten Restaurant und den pragmatisch möblierten Komfortzimmern dann wieder etwas weniger. Michel Stangl – sein Vater kam aus Österreich – kocht eine traditionelle Schweizer Küche mit französischem Einfluß – seit Jahren in konstanter Bestform. Berühmt ist er für seine Fischgerichte und seinen «Gâteau moelleux au chocolat.» Die Weinkarte bietet eine umfassende Auswahl an regionalen und französischen Provenienzen.

Hôtel de Commune, Grand' Rue 24, CH-2056 Dombresson
Tel. 0041-(0)32.853.24.01, www.hoteldombresson.ch
RT: Di ab 14 Uhr, Mi ganzer Tag
Typ: Kleines, sympathisches Landhotel mit exzellenter Küche und einigen Komfortzimmern.
Preise: Mittel-Gehoben

Bielersee und Petersinsel – auf der Straße von Ligerz nach Schernelz

An den Seen entlang nach Westen

Wer nicht durch die Jura-Höhenzüge kurven mag, setzt seine Fahrt nach Westen parallel zum Bieler und Neuenburger See fort. Auch hier gibt's genug Ankerplätze.

An der Ostflanke des Chasseral geht von **Lamboing** die Twannbachschlucht an den **Bielersee** hinunter. Hier ließ der Schweizer Schriftsteller FRIEDRICH DÜRRENMATT in seinem Roman «Der Richter und sein Henker» am Morgen des 3. Novembers 1948 den Dorfpolizisten Clenin den Mercedes mit dem ermordeten Polizisten Ulrich Schmied finden.

Wir haben keine Leiche, dafür eine nicht ausgeschilderte Naturstraße gefunden, die einen nach dem Restaurant Twannbachschlucht abenteuerlich zum Weiler **Schernelz** führt. Tiefer liegende Karossen ignorieren den Weg und fahren über Twann und Ligerz nach Schernelz. Hier wird man mit einem Traumblick auf den Bielersee und die Petersinsel belohnt.

Im Rebhaus «Les Wouechettes» offerieren Verena Aeschbacher und Gerda Teutsch ein idyllisches Nachtlager, und im «Aux Trois Amis» sind die Felchenfilets eine Klasse für sich. Weinfreunde gehen auf eine Degustation zu Rosmarie und Roger Bourquin oder zu Annemarie und Charles Steiner.

Les Wouechettes. Stilvoll eingerichtetes B&B-Rebhaus mit Sicht auf See, Insel und Alpenkette. Charrière 40, Schernelz, CH-2514 Ligerz, Tel. 0041-(0)32.315.14.58. Reservation auf telefonische Voranmeldung erforderlich. Mittlere Preise.

Restaurant Aux Trois Amis. Seit 2011 hat die Traditionsbeiz wieder geöffnet. Die neue Besitzerin Sabine Steiner (s.u. Schernelz Village) schenkt ihr Vertrauen dem ehemaligen Versicherungsbroker Niklaus Hollenweger, der endlich seine Kochleidenschaft umsetzen will. Gemeinsam mit seiner Frau Ursula, einer Goldschmiedin die berühmt für ihren Apfelkuchen ist. Geld, Sportsgeist, Talent und beste Lage sind vorhanden – der Erfolg scheint programmiert. ♣ Traumterrasse mit Gasthaus. Unter den Platanen genießt man Aussicht und Felchen. Untergasse 17, Schernelz, CH-2514 Ligerz, Tel. 0041-(0)32.315.11.44. RT: Mi, Do ganzer Tag. Mittlere Preise.

Weinbau Bourquin. Traditionelle saubere Weine, Spezialitäten zum Freundschaftspreis. Rondboisweg 5, Schernelz, CH-2514 Ligerz, Tel. 0041-(0)32.315.21.26

Schernelz Village, so heißt das Weingut von Annemarie und Charles Steiner. Sie sind die Nummer 1 unter den lokalen Weinbauern. Kofi Annan und diverse andere Zelebritäten fanden sich hier schon zur Weindegustation ein. Trotzdem geht es bei Steiners normal zu. Im Sortiment auch einzelne für die Region untypische Weine, etwa Gewürztraminer, Sauvignon blanc oder Malbec. Untergasse 22, Schernelz, CH-2514 Ligerz, Tel. 0041-(0)32.315.23.24, www.schernelz-village.ch

Von *Lamboing* gehts dann über Prêles an den Bieler See hinunter, nach **La Neuveville**, das sich bei genauer Inspektion als ein schmuckes Winzerstädtchen entpuppt. Mit etwas Geschichte, alten Häusern, vielen Kopfsteinpflastern, zwei angenehmen Einkehren und einem guten Metzger.

Au Banneret. Kleines, gemütliches Bistrot mit einfacher Küche. Rue du Marché 21, CH-2520 La Neuveville, Tel. 0041-(0)32.751.46.88. So, Mo geschlossen. Mittags und abends geöffnet. **Preise**: Günstig-mittel.

Aux Trois Amies, Schernelz

Boucherie Junod. Hier kauft man die besten Treberwürste, die aber nur in den Wintermonaten erhältlich sind. Rue de la Tour 3, 2520 La Neuveville.

Neuenburg (frz. *Neuchâtel)* ist die Hauptstadt des gleichnamigen Kantons. Das Wahrzeichen der Stadt ist die Kirche La Collégiale mit der Grabstätte der Grafen von Neuenburg. Und dann ist Neuenburg noch die Stadt des Schweizer Schriftstellers und Dramatikers FRIEDRICH DÜRRENMATT, der hier von 1952 bis zu seinem Tod 1990 gelebt hat. Also nicht nur durch die Gassen schlendern, das *Centre Dürrenmatt* dokumentiert auf mehreren Etagen das literarische und malerische Schaffen des Künstlers. Nebst einer kurzweiligen Ausstellung finden hier auch häufig interessante Veranstaltungen statt. Außerdem hat man von hier aus einen wunderbaren Blick über Stadt und See.

Centre Dürrenmatt. Chemin du Pertuis-du-Sault 74, CH-2000 Neuchâtel, Tel. 0041-(0)32.720.20.60, www.cdn.ch

Zum Creux du Van und zur wilden Areuse

Das berühmte Absinth-Tal *Val de Travers* wäre eine [illegible] sich – es ist uns ein eigenes Kapitel wert (siehe dort). Das Tal erstreckt sich zwischen Neuenburg und Pontarlier und ist die wichtigste Verbindung zwischen der Schweizer Kantonshauptstadt und dem französischen Hohen Jura.

Abseits der verkehrsreichen Straße N 10 über Couvet und Fleurier gibt es viel zu sehen: Hoch über der Mitte des Neuenburger Sees bricht die Bergkette, die in Verlängerung des *Chasseron* (1.607 m) nach Nordosten zieht, zu einem mächtigen U-förmigen Talschluß ein. Der *Creux du Van* ist das einzige spektakuläre Reculée des Schweizer Jura. Geologisch ist der Talkessel aber gar kein echtes Reculée (Quelltal), sondern der Einbruchtrichter einer besonders hohen Jurafalte, was das Ganze aber nicht weniger spektakulär aussehen läßt. Der 300 Meter tiefe Felszirkus wird überragt vom kleinen Gipfel des *Soliat* (1.463 m). Von hier geht der Blick über den Neuenburger See bis hin zur Alpenkette.

Anfahrt zum Creux du Van. Von Neuenburg auf der N 10 in Richtung Pontarlier, nach ca. 15 km in Noiraigue links hoch zur Ferme-Robert (drei Kilometer). Ab hier beginnt ein Fußweg der eine gute Stunde harten Aufstiegs zur Crete erfordert. Auf der Höhe geht es dann entlang des Cirque bis zum Soliat, mit etwas Glück in Begleitung von Gämsen.

Wanderung zu den Gorges d'Areuse: Von *Noiraigue* führt ein romantischer Pfad entlang der wilden Areuse flußabwärts nach *Champ-Moulin*. Die waldgrüne Schlucht wird bei einer Kaskade von einer alten Brücke überspannt, einem «pont en dos d'âne», einem Eselsrücken. Im Flußbett sind an mehreren Stellen von Wirbelsteinen ausgehöhlte Schleifbecken (*marmites* = Kochtöpfe) zu entdecken. Nach der einstündigen Wanderung steigt man in Champ-Moulin in einen der häufig verkehrenden Züge und fährt zurück nach Noiraigue.

Kleine Sensationen des Sommers – an der Plage de Boudry

Am Neuenburger See lang

Plage de Boudry – **Boudry.** Schwimmen wird hier leicht zur Nebensache. Die lässige Buvette über der kleinen Plage de Boudry liegt am Ende einer Stichstraße, allein über dem Wasser. Manche legen hier mit dem Boot an, andere legen vom Alltag ab. Geschäftsleute machen mal Pause. Man schaut sich um oder an, redet, schweigt und träumt ins Weite. Boudry liegt schon deutlich jenseits des Röstigrabens, also steht mittags Weinflaschen auf den Tischen, die von einem «Winzer des Monats» kommen. Weiß, rot und Oeil de perdrix. Das französische Wort für «Rebhuhnauge» steht für das schillernde Lachsrosa des Roséweins. Farbe und Geruch, Klang und Stimmung – die kleinen Sensationen des Sommers vereinen sich am Strand von Boudry zur Cuveé. Nur Baden ginge auch, wäre aber schade. Die Wochenenden in der Hochsaison meiden.

Plage de Boudry, Route du Lac, CH-2015 Areuse
Geöffnet: Nur Sommerbetrieb, geöffnet ab Ende März

Typ: kleines Strandrestaurant mit großer ♣ Terrasse und Badplatz an der Mündung der Areuse, südlich von Neuchâtel.
Preise: Günstig
Anfahrt: Ausfahrt A5 Neuenburg - Richtung Yverdon. Am ersten Kreisel Richtung Yverdon, Ausfahrt Boudry-Areuse. Im Kreisel die erste Ausfahrt nehmen, im zweiten Kreisel die dritte Ausfahrt. Nach dem alten Bahnübergang das erste Sträßchen halblinks durch die Felder bis zum großen Parkplatz vorfahren.

La Fruitière – Bevaix. Frugal am Berg: Wer gerne rustikal und mit Aussicht einkehrt, folgt in *Bevaix* (ca. 10 km südwestlich Neuenburg) dem Wegweiser «Fruitière», man fahre den Berg hoch, bis es mit dem Auto nicht mehr weiter geht. Bei der neuen Gastgeberin Anne-Lise Pochon warten je nach Jahreszeit hausgemachte Käsespezialitäten. Dazu der Blick auf Berg, Wald und Alpen. Wie einfach kann alles sein.

La Fruitière, 2022 Bevaix. Tel. 0041-(0)32.835.14.62
RT: November bis April
Typ: Archaische Berghütte, ♣ Terrasse mit Naturboden
Preise: Günstig

Hôtel-Restaurant de la Béroche – St-Aubin-Sauges. Eine stimmungsvolle Unterkunft, die zum Bleiben verleitet. Die Küche ist saisonal, regional, die Felchenfilets fangfrisch aus dem Neuenburgersee, die Weinkarte gut assortiert. Dies alles zu freundschaftlichem Preis. Zwar geht es sehr einfach zu, dafür umso herzlicher. Nostalgiker werden ihre helle Freude haben, Weintrinker wagen sich in der Saison an den «Chasselas Non-filtré», einen ungefilterten süffigen Gutedel, und Naturfreunde freuen sich über den Terrassensitzplatz mit Blick auf den Garten.

Hôtel-Restaurant de la Béroche. Rue du Temple 29, CH-2024 St-Aubin-Sauges, Tel. 0041-(0)32.835.15.20
RT: Unterschiedlich
Typ: Hotel aus vergangenen Tagen, einfache Zimmern
♣ Terrasse und stimmungsvolles Restaurant
Preise: Mittel

Au Bon Vin – Onnens. Für Puristen ist es heilige Pflicht, *Michel Kunz* in seiner Pinte «Au Bon Vin» in Onnens bei Yverdon zu besuchen. Seine Beiz ist ein Relikt und weit über die Kantonsgrenzen hinaus bekannt. Aber Achtung! Hier ißt der Gast, was der Patron empfiehlt. Wem das nicht paßt, hat ein Problem. Das Gleiche gilt beim Wein. Damit wir uns richtig verstehen: Michel Kunz ist die Herzlichkeit in Person, ist Sammler, Wirt, Koch, Kellner und Galerist in einem. Aber mit klaren Vorstellungen und schon zu lange Wirt, als daß er von seinen Prinzipien abweichen würde. So ist es – basta! Manchmal legt Michel Kunz auch eine Platte aus seiner großen Schallplattensammlung auf das alte Grammophon. Ein spezieller Ort, den man mit Respekt, Humor und nur mit guten Freunden teilt und möglichst bald hingeht. Denn jeder Besuch kann der letzte sein. Irgendwann bald geht Monsieur nämlich, wie schon lange angedroht, in Pension.

Au Bon Vin. CH-1425 Onnens, Tel. 0041-(0)24.436.13.76
RT: Mo, Di. Unbedingt reservieren und Essen und Trinken vorbestellen.
Typ: Wunderschöne Beiz mit mechanischem Klavier
Preise: Mittel. Mit der Morchelsauce wirds dann teurer. Das Entertainment des Patrons ist aber im Preis inbegriffen.

Am Pied du Jura

Natürlich ist man mit der Autobahn via Yverdon, Orbe und Vallorbe sehr schnell beim französischen Nachbarn im Hohen Jura. Viel schöner ist es, sich auf verschlungenen Nebenstraßen am Pied du Jura, am Fuße des Jura nach Romainmôtier treiben zu lassen.

Nebenbei: Romainmôtier darf man nicht auslassen. Romantischer und mystischer wird es in dieser Region nirgends. Doch vorerst besuchen wir Dörfer wie *Vugelles-La Mothe, Orges, Baulmes, L'Abergement, Les Clées* und *Croy* und legen einen Zwischenhalt bei zwei Wirtshäusern ein, wie sie unterschiedlicher nicht sein könnten.

L'Auberge – Baulmes. «Wir kommen wieder», war der erste Gedanke nach dem erfreulichen Mittagstisch mit Fischsuppe, Zander auf Lauch und einigen hervorragenden regionalen Käsesorten. Und sonst? Der Ganze findet in einem prächtigen alten, sanft renovierten Haus statt, sensibel eingerichtet mit stimmungsvollen Bistro, Speisesaal und Garten. Hinzu kommen fünf angenehme Gästezimmer, die Sinn machen, zumal die interessante Weinkarte lockt, vorwiegend mit Schweizer Provenienzen. Chapeau!

L'Auberge. Rue de l'Hôtel-de-Ville, CH-1446 Baulmes
Tel. 0041-(0)24.459.11.18, www.lauberge.ch
RT: So- und Mi-Abend, Mo, Di ganzer Tag
Typ: Altes Gasthaus mit schönem Speisesaal und fünf Gästezimmern
Preise: Mittel

Café du Suchet – L'Abergement. Hier wirtet das weibliche Pendant zu Michel Kunz aus Onnens. Bei Madame Emma Gaillard kostet der einfache aber korrekte heimische Wein ein paar Rappen, zum berühmten Käsefondue gibt es guten Kirsch. Madame Gaillard denkt wie Monsieur Kunz ans Aufhören. Sie redet täglich davon, getan hat sie es noch nicht. Gottlob. Also bald hingehen, bevor es zu spät ist. Solche kleine, sympathische Beizen werden in einigen Jahren von der Bildfläche verschwunden sein. Und mit ihnen die außergewöhnlichen Gastgeber.

Café du Suchet. CH-1355 L'Abergement, Tel. 0041-(0)24.441.01.21
RT: Unterschiedlich
Typ: Einfaches Bistrot mit wenigen Tischen und vor allem mit der herzallerliebsten Madame Emma
Preise: Sehr günstig

Romainmôtier

Einige Kilometer westlich von Orbe liegt der beeindruckendste Ort des Schweizer Jura. Das alte Dorf beherbergt eine der bedeutendsten romanischen Kirchen der Schweiz.

Die Kirche wurde zwischen 990 und 1028 von Mönchen aus dem burgundischen Cluny aus den Ruinen des Klosters aus dem 5. und 7. Jahrhundert aufgebaut. Der zweistöckige Narthex stammt aus dem 12. Jahrhundert, die wunderschönen gotischen Säulen, Fresken und Wandmalereien aus dem 14. Jahrhundert.

Gegenüber der Kirche, im Dîme-Haus, befindet sich die Orgel des französischen Komponisten Jehan Alain (1911 – 1940). Seine Werke gehören zu den beliebtesten und meistgespielten Orgelstücken weltweit. Die Hausorgel der Familie Alain, die vom Vater Albert in den Jahren 1910 bis 1970 Schritt für Schritt gebaut wurde, ist nun restauriert und kann besichtigt werden (www.jehanalain.ch).

Über den Innenhof des ehemaligen Klosters gelangt man zum ehemaligen **Priorenhaus,** der Amtssitz des Klostervorstehers wurde Ende des 13. Jahrhunderts zur Blüte der Pilgerzeit erbaut. Damals führte einer der zahlreichen St.-Jakobs-Pilgerwege über Romainmôtier. In ganz Europa gab es zu dieser Zeit etwa 2000 solcher Häuser. Epidemien und Kriege verhinderten weitere Pilgereisen, die Häuser blieben leer, ihre Besitzer verarmten.

Romainmôtier ist das ganze Jahr über eine Reise wert. Wer den Ort nur mit den Einheimischen und den Konzertgängern teilen will, kommt im November, wenn der Nebel um die Häuser zieht. Zum Übernachten bietet sich das kleine Hôtel Au Lieutenant du Baillival an.

Au
Lieutenant
Baillival
HÔTEL**

La Maison du Prieur – Romainmôtier. Das Amtsgebäude des Klostervorstehers ist eines der wenigen Häuser, das aus der sakralen Epoche von Romainmôtier erhalten geblieben ist. Dies ist vor allem der Hausbesitzerin *Katharina von Arx* zu verdanken, die an ihrem Priorenhaus stets festgehalten hat, obwohl sie ihr Lebenswerk mehrmals an den Rand des Ruins getrieben hat. Fazit: La Maison du Prieur ist heute ein lebendiges Kulturgut. Seit über zehn Jahren ist der Schöngeist Ueli Indermühle gleichermaßen für Kulinarisches und Kultur im Haus verantwortlich. Im großen Saal tischt Indermühle an den Wochenenden opulent auf, oft begleitet von Konzerten oder einem Schauspiel. Seine Veranstaltungen sind gefragt, ohne Reservierung läuft nichts.

Im rechten Teil des Priorenhauses werden in einem getäfelten Salon bei klassischer Musik und Räucherstäbchen Tee und Kleinigkeiten wie Pastete oder Zitronenkuchen serviert – von feenhaft gewandten Damen. Geschmackssache.

La Maison du Prieur. Cour du cloître, CH-1323 Romainmôtier
Tel. 0041-(0)22.366.01.53, www.eventsetsaveurs.ch
Typ: Veranstaltungsort in historischen Räumen (Programm siehe Website). Nur auf Voranmeldung. Heiraten kann man auch.
Tea-room La Maison du Prieur. Cour du cloître, Tel. 0041-(0)24.453.14.84

Au Lieutenant Baillival – Romainmôtier. Um ein Wochenende in dem pittoresken Ort zu verbringen, empfiehlt sich das kleine Hôtel Au Lieutenant du Baillival – ein Haus am Flußufer aus dem 16. und 17. Jahrhundert, mit Garten, Innenhof, Brunnen und Laube. Einige der Zimmer sind noch sehr ursprünglich, andere wurden etwas kitschig eingerichtet.

Au Lieutenant Baillival. Rue du Bourg, CH-1323 Romainmôtier
Tel. 0041-(0)24.453.14.58
Typ: Herrschaftshaus mit sieben Zimmern, ♣ Garten am Bach
RT: Dezember bis Februar
Preise: Gehoben-Hoch

Fleur de Farine – Romainmôtier. Dorfbäckerei mit gutem Brot, außerdem im Angebot sind die speziellen Konfitüren und Teesorten von Le Pectinarium (s.u.). Die Besitzer vermieten auch ein Studio mit offenem Kamin und einem ♣ romantischen Garten mit Blick auf Dorfstraße und Abteikirche.

Fleur de Farine, Rue du Bourg, Tel. 0041-(0)24.453.16.06
www.fleurdefarine.ch

Le Pectinarium – Romainmôtier. Feinkost, darunter spezielle Konfitüren und Teesorten.

Le Pectinarium, Place du Bourg, Tel. 0041-(0)-24.453.16.11
www.pectine.com

Christian Dugon – Bofflens. Nur zwei Kilometer östlich von Romainmôtier sorgt der Jungwinzer Christian Dugon für Aufsehen im nördlichen Vaudoise. Seine Weine werden weit über die Region beachtet.

Christian Dugon. La Grande-Ouche, CH-1353 Bofflens, Tel. 0041-(0)24.441.35.01, www.arte-vitis.ch; der Weinkeller hinter der Kirche ist am Samstagmorgen von 10 bis 12 Uhr geöffnet.

Endlose Weiden

Eine naturnahe Strecke führt von **Romainmôtier** an endlosen Weiden vorbei, auf denen die Kühe grasen und die Panzer rasen. Doch keine Angst. Der empfohlene Weg führt am Übungsplatz der Schweizer Armee weiträumig vorbei, direkt hinein in verschlafene Dörfer, in denen der Hahn auf dem Miststock kräht und die Kirchturmglocke den Mittag erschlägt. Mehr Provinz geht nicht: Über Juriens führt die Straße in die Höhe nach **La Praz.** Von dort geht es in einer Berg- und Talfahrt nach *l'Isle, Pampigny, Sévery, Apples, Clarmont* und hinunter an den

Genfer See nach *Aubonne* und *Fechy*. Dann wieder hinauf nach *Gimel, St-George* und wieder runter nach *Begnins*. Nach einem exzellenten Mittagessen im «Café du Raisin» in Begnins entscheidet dann die Tageslaune, ob einen die Route weiter in die Einsamkeit des französischen Jura führt – oder ob man lieber in einem Chambres d'hôtes in *Genolier* übernachtet, um abends nochmals im «Raisin» essen zu können.

Tisch | Bett | Einkauf

Am Pied du Jura bleibt Zeit zum Müßiggang. Keine Museen, keine Kirchen, keine Boutiquen, kein gar nichts. Nur Bauerndörfer, Weiden, Kühe, noch mehr Kühe, Blumenwiesen und wieder ein paar sympathische Beizen. Gemütlicher können Ferien nicht beginnen oder enden. Das Essen ist gut und bezahlbar, die regionalen Spezialitäten überzeugen und die Menschen sind freundlich. Empfehlungen von Ost nach West:

Auberge du Chêne – Pampigny. Eine Dorfbeiz mit Charme. Im Café reservieren, den Speisesaal ignorieren. Hier bekommt man Löwenzahnsalat frisch von der Wiese, zartes Suppenfleisch, einen kräftigen Braten mit Kruste und selbst gemachte Pommes Frites. Die Gastgeberin Chantal Rigoli hat ihre Gäste und ihr Personal sicher im Griff, die Stimmung ist heiter, Arbeiter, Banker, die Region trifft sich hier zum Déjeuner. Ein Relikt, von dem die Deutschschweiz nur träumen kann. CH-1142 Pampigny, Tel. 0041-(0)21.800.35.09. RT: So, Mo. Preise: Günstig-Mittel.

La Fromagerie – La Praz. Einige wenige, aber durchweg regionaltypische Hartkäse und ein dynamischer Jungkäser. Grande rue 2, Tel. 0041-(0)24.453.13.33

Boucherie de Sévery – Sévery. Lokales Fleischangebot in Spitzenqualität. Die Metzgerei ist ein Familienbetrieb und gehört zu den Besten der Region. Route de Cottens. CH-1141 Sévery, www.boucheriesevery.ch

Moulin et Huilerie – Sévery. Handwerklich produzierte Speiseöle, wie etwa Walnuß- oder Haselnußöl. Außerdem Verkauf von anderen exzellenten Regionalprodukten. Tel. 0041-(0)21.800.33.33; www.huilerie-de-severy.ch

Les Hiboux – **Clarmont**. Kleine und charmante Unterkunft für zwei Personen, privilegierte Lage mit Sicht aufs Dorf, Genfersee und die Alpen.
CH-1127 Clarmont. Tel. 0041-(0)21.800.31.41, www.lapetitecabane.ch
Preise: Mittel-gehoben, je nach Saison.

Le Cercle – **Aubonne**. Ein bezauberndes Bistro. Marc Bohren kocht mit Lust und Laune und so schmeckt es auch – vorwiegend gut. Hat der Patron einmal einen schlechten Tag oder sitzt er zu lange bei seinen Copains am Stammtisch, genießt man eben mehr die Atmosphäre und den Wein. Berühmt ist er für sein Feuilleté de Foie gras à la gelée de Gewürztraminer de Fechy und sein L'Onglet de bœuf, das Zwerchfell- oder Nierenzapfstück vom Rind. Klingt gewöhnungsbedürftig, schmeckt aber hervorragend. Marc Bohren ist Sohn einer Thurgauerin und eines Berners, ist mittlerweile aber mehr Welsch als jeder hier Geborene.
Rue du Lignolat 8, Tel. 0041-(0)21.808.51.06. **RT**: So, Mo; **Preise**: Mittel.

Raymont Paccot – **Féchy**. Der Winzer der Wahl, wenn es um die Rebsorte Chasselas geht. Im Südwesten Deutschlands, im Markgräflerland, ist die Traube unter dem Namen «Gutedel» bekannt.
Tel. 0041-(0)21.808.66.48, www.lacolombe.ch

Café du Raisin – **Begnins**. Urgemütliches Bistrot, den Wintergarten eher meiden. Der Neuling muß man sich die Zuneigung von Marie-José Defferrard allerdings erst einmal verdienen. Fromm tun lohnt sich, die Küche ist exzellent – Foie gras, Kaninchenterrine, Felchenfilets mit Pommes Frites «faites maison» und andere Köstlichkeiten mehr. Bei Madame treffen sich die Dorfbewohner, Politiker, Funktionäre – der Hauptsitz der UEFA ist nicht weit – Fußballstars und Lebenskünstler. Und alle sind glücklich. Grand Rue 26, Tel. 0041-(0)22.366.16.18. **RT:** Mo, Di. **Preise**: Mittel-Gehoben.

La Cour Pavée – **Genolier**. 3 geschmackvoll eingerichtete private Unterkunft in einem ehemaligen herrschaftlichen Bauernhaus.
Chemin du Village-Suisse 15, CH-1272 Genolier. www.lacourpavee.ch
Tel. 0041-(0)79.660.29.98, **Preise:** Gehoben.

Genève

Sicher, Genf liegt nicht im Jura. Aber da wären noch zwei drei wirklich lohnende Genfer Empfehlungen:

Le Dix Vins – Genève-Carouge. Gute regionale Küche inmitten kunterbunter Einrichtung. Der sympathische Patron *René Frachebourd* gilt als Hüter der wahren Genfer Bistrotküche, was ihn nicht davon abhält, altbekannte Gerichte neu zu interpretieren. Bei unserem letzten Besuch gab es allerdings, ganz klassisch, eine Hasenterrine mit einem Zwiebel-Zwetschgen-Confit, eine üppige, exzellente Hummersuppe und ein ausgezeichnetes Stück frische Foie gras auf Linsen.

Le Dix Vins, Rue Jaques-Dalphin 29bis, Genève-Carouge, Tel. 0041-(0)22.342.40.10
RT: Sa, So
Preise: Mittel

Die Gauloise-Fraktion war vorgestern da: Le Dix Vins – Carouge

Hôtel Tor – Genève. Auch das gibt‘s noch: ein kleines Drei-Sterne-Hotel mit einfachen, aber stilvoll eingerichteten Zimmern.

Hôtel Tor, Rue du Lévrier 3, CH-1201 Genève
Tel. 0041-(0)22.909.88.20, www.torhotel.com
Preise: Mittel

Chocolatier Tristan – Bougy-Villars. «Der» Chocolatier der Region (nahe der Autobahn A1, Ausfahrt Rolle). Selbst verwöhnte Genfer pilgern zu ihm. Exzellente Produkte in schier allen Variationen, alleine die Truffes sind die Reise wert!

Chocolatier Tristan, Tel. 0041-(0)21.807.21.25, www.chocolatier-tristan.ch
RT: So, Mo, Di
Preise: Hoch

Vallée de Joux

Von Romainmôtier führt eine wunderschöne Nebenstraße ins Vallée de Joux und zum gleichnamigen See. Nur Natur.

Vom französischen Hohen Jura ins Vallée de Joux bieten sich gleich mehrere Routen an: Von **Mouthe** geht es auf der kurvigen D 389 nach *Les Charbonnières,* dem Schweizer Zentrum des Vacherin Mont d'Or. Von **Les Rousses** aus erreicht man auf der D 415 in einem langen Hochtal (schönes Langlaufgebiet mit vielen Loipen) den kleinen *Lac de Rousses* (Badeplatz am

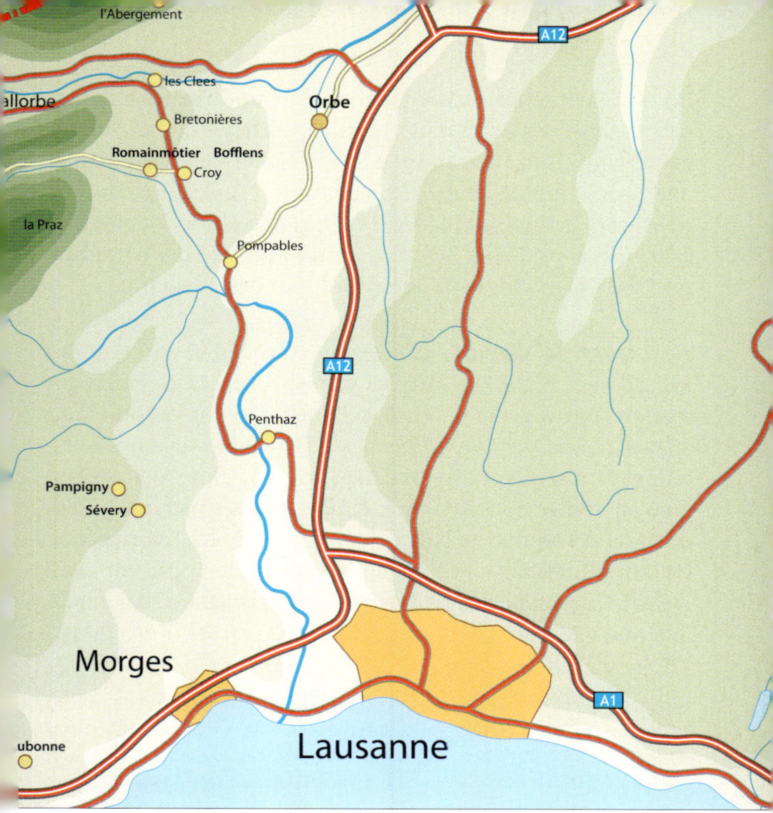

Westende), die Schweizer Grenze und schließlich den *Lac de Joux*. Früher war die rauhe Gegend um **La Brévine** der Kältepol der Schweiz. In vielen Wintern ist das Thermometer schon auf -40 °C gesunken. Bis zum Ersten Weltkrieg wurde das Eis des Lac de Joux in Blöcke geschnitten, in Kellern gelagert und mit der Bahn bis nach Paris verkauft. Früher war die Gegend ein Armenhaus, jahrhundertelang war das Tal während der langen kalten Winter so gut wie isoliert. Sicheren ganzjährigen Zugang ins Hochtal und zum See brachte erst die Eröffnung der Bahnlinie Vallorbe-Le Pont im Jahr 1886. Die Menschen lebten von

Holzwirtschaft, Heimarbeit, Schmuggel und der Destillation von Absinth aus Bergkräutern. Noch heute wirkt das 20 Kilometer lange und 1000 Meter hoch gelegene Tal abgeschieden und arm – nur stellenweise belebt durch Tourismus und die wieder erwachte Uhrenindustrie. Die Häuser sind kleiner und grauer als sonst in der Schweiz. Zum Schutz vor der Witterung sind die Wetterseiten oft noch mit Blech beschlagen.

Zum Dent de Vaulion. Fährt man vom östlichen Ende des Lac de Joux Richtung Vaulion, erreicht man über einen geteerten Fahrweg, der bereits zwei Kilometer vor **Vaulion** links abzweigt, den *Dent de Vaulion*. Der markante, wie ein Schiffsbug geformte Gipfel ist mit 1483 Metern einer der großen Aussichtspunkte des Jura. Vom einfachen Berggasthaus sind es noch zehn Minuten zu Fuß auf den Gipfel. Eine hervorragende Orientierungstafel – es handelt sich um eine Kopie der alten Platte vom Anfang des 20. Jahrhunderts – zeigt das Panorama, das vom Glärnisch im Osten bis zum *Massiv de la Meije* (185 Kilometer Luftlinie) im Südwesten reicht.

Nochmal Goethe: «Nur die hohen Gebirgsketten waren unter einem klaren und heitern Himmel sichtbar, alle niederen Gegenden mit einem weißen wolkigen Nebelmeer überdeckt, das sich von Genf bis nordwärts an den Horizont erstreckte und in der Sonne glänzte. Daraus stieg ostwärts die ganze Reihe aller Schnee- und Eisgebirge, ohne Unterschied von Namen der Völker und Fürsten, die sie zu besitzen glauben, nur einem großen Herrn und dem Blick der Sonne unterworfen, der sie schön rötete. Gegen Abend schließt die Franche-Comté mit flach streichenden waldigen Bergen den ganzen Horizont.» *Briefe aus der Schweiz (1779)*

Im Zentrum steht, alles beherrschend und bei Inversionswetterlagen geradezu physisch präsent, das Montblanc-Massiv. Während der Dent de Vaulion nach Süden nur mäßig steil und bewaldet ist, fällt er nach Norden zum Lac de Joux fast lotrecht und immerhin 400 Meter tief ab. Kurz vor Vaulion führt ein Weg (Schild Fort/le Plâne) nach links zu einem Picknickplatz mit Brunnen und Alpensicht.

Adlerblick – Lac de Joux

Der Lac de Joux liegt zwischen den Höhenzügen des Mont Risoux (1409 Meter) und des Mont Tendre (1679 Meter) – es ist der größte See des Jura.

Anhalten und Ausschauen: Auf der Paßstraße, die von Le Brassus am Westende des Sees über den *Col du Marchairuz* (1447 m) hinunter zum Genfer See führt, schöner Blick zurück auf den Lac de Joux und weiter bis hin zur markanten Zacke des *Dent de Vaulion*. Nach der Paßhöhe hat man einen beeindruckenden Panoramablick über den ganzen Genfer See auf der anderen Seite. Etwas unterhalb gibt es einen Parkplatz, wo der halbstündige Rundweg «Le Sentier de Sapin à Siméon» beginnt, über satte, von alten Kalksteinmauern gegliederten Weidelandschaft. Sein Name erinnert an die Lastenträger, die bis vor gut hundert Jahren den Warenverkehr zwischen dem armen Vallée du Joux und dem Genfer See besorgten.

Das Angebot im Vallée de Joux erinnert ein wenig an die französische Misere hinter dem Mont d'Or. Keines der Restaurants ist besonders empfehlenswert, bis auf einen außergewöhnlichen Bergbauernhof und – stellvertretend für viele andere gute Produzenten der Region – zwei gute Einkaufsadressen.

Buvette d'alpage Les Croisettes – L'Abbaye. Wer Lust auf eine ursprüngliche, authentische Bauernküche hat, findet sie in der Buvette d'alpage Les Croisettes. Hier gibt es ein ausgezeichnetes Fondue, ein cremiges Raclette, exzellente lokale Würste und Schinken, frische Früchtewaihen aus dem Holzofen – und gratis die Gastfreundschaft von Familie Berney.

Buvette d'alpage Les Croisettes. CH-1344 L'Abbaye
Tel. 0041-(0)21.841.16.68
RT: Mo, Di; von November bis April
Typ: Archaischer Bergbauernhof im rauhen Niemandsland
Preise: Günstig
Anfahrt: Nach Le Pont und vor dem Col du Mollendruz geht rechts eine kleine Straße den Berg hinauf. Der Weg ist ausgeschildert.

Boucherie Rochat – Le Pont. Hervorragende Wurstwaren, allen voran das rundliche Ungetüm «Boutefas», das jeden Heißhunger bricht. Ist die Wurstmasse eingefüllt, wird der Darm wie ein Sack mit einer Schnur verschlossen. Ebenso reglementiert sind auch die Zutaten: grob gehacktes Waadtländer Schweinefleisch, dazu reichlich Speck, Pfeffer, Nitritpökelsalz (für die rötliche Farbe) und je nach Gusto des Metzgers auch ein Schuß Wein oder Schnaps.

Boucherie Rochat, Sur-les-Quais, CH-Le Pont, Tel. 0041-(0)21.841.12.25

Cavé du Pelerin – Les Charbonnières. *Jean-Michel Rochat* ist der Affineur am Lac de Joux. All sein Käse wird hingebungsvoll in seinem stimmungsvollen Käsekeller zur Reife gepflegt und gehegt, bevor er eine Verkaufstheke sieht. Sein Vacherin Mont d'Or ist sehr gefragt, auch vom französischen Nachbarn, dies obwohl es kein Rohmilchkäse ist, da er nach Schweizer Gesetz seinen Mont d'Or thermisieren (ein schonenderes Verfahren als pasteurisieren) muß.

Cavé du Pelerin, Rue du Mont-d'Or 17, CH-Les Charbonnières
Tel. 0041-(0)21.841.10.14, www.vacherin-le-pelerin.ch

Vom Lac de Joux zum Genfer See

Eine reizvolle Nebenstraße führt von Le Brassus am Südende des Lac de Joux über die Hochalmen der Combe des Amburnex nach Nyon an den Genfer See hinunter. Diese Kammroute gehört zu den schönsten Passagen der Region. Großartige Sicht gepaart mit interessanter Vegetation. Besonders reich zeigt sich die Wiesenflora im Frühjahr, wenn Krokusse, Anemonen, Enzian, Lilien und weitere Zwiebelpflanzen blühen, bevor der Graswuchs einsetzt. Kilometerlange Trockenmauern grenzen die einzelnen Weidebezirke – mal offene Hochfläche, mal nadelholzbestandene Waldweide – ab.

«Das ganze Pays de Vaud und de Gex lag wie eine Flurkarte unter uns, alle Besitzungen mit grünen Zäunen abgeschnitten, wie die Beete eines Parterres. Dörfer, Städtchen, Landhäuser, Weinberge und höher hinauf, wo Wald und Alpen angehen, Sennhütten, meistens weiß und hell angestrichen, leuchteten gegen die Sonne.»

J. W. von Goethe auf der Zweiten Schweizer Reise.

Auf der Abfahrt nach Nyon vor Begnins nochmals großzügiger Ausblick hinauf zur Steilwand des Jura und auf den See. Dann sind es nur noch acht Kilometer bis zum romantischen Städtchen *Nyon* am Genfer See – ein schöner alter Seehafen mit verwinkelten Gassen und grandiosem Blick über den See.

Als Alternative zur Fahrt nach Nyon, kann man bei *Bassins* links abbiegen und über die Weiler *Longirod* und *St-George* auf einer nicht minder schönen Strecke zum Ausgangspunkt nach *Le Brassus* zurückkehren.

Eine andere Möglichkeit ist, von Le Brassus in Richtung *Col du Marchairuz* zu fahren. Kurz vor der Paßhöhe zweigt ein Weg rechts ab. Er ist mit dem Fahrradwegweiser «Route 7-Bassins» ausgeschildert. Man gondelt durch stilles Weideland, stets die Höhe haltend. Bei der Abfahrt dann immer wieder Panoramablick auf den See, bis hin zur Genfer Fontäne. Ab Bassins ist auch die Rückfahrt zum Lac de Joux auf einer tiefer liegenden Nebenstraße über St-George möglich.

Durch den Sundgau in die Ajoie

Die Ajoie – ein Mosaik aus Felssockeln, Wäldern, Weihern, Flüssen. Naturreines Land. Der nördlichste Teil des Schweizer Kantons Jura mit dem Hauptort Porrentruy ist eine entlegene, vergessene und wenig besuchte Region – zumindest noch solange das Großprojekt A 16 nicht vorankommt und die Autobahn nur auf wenigen Abschnitten befahrbar ist.

Wer die ruhige Anreise durch den Sundgau wählt, nimmt von Norden kommend vor dem Autobahnzoll Weil am Rhein die Ausfahrt *Flughafen Basel-Mulhouse*. Dann gehts über St-Louis, Altkirch und Ferrette mitten durch den Sundgau nach Courtavon, Miécourt und weiter in Richtung *Ajoie*. Einige Haltestellen am Weg bleiben hier unerwähnt, sonst kommen wir nie in den Jura.

Das mit der vergessenen Ecke der Schweiz stimmt während elf Monaten. Im November aber kocht die Ajoie, zumindest in den Töpfen. Dann dampfen die Blutwürste in sämtlichen Beizen der Region. «Saint-Martin» heißt hier die traditionelle *cochonaille*, ein opulentes Erntedank-Festessen vom frisch geschlachteten Schwein. Wer solche Rituale schätzt, wird hier im November glücklich sein. Nur die Leberwurst kennen sie in der Ajoie nicht, dafür wird die frische Schweineleber dem *atriaux* beigemischt, einem Fleischküchlein der Extraklasse. Ja, und dann wäre da noch die in Gelee eingelegte Terrine, die Suppe mit Fettaugen, das Suppenfleisch, die Brüh- und die Bratwurst, das Kesselfleisch, der Speck, der Braten, und die Destillate, allen voran der Enzian. Edler und teurer wird es mit einer «Damassine», eine uralte Pflaumensorte, die vorwiegend in der Ajoie wächst und ihren Ursprung in Syrien haben soll.

Am besten terminiert man «Le Menu» auf einen Sonntagmittag. An einem Freitag- oder Samstagabend artet das Gelage leicht zum Volksfest aus. Mit Live-Musik der speziellen Art.

La Saint-Martin – Geschichte und Beizentipps: www.lasaintmartin.ch

De la Couronne – Beurnevésin. In all den Jahren, in denen wir unzählige Restaurants und ihre Cochonaille ausprobiert haben, hat es uns dieses Lokal besonders angetan. Nicht daß es das beste Saint-Martin-Essen der Ajoie wäre, uns fasziniert hier vielmehr, wie 20 Familienmitglieder 250 Gäste an vier Wochenenden mit Herzlichkeit und mit einer Qualitätsmetzgete bedienen. Rund zehn Schweine braucht es im November für die 1000 Gäste. *Sonia Comte* begrüßt ihre Gäste per Handschlag, man kennt sich, 90 Prozent kommen seit Jahrzehnten immer wieder. Wichtig ist, daß man bei der Reservation einen Tisch in der kleinen Gaststube reserviert, der große Saal eignet sich mehr für eine soziologische Studie, Musikbeschallung inklusive. Auch sonntags. Außerhalb der Schlachtzeit geht es in der Couronne gutbürgerlich zu: Mit Pasteten, Schnecken, Rindsfiletspitzen, Forellen und Co. Die obligaten Froschschen-

kel gibt es sowieso. Dazu eine kleine Auswahl an fra
und Schweizer Weinen. Wer übernachtet bekommt e
liches Frühstück mit Konfitüren von Mutter Yvette.

Restaurant de la Couronne, CH-2935 Beurnevésin (nördlich von I ... y,
an der Grenze zum Sundgau), Tel. 0041-(0)32.474.44.63
RT: Di
Typ: Solide Landpartie mit fünf Gästezimmern
Preise: Mittel

Boulangerie Josy Caillet – Alle. Ein Bäcker, der nicht einfach vorproduziertes Gummibrot mit Fantasienamen verkauft. Hier wird der Teig noch von Hand geknetet, traditionell mit langer Gärzeit. Einfach Brot, das seinen Namen verdient, luftig und knusprig.

Boulangerie Josy Caillet, Rue de l'Eglise 9, CH-2942 Alle
Tel. 0041-(0)32.471.13.39

Porrentruy (Deutsch: Pruntrut), Hauptort der Ajoie (Deutsch: Elsgau). Porrentruy ist ein schmuckes, lebendiges Städtchen, wo die Einheimischen flanieren und am Samstag nach dem Marktbesuch in den zahlreichen Bistros des Ortes auf ein Glas einkehren. Es lohnt, sich für Porrentruy Zeit zu nehmen, durch die Gassen zu schlendern und die Schaufenster anzuschauen. Es gibt hier nämlich nicht nur Boutiquen, sondern auch Handwerkerläden.

Eine etwas ungewöhnliche Adresse für den Jura ist uns aufgefallen, ein marokkanischer Hamman. Stöbern und kaufen oder doch kneten und strecken?

Ajoie Spa. Rue du Collège 9, CH-2900 Porrentruy, Tel. 0041-(0)32.466.16.47, www.ajoiespa.ch Die gute Seele des Spa heißt Karima die einen liebevoll betreut. Sie bringt ihren Gästen die Rituale der marokkanischen Badekultur näher wie etwas das Einreiben mit schwarzer Olivenölseife. Eine Babyhaut ist garantiert. Platz gibt es für vier Personen. Unbedingt reservieren.

m Porrentruy gibt es drei Adressen, die nicht unerwähnt bleiben dürfen. Eine Metzgerei, die zeigt, daß es im 21. Jahrhundert auch ohne industrielle Schlachtung geht, ein biologischer Bauernbetrieb und ein spezielles Chambre d'Hôte am Fluß Allaine. Der Reihe nach.

Boucherie Pierre Müller fils. Bacavoine 157, CH-2902 Fontenais, Tel. 0041-(0)32.466.59.78. Öffnungszeiten: Do-Nachmittag geschlossen. Über den Mittag hat die Metzgerei zu. Am Sa ist bis 16 Uhr durchgehend geöffnet. Pierre Müller jr. ist nicht einfach Fleischverkäufer, der 45-jährige schlachtet im regionalen Schlachthaus sein Vieh nach wie vor selbst und produziert eigene Spezialitäten. Sein Vater Pierre (81), der eine exzellente «Pâté en croûte» herstellt, hilft ihm dabei . Hinzu kommt die vorzügliche Palette der Metzgerei an geräucherten Spezialitäten: Von Eisbein (Jambonneau), Rippli (Côtines) über Schweinebäckchen (Bajone), Beinschinken bis hin zur Rindszunge. Fazit: Schwein gehabt für jene, die authentische regionale Produkte lieben.

Ferme La Vaux. CH-2912 Roche d'Or, Tel. 0041-(0)32.476.69.39, www.fermelavaux.ch. Also doch, es geht: Gehörntes Braunvieh, Ziegen, Schweine, Kälber und Hühner mit Auslauf, einige Gästezimmer, eine Ferienwohnung und alles in romantischer Lage. Eva und Markus Schöni, mit ihren Kindern Markus, Raphaël, Philippe und Fabienne bewohnen den Hof. Sie produzieren exzellenten Käse, «Anke», die sich nicht nur vom Namen her von der üblichen Butter unterscheidet, Sirups, Brote und Konfitüren. Auf Voranmeldung kann man sich den Hof zeigen lassen und bei der Produktion der Käserin über die Schulter sehen. Ein Kraftort.

Charme de l'Allaine – Courchavon. Etwas nördlich von Porrentruy vermietet *Elisabeth Frischknecht* ein charmantes Chambre d'hôte. Elisabeth ist die Herzlichkeit in Person, vital, zuvorkommend, präsent, kurz die perfekte Gastgeberin. Wenn sie kocht, dann einfach, frisch und mit lokalen Produkten. Als Mitbegründerin der Bio-Holzofenbäkkerei am Andreasplatz in Basel legt sie großen Wert auf gutes Brot – also backt sie es gleich selber. Auch die Konfitüren sind selbstgemacht, der Käse kommt aus Alle und die Würste aus Porrentruy. Bei so einem Frühstück erübrigt sich der Mittagstisch. Viele ihrer Stammgäste mieten nicht nur ein Zimmer,

Angekommen – Charme de Allaine, Courchavon

sondern nehmen gleich die ganze, autonome Wohnung für sich und nutzen den weitläufigen Garten für Spaziergänge. Hier zieht die Allaine vorbei, am Ufer eine Holzbank, in der Ecke ein renovierter komfortabel eingerichteter Zirkuswagen für das ganz romantische Nachtlager, im glatten Wasser spiegeln sich die letzten Sonnenstrahlen – man ist angekommen.

Charme de l'Allaine. La roche 47, CH-2922 Courchavon
Tel. 0041-(0)79.774.70.64, www.charme-allaine.ch
RT: Unterschiedlich
Typ: Chambre d'hôte, altes romantisches Haus mit ♣ Garten
Preise: Gehoben

Die Weiterfahrt von Porrentruy – Richtung Westen nach Chevenez und Damvant. Hier endet die Ajoie und die Franche-Comté beginnt. Der nächste Weg an den Doubs führt auf einer schmalen romantischen Straße steil hinunter nach Glère in Frankreich (siehe dort) oder – noch in der Schweiz – nach St-Ursanne.

Kompaktes Kleinod am Doubs – St-Ursanne

St-Ursanne

Die Kleinstadt direkt am Doubs hat ein kompaktes, historisches Stadtbild, das seit dem 18. Jahrhundert fast unverändert erhalten blieb. Nach Romainmôtier vielleicht der schönste Ort im Schweizer Jura.

Ein geschlossener Mauerring umgibt die Altstadt, die nur durch drei Tore betreten werden kann. Kopfsteinpflaster, steile Dächer mit bemoosten Biberschwanzziegeln, Erker und Brunnen prägen das Ortsbild. Ochsenwagen und Kraftpost scheinen nur wegretuschiert. Der Legende nach geht die Stadt auf eine im 7. Jahrhundert vom Heiligen Ursus gegründete Eremitage zurück. Grabfunde deuten jedoch auf eine zu dieser Zeit bereits größere merowingische Siedlung hin.

Von der alten Bogenbrücke über den Doubs sieht man auf die Rückfronten der Häuser mit ihren hölzernen Anbauten und auf die Terrasse des Hôtel de la Demi-Lune zum Fluß. Das Dächermosaik wird überragt von den Türmen der Abtei-

Auf der Kreuzbrücke, St-Ursanne

kirche, dahinter zeigen sich die spärlichen Relikte einer Burg im dichten Grün des Hangs.

Die überwiegend romanische Abteikirche besitzt ein schön gearbeitetes Südportal, flankiert von Statuen der Muttergottes und des Heiligen Ursus, sowie eine schlichten Krypta. Hinter dem gotischen Kreuzgang auf der Nordseite verbirgt sich ein großes Lapidarium. An der Stelle dieses Steinmuseums stand bis zu Beginn des 19. Jahrhunderts die uralte Kirche St-Pierre, deren Bau im 10. Jahrhundert auf den Mauern einer 300 Jahre älteren merowingischen Vorgängerin begonnen wurde. Heute werden hier zahlreiche Sarkophage des 6. bis 8. Jahrhunderts und mittelalterliche Steinkunst effektvoll präsentiert.

Östlich der Abtei beginnen die Gassen des ehemaligen Handwerker- und Krämerviertels, das nach einem Brand zu Beginn der 15. Jahrhunderts angelegt wurde. Von St-Ursanne führt eine Nebenstraße stets flußnah durch das bewaldete, grüne Doubstal bis hin zum verschlafenen Grenzposten bei *La Motte*. Von dort ist es auf der D 437c nur noch ein Katzensprung bis nach St-Hippolyte (F).

RESTAURANT DE L'OURS
RESTAURANT DE L'OURS

Radrundtour – Diese 75 Kilometer lange Tour bietet abwechslungsreiches Naturerlebnis auf ruhigen Straßen: karge Plateaus, romantische Täler und Schluchten. Und als Belohnung eine ganz spezielle Einkehr in Epauvillers (Seite 317).

Ausgangsort: *St-Ursanne.* Von hier geht es nach Süden über den Doubs, steil hinauf nach *Epauvillers*, wieder hinunter zum Fluß nach *Soubey*, erneut steil hinauf auf 1.000 Meter nach *Montfaucon.* Dort geradewegs über die 18A und auf winzigen Sträßchen zur ehemaligen *Abtei Bellelay* (siehe dort). Dann darf man sich auf die Abfahrt durch die *Gorges du Pichoux* nach *Glovelier* freuen. Von hier geht es wieder lang gezogen hinauf zur *Corniche du Jura* und über einen kleinen Nebenweg zurück nach St-Ursanne.

Tisch | Einkauf um St-Ursanne

L'Ours – St-Ursanne. Vor dem Bären plätschert der Brunnen, in der Küche wirbelt Patron und Koch Christian Flubacher, derweil Jeannette Miserez auftischt, was die Küche hergibt. Friedvoll ist es – und gut: Käse-Profiterolles, Bouillon vom Suppenhuhn mit Sherry in der ein mit Huhn gefülltes Raviolo schwimmt, Forellenfilets in einer Absinth-Safransauce, Kalbsbrust, Fohlensteaks, das berühmte Cordon bleu, von Hand geschnittene Frites (nur in der Zwischensaison), Damassine-Parfait, Apfelkuchen, Käse der Region... herrlich. Ein weiterer großer Pluspunkt ist die interessante Weinkarte mit Schwergewicht Pinot Noir und mit hervorragenden lokalen Weinen von Valentin Blattner aus Soyhières bei Delémont. Das kulinarische Theater findet in einem schönen, schlicht renovierten Bistro statt. Das positive Gesamtbild runden stilvolles Geschirr, sinnvolle Weingläser und schöne Möbelklassiker aus der Horgen-Glarus-Manufaktur ab.

Restaurant de l'Ours. Rue Vaicle 15, CH-2882 St-Ursanne
Tel. 0041-(0)32.461.31.14, www.ours-st-ursanne.ch
RT: Mo, Di, Mi (nur im Winter), So ab 18 Uhr. Geöffnet im Sommer Mi ab 11 Uhr, im Winter Do ab 11 Uhr
Typ: Schlichtes, stilvolles Bistro in mittelalterlicher Kleinstadt
Preise: Mittel

Au Cheval Blanc – Asuel. Auf den ersten Blick ist das Cheval Blanc ein unbedeutendes Dorfgasthaus. Rechts geht es in das Bistrot, links in den kleinen Speisesaal, in beiden Räumen wird mittlerweile fein eingedeckt. Seit *Serge Guntz,* ein ehemaliger Schüler der Brüder Haeberlin im elsässischen Illhäusern, hier fernab aller Durchgangsrouten kocht, zieht es nicht nur regionale Feinschmecker in die Provinz zu Steinpilzragout, Foie Gras, Forelle, Zander, Kalbsroulade und Stubenküken. Gehobene Küche zu gehobenem Preis.

Restaurant Au Cheval Blanc. Bas du Village, CH-2954 Asuel
Tel. 0041-(0)32.462.24.41
RT: Mo, Di
Typ: Geliftetes Dorfgasthaus
Preise: Mittel-gehoben
Speziell: Hunde müssen draußen bleiben

Chez-le-Baron – Epauvillers. Um das Haus streunen Katzen, an der Ecke schläft der Haushund, zumindest tut er so, im Gehege stolzieren Pfauen, die Hühner scharren. Wir sind im Chez-le-Baron, einer gemütlichen Traditionsbeiz mit langen Holztischen und einem ganzen Set an Standuhren, die zu jeder vollen Stunde die Zeit verkünden. Mutter Janine und Tochter Jacqueline Guyot führen dieses urtümliche Gasthaus an dem einsamen und unwirklichen Ort. Warme Küche gibt es nur nach Vorbestellung – das Menu wird dann gleich am Telefon besprochen. Es besteht meist aus einer Bouillon mit Eierstich im Suppentopf serviert, gefolgt von einem Braten, Poulet oder eben Kaninchen mit Gemüse und Rösti oder Frites. Dann Käse oder ein Stück Früchtekuchen. Weinkarte gibt es keine, Madame bringt ihre Auswahl an Weinflaschen an den Tisch – der Gast wählt aus. Eine Reise nach damals.

Chez-les-Baron. CH-2885 Epauvillers, Tel. 0041-(0)32.461.35.41
RT: Unterschiedlich, Dez., Jan. geschl. Warme Küche nur auf Bestellung.
Typ: Archaischer Bauernhof mit gemütlicher Gaststube
Preise: Günstig

Chicshak – Séprais. In der Nähe von Glovelier steht ein kleines Haus, inmitten von Feldern und Wiesen. Geschmackvoll eingerichtet von Rita und Gérald Kiechler, mit Bollerofen, moderner Küche, kleinem Bad und Futon unter dem Dachstock. Eine geschützte Terrasse mit Blechtisch und zwei Stühlen wäre auch noch da. Statt TV und Telefon warten ein Klavier und die CD-Anlage. Wenn hier der Rückzug aus dem Alltag nicht gelingt, dann nirgends. Séprais ist ein Dorf mit Bauern und Künstlern oder umgekehrt. Jedenfalls waren die Bauern zuerst da – die jüngste Zuwanderungswelle aus den Städten haben sie mit stoischer Gelassenheit ertragen. Auch als Reisender fühlt man sich sofort willkommen. Nebenbei: Ganz in der Nähe produziert Thérèse Scheurer den besten Toétché (ein salziger Rahmkuchen) der Region. Behaupten wir mal. Grund genug, erst recht in Séprais zu bleiben.

Chicshack. CH-2587 Séprais-Montavon (nordöstlich St. Ursanne)
Tel. 0041-(0)32.426.50.60, www.chicshack.ch
RT: Keiner
Typ: Allein stehendes Nebenhaus. Ideal für zwei Personen.
♣ Kleine Holzterrasse mit Blick über die Felder
Preise: Mittel

Thérèse Scheurer – Boécourt. Wie gut ein salziger Rahmkuchen schmecken kann, lernt man durch Madame kennen. Ihr Toétché ist schlicht genial. Nur auf telefonische Bestellung. Mit spontan hingehen ist leider nichts. Les Esserts, CH-2856 Boécourt, Tel. 0041-(0)32.426.62.27

Boucherie-Traiteur Kottelat – Bassecourt. Beim Metzger Marcel Kottelat stehen die Kunden am Samstag manchmal bis aufs Trottoir raus. Fleisch, Terrinen, Würste – alles in Spitzenqualität und zu freundlichem Preis. Rue Simon Feunat 3, CH-2854 Bassecourt, Tel. 0041-(0)32.426.73.02
www.boucheriekottelat.ch

Confiserie B. Colomb – Glovelier. Ein Lieblingsspruch von Chocolatier Bernard Colomb: «Neun von zehn Menschen lieben Schokolade, der zehnte ist ein Lügner». Hervorragende Pralines und Schokolade. Wer weiße Schokolade mag, sollte auf jeden Fall die mit der Aprikosenfüllung probieren.
Rue de la Gare 18, CH-2855 Glovelier, Tel. 0041-(0)32.426.72.54.

Franches Montagnes – Die Freiberge

Die Freiberge sind ein beliebter Fluchtort. Ohne Lärm und Stau läßt es sich bequem durch die Freiberge gondeln. Wer die Zeit nicht auf Nebenstraßen vertrödeln will, fährt in einer Dreiviertelstunde auf der Hauptstraße 18A von Glovelier direkt nach La Chaux-de-Fonds.

Soweit die Theorie. Wer nicht zum erstenmal im Jura ist, weiß schon, daß man in diesem Landstrich schnell zum Rumtreiber wird und in eigensinnigen Beizen, Metzgereien und Käsereien hängen bleibt.

Die Freiheit der Freiberge – bei La Combe-Lajoux (CH)

■ Eine ungemein entspannende Form, die Freiberge oder eben die Franches Montagnes kennen zu lernen: zwischen **Glovelier** und **La Chaux-de-Fonds** verkehrt der «Train rouge» der Chemins de fer du Jura. (Internet: www.les-cj.ch)

Der Film «Les quatre saisons du petit train rouge» (auf DVD erhältlich) ist eine einzige Liebeserklärung an die Freiberge, ihre Bewohner und an ihre rot leuchtende Lokalbahn. Durch den Film führt einen der Zugführer Olivier Luder. *Claude Schauli* ist ein eindrücklicher, sensibler Dokumentarfilm gelungen, der einem Land und Leute näher bringt. Auch ohne Französischkenntnisse, alleine durch die Bilder.

Von Glovelier nach La Chaux-de-Fonds

Ein schöner Weg führt von Glovelier durch Alleen und Wälder über Lajoux zu einem versteckten Moorsee, dem *Etang de la Gruère*. In Glovelier in südwestlicher Richtung nach Saulcy mit weitem Blick über Dörfer und Ebene. Zwischen Saulcy und Lajoux setzen Beizengänger zum ersten Mal beim Wegweiser

«La Combe» den Blinker – alle anderen fahren weiter. Ein schmaler Weg, der im Winter mehr an einen Eiskanal als an eine Autostraße erinnert, führt zu direkt einem gastronomischen Kleinod, mehr dazu vgl. unten.

Vom Ursprung der Freiberge: Im Gegensatz zu heute, wurden die einsamen Freiberge früher weder geschätzt, noch waren sie beliebt. Also half die Obrigkeit nach. Im 14. Jahrhundert stellte der Fürstbischof IMER VON RAMSTEIN einen Freibrief für die kaum besiedelte Region aus. Damit erhielten Einwanderer und ihre Nachkommen außergewöhnliche Freiheiten, denn sie sollten für alle Zeiten von Zinsen und Zehnten auf ihrem gerodeten Grund und Boden befreit sein. Dadurch bekam das Gebiet den Namen F**ranches Montagnes** (Deutsch: Freiberge), 1384 als Fryenberg und 1595 als *La Franche Montagne des Bois* erwähnt. In der Folge ließen sich auf den Freibergen vor allem Siedler aus Saint-Ursanne, aus dem Val de Ruz und aus Burgund nieder. Sie rodeten das Gebiet und gründeten nach und nach die heutigen Dörfer. Die Oberaufsicht über die Freiberge hatte ein bischöflicher Meier, später ein Vogt, der seinen Sitz teils in Saint-Ursanne, teils auf Schloß Spiegelberg und ab 1691 in Saignelégier hatte.

Trotz allen Privilegien blieb das Gebiet stets dünn besiedelt. Heute leben in den 13 Gemeinden gerade mal 10.000 Menschen, 2.000 davon alleine im Hauptort Saignelégier.

Buffet de la Gare – Montfaucon-La Combe. «Buffet de la Gare» steht an der Hauswand. Doch wo ist der Zug? Sehr sporadisch tuckert hinter den Bäumen versteckt der «Train rouge» der *Chemins de Fer du Jura* durch die stille Landschaft – und fährt am Buffet de la Gare ohne Gruß vorbei. «Halt auf Verlangen» steht an der Haltestelle. Zeit genug also, um in das Bahnhofsbuffet zu treten und sich auf eine Reise in die Vergangenheit zu begeben. In der guten Stube lodert im Ka-

minofen das Feuer, vor dem die Gäste an langen Holztischen sitzen, laut diskutieren, nicht selten emsig jassen und trinken, herzlich betreut von Frieda und Franz Gurtner. So geht das seit 1958 – ist es zumindest bis zum Herbst 2010 gegangen. Dann ist Franz Gurtner unerwartet verstorben. Seitdem ist es im Buffet de la Gare ruhiger geworden, wobei Frieda Gurtner unverdrossen weiter wirtet, oft tatkräftig unterstützt von ihren Töchtern. Beinschinken, Speck, Trockenwurst und natürlich Tête de Moine gibt es nach wie vor, auf Voranmeldung wird auch mal ein Braten in den Ofen geschoben, nur das sympathische Lachen des Hausherrn, das gibt es nicht mehr. Die Zukunft des Buffet de la Gare scheint aber definitiv gesichert zu sein. Die älteste Tochter wird mit ihrer Familie das Haus übernehmen. Im Frühling 2012 soll es soweit sein, was nicht nur uns, sondern viele Stammgäste mächtig freut.

Buffet de la Gare. CH-2875 Montfaucon-La Combe, Tel. 0041-(0)32.484.94.51
RT: Mi und abends ab 19 Uhr geschlossen
Typ: Verwittertes, allein stehendes Bahnhofsbuffet, ♣ Terrasse
Preise: Günstig

- Rund um das «Buffet de la Gare» bieten sich diverse Wanderungen und Spaziergänge an. Ganz in der Nähe gibt es einen verträumten Weiher, der allerdings im Naturschutzgebiet liegt, wo somit praktisch alles, was Freude machen würde, verboten ist: Zelten, Feuer, Baden. So bleibt es beim Beobachten von Fröschen, die hier alle Rechte haben. Bis der Graureiher kommt.

Auberge de la Gare – Le Pré-Petitjean/Montfaucon. Ein sympathisches Kleinhotel, angenehm verwildert, mit diversen schönen Ecken zum länger verweilen. Huhn, Kotelett, Cor-

don bleu, Pommes Frites und Fondue si
munden, während die Weinkarte ausbau
man greift auf die einfachen, roten Fran
zurück oder geht gleich zum Bier über. I
der Brasserie de Franches Montagnes we
Was hinzugekommen ist, sind große, weil
Weingläser, eine neue Toilettenanlage im Parterre und die renovierte Küche. Völlig neu (zumindest bei einem Besuch im Sommer 2011) sind aber auch lange Wartezeiten, eine zu Beginn vom Patron im Stich gelassene und überforderte Aushilfe, ein mittelmäßiges Essen und laute Musik aus dem Lautsprecher. Gut, ein schlechter Tag in drei Jahren darf mal sein.

Auberge de la Gare, Le Pré-Petitjean, CH-2875 Montfaucon
Tel. 0041-(0)32.955.13.18, www.aubergedelagare.ch
RT: Keine
Typ: Kleinhotel, romantischer Garten mit viel Klimbim und mit einigen einfachen, zweckmäßigen Gästezimmern.
Preise: Mittel

Ferme la Fleur – Montfaucon. *Bernard Froidevaux* stellt seinen Tête de Moine traditionell auf dem Holzfeuer her. Zudem produziert er diverse Hartkäse und Trockenwürste. Im Hofladen «Couleur du Terroir» mitten in Montfaucon werden diese und weitere regionale Spezialitäten verkauft.

Ferme la Fleur. Louvière 15, CH-2875 Montfaucon, Tel. 0041-(0)32.955.11.77, www.fermelafleur.ch

Zurück in Richtung Lajoux nach Fornet-Dessous

Fromagerie Amstutz – Fornet-Dessous. 580.000 Têtes de Moine verschickt die Käserei Amstutz Jahr für Jahr in alle Welt. Das würde man dieser kleinen Käserei im Berner Jura nicht zutrauen. Familie Amstutz produziert den «Mönchskopf» seit 60 Jahren auf den Jurahöhen, sie gehört damit zu einer Handvoll Käserfamilien, die diesen Traditionskäse aus seinem Nischendasein befreit haben. Aber nicht nur der Tête de Moine

…pezialität der Käserei Amstutz, auch ihre anderen …tkäse sind eine Entdeckung. Das wissen auch diverse …zenköche der Schweiz, die ihren Käse direkt hier einkau…en. Nebenbei: Käseliebhaber kaufen nicht den üblichen 3-4 Monate alten Mönchskopf, sondern lassen sich einen einjährigen geben. Welche Aromen!

Fromagerie Amstutz – CH-Fornet-Dessous Tel. 0041-(0)32.484.94.67, www.fromagerieamstutz.ch

Abtei Bellelay. Die ehemalige Abtei ist heute Sitz einer psychiatrischen Klinik. Die hochbarocke Kirche (1710-1714) überrascht durch die Größe und die vollendete Proportion ihres mit schönen Fresken versehenen Schiffs. Außerdem interessant ist die Schaukäserei: In der Abtei wurde nämlich schon vor 800 Jahren der würzig-milde Tête de Moine erfunden. Namentlich erwähnt wurde er erstmals im Jahr 1570, als der Abt dem Bischof von Basel «dryssig Belleleykess» schickte. Wie der Käse damals serviert wurde, ist nicht verbrieft. Heute gehört jedenfalls immer die typische Drehbewegung dazu: Tête-de-Moine wird nämlich nicht einfach mit dem Messer geschnitten, sondern mit der Girolle zu Röschen geschabt. Seit 2001 führt die Käsespezialität auch die geschützte Ursprungsbezeichnung AOC. Den Besten gibt es unserer Meinung nach bei der Käserei Amstutz im nahen Fornet-Dessous (s. o.).

Domaine de Bellelay. CH-2713 Bellelay, Tel. 0041-(0)32.484.03.16 www.domaine-bellelay.ch

Étang de la Gruère. An Bellelay vorbei, zweigt die Straße nach *Les Genevez* ab. Auf Nebenwegen geht es an viel Tannenwald und noch mehr Weideland vorbei. Weit und breit ist aber kein Etang in Sicht. Der gestaute Moorsee samt Lehrpfad ist gut versteckt, die letzten Meter sind nur zu Fuß möglich. In den Sommermonaten ein beliebtes Ausflugsziel mitten im Naturschutzgebiet, an mystischen Novembertagen, wenn einem die Bücher von Edgar Allan Poe im Kopf herumgeisternn, hat man den See alleine für sich. An ganz heißen Tagen darf die einheimische Jugend an einer bestimmten Stelle baden. Und nur die Dorfjugend! Wieder nichts mit einem Sprung ins Kühle. Dafür wartet das kühle Bier im Restaurant de la Couronne.

Restaurant de la Couronne. La Theurre, CH-2350 Saignelégier
Tel. 0041-(0)32.951.11.15, www.couronne-latheurre.ch
RT: Mi und drei Wochen im Oktober
Typ: Ausflugsrestaurant, 10 einfache Zimmer, ♣ Garten unter Bäumen
Preise: Mittel

Vom Étang de la Gruère ist Saignelégier, der Hauptort der Freiberge, in wenigen Autominuten zu erreichen.

Café du Soleil – Saignelégier. Ein typisches altes Jurahaus mit viel Raum unterm Dach; die Sonne wurde in den achtziger Jahren mit Sachverstand umgebaut, ihr Charme ging dabei nicht verloren. Das gilt auch für die sieben Doppelzimmer. Wegen dem ordentlichen Essen allein geht man allerdings nicht ins Café du Soleil. Hier trifft sich das Dorf, treffen sich die Alt 68er, die Lebenskünstler, die linken Politiker, die strammen Wanderer im karierten Hemd, kurz, hier trifft sich eine kunterbunte Gästeschar auf ein Gespräch, ein Bier oder zwei. Im Offenausschank diverse Biere der lokalen Brauerei BFM (siehe nächste Seite).

Café du Soleil, Marché-Concours 14, CH-2350 Saignelégier
Tel. 0041-(0)32.951.16.88, www.cafe-du-soleil.ch
Mitten im Dorf beim großen Kreisel, die dritte Ausfahrt in Richtung Tramelan benützen. Nach dem Überqueren des Bahnübergangs geht es nach einigen Metern rechts die Straße hinauf.
RT: Mo-Nachmittag
Typ: Brasserie, ♣ gekiester baumbeschatteter Garten
Preise: Mittel

BFM Saignelégier

BFM. Brasserie des Franches-Montagnes – Saignelégier. *Jérôme Rebetez* hat eigentlich Winzer gelernt, er konvertierte und wurde zum passionierten Bierbrauer. Fernsehbiertrinker halten ihn für verrückt und seine Biere für schwierig bis ungenießbar. Völlig anders sehen das die Romands und wir, und so sehen das auch die Amerikaner und die Kanadier, die für sein Bier schwärmen und Höchstpreise zahlen. Wie war das doch mit dem Propheten im eigenen Land? Die Brasserie kann in geführten Gruppen nach Voranmeldung besucht werden.

BFM, Chemin des Buissons 8, CH-2350 Saignelégier Tel. 0041-(0)32.951.26.26, www.brasseriebfm.ch

Galerie des Emibois – Les Emibois. Bei Eric Rihs sind Galerie, Töpferei und vier Chambres d'Hôtes in einem alten Freibergerhaus unter einem Dach vereint.

Galerie des Emibois. CH-2338 Les Emibois
Tel. 0041-(0)32.951.17.45, www.galeriedesemibois.ch
Preise: Günstig

Georges Wenger, Le Noirmont

Le Noirmont. Der Weiler liegt auf einer Ebene hoch über dem Doubs, der sich hier gut 400 Meter tief in den Kalk gegraben hat. Darüber ist Tête-de-Moine-Land – in der Dorfkäserei *Kälin* könnte man sich das Original fürs Picknick besorgen (vgl. nächste Seite). Ein abgründiges Sträßle führt runter in die Schlucht zum unbesetzten Grenzübergang bei *La Goule* (siehe Seite 331). Zunächst aber zur kulinarischen Exzellenz:

Restaurant Georges Wenger – Le Noirmont. Klar der beste Koch des Schweizer Jura, mit einer hoch dekorierten Gourmetküche. Wobei der 19. Punkt von GAULT MILLAU überfällig wäre, aber lassen wir das Erbsenzählen. Einrichtung und Stimmung im ehemaligen Bahnhofbuffet wirken edel bis rituell überhöht – Seidentapeten, Geflüster und strenge Miene gehören genauso zur Messe, wie die schlichte Raffinesse der Gerichte von Meister Wenger. Sei es eine warme Entenleber mit Chicoree, eine geräucherte Bauernspecktranche, die mit einer Trüffelvinaigrette aufgeladen wird oder ein aromatischer

Ochsenschwanz, der auf der Zunge zergeht – auch das vermeintlich Schwere wird bei Wenger leicht. Umfangreiche und interessante Weinkarte mit diversen Flaschen aus dem Französischen Jura. Am Mittag bietet sich das zum Haus gehörende Bistro an, in dem man Georges Wengers Küche unkompliziert und zu vergleichsweise günstigem Preis kennen lernen kann. Im Service wacht Madame Andrea Wenger als freundlich-resolute Hausherrin.

Georges Wenger, Rue de la Gare 2, CH-2340 Le Noirmont
Tel. 0041-(0)32.957.66.33, www.georges-wenger.ch
RT: Mo, Di; Mitte Dezember bis Ende Januar
Typ: Edle Landpartie
Preise: Hoch

Fromagerie Christian Kälin – Le Noirmont. 2.700.00 Kilogramm Milch verarbeitet der Familienbetrieb Kälin jährlich zu Käse – aber zu was für einem. Die Fromagerie Kälin gehört trotz ihrer beachtlichen Größe zu den Besten im Jura.

Fromagerie Christian Kälin, CH-Le Noirmont. Rue du Doubs 5
Tel. 0041-(0)32.953.12.16, www.fromagerie-kaelin.ch

Sommerfrisch am Doubs – Restaurant de la Goule, La Goule

Zwei Terrassen am Doubs. Eine zwanzig Minuten lange Talfahrt führt ab Le Noirmont (bei der Käserei Kälin) hinunter an den Doubs, nach **La Goule** – hier wäre ein guter Ausgangspunkt für eine Wanderung oder Radtour am Fluß entlang. Einkehren direkt am Doubs geht, etwa im sommerfrisch gelegenen Restaurant *de la Goule* (siehe Foto oben, RT: Mo). Direkt hinter dem Gasthaus beginnt ein befestigter Fahrweg an den Uferauen des Naturschutzgebiets entlang. Die romantische Route führt zweieinhalb Kilometer flußaufwärts an Fischreihern, Schwänen, Enten und Fröschen vorbei, bis zur Auberge *La Bouège* in Traumlage.

Auberge de la Bouège – La Goule. Die Terrasse direkt über dem Doubs wird von einer alten Linde beschattet, unter deren ausladenden Ästen stehen ein paar lange, derbe Tische. Zum Mittagessen werden ab und zu weiße Tischtücher aufgelegt, es gibt nicht allzuviel: Salat, Risotto, Forellen in Schnittlauchbutter oder mit Kräutern gefüllt aus dem Ofen. *Nicolas Fontana* ist herzlicher Gastgeber und Forellen-Risotto-Spezialist

Unter den Linden – Auberge de la Bouège, La Goule

in einem. Unterstützt wird er von Felix Haller, der guten Seele des Hauses. Auch in der kommenden zehnten und gleichzeitig letzten Saison wird wohl Nicolas Fontanta seine kleine Speisekarte nicht wechseln. Sein Angebot ist aber frisch und gekonnt zubereitet, die Stimmung ist einzig, vornehmlich bei Terrassenwetter. Das im Wortsinn entlegene Restaurant verträgt keinen Radau. In den Sommermonaten sind deshalb die Ferienwochenenden zu meiden, der Ort ist beliebt und auch in der Deutschschweiz bei Familien mit Kleinkindern bekannt. Aber hier an einem Donnerstag im Frühling oder Herbst alleine die letzten Sonnenstrahlen auf den Doubs genießen, ist zauberhaft. Was nach dem Weggang von Nicolas Fontana im Oktober 2012 mit diesem speziellen Ort geschehen wird, steht noch in den Sternen.

Auberge de la Bouège. CH-La Goule, Tel. 0041-(0).32.953.11.48
RT: Mo, Di. Betriebsferien von November bis Ostern
Typ: ♣ Idyll weit hinten im Tal unter der Linde
7 kleine Gästezimmer
Preise: Mittel

Allein auf der Höhe – La Chaux-d'Abel, La Ferrière

Weiter in Richtung La Chaux-de-Fonds

Boucherie Billat – Les Bois. *Pierre Billat* ist ein Metzger fürs Kalenderblatt. Rote Backen, voller Tatendrang, immer herzlich und immer ein Spruch auf den Lippen. Wie bei Marcel Kottelat in Bassecourt stehen auch hier die Stammkunden gerne Schlange. Alle haben Zeit und plaudern über alte Zeiten, übers Kochen und über das gut abgehangene Fleisch von Pierre Billat. Auch Spitzenkoch Georges Wenger kauft hier ein. Ein größeres Kompliment kann es nicht geben.

Boucherie Billat, Rue du Doubs 1, CH-Les Bois. Tel. 0041-(0)32.961.12.85.

La Chaux-d'Abel – La Ferrière. Eine Höhenherberge in Alleinlage. Seit 2006 sind *Agnès* und *Daniel Frochaux* die neuen Besitzer vom Hôtel de la Chaux-d'Abel. Sie haben das geschichtsträchtige Haus aus seinem Dornröschenschlaf geholt und mit Verstand und Geschmack renoviert. Das Haus wurde in den Hotelführer des Schweizer Heimatschutzes aufgenommen, in dem sich einige architektonische Juwelen tummeln. Keine Grand Hôtels, dafür kleine Hotels, die auch im Innern noch viel alte Bausubstanz vorweisen können. Sicher gehört das Haus zu den schönsten Adressen im Schweizer Jura. Ein idealer Stützpunkt für weite Touren in den Freibergen. Eine gute Küche, ursprüngliche Zimmer, ein Salon mit Kamin und ein weitläufiger Naturpark warten auf den Gast. Frühzeitig reservieren, das Haus ist schnell ausgebucht.

La Chaux-d'Abel. CH-2333 La Ferrière, Tel. 0041-(0)32.961.11.52
www.hotellachauxdabel; Ferien im November
Typ: stilvolle Herberge am Rande der Freiberge, einfache Zimmer mit Aussicht, ♣ Terrasse und Sonnenbank
Preise: Mittel

La Cibourg. Im Hochtal auf der Strecke von La Ferrière nach La Chaux-de-Fonds lassen wir die Freiberge hinter uns. Das dünn besiedelte Land um La Cibourg bildet die Grenze zwischen den Kantonen Jura und Neuenburg. «Ville à la campagne», die Stadt auf dem Land, wird La Chaux-de-Fonds von den Einheimischen genannt. Die ehemaligen Uhrenmetropolen *La Chaux-de-Fonds* und *Le Locle* sind gemeinsam ins UNESCO-Welterbe aufgenommen worden. Wer die beiden, zumindest auf den ersten Blick, tristen Städte kennt, findet die Entscheidung sicher mutig.

Café du Sapin – La Cibourg. Grande Dame *Malou Zaugg* kocht und flirtet, philosophiert, schäkert und bedient ihre Stammgäste. Doch auch im patinierten «Sapin» denkt die Köchin ans Aufhören, was schade wäre. Das Alter von Malou Zaugg dürfen wir nicht schreiben, sonst gibt es Hausverbot. Und das wollen wir nicht riskieren, zu gut sind ihre frischen Frites, der Schweine- und Kalbsbraten oder ihre wunderbaren Desserts.

Café du Sapin. Le Bas Monsieur, CH-2333 La Cibourg
Tel. 0041-(0)32.968.33.14
RT: Mo, Di; Januar und Februar
Typ: Alte Ferme mit gemütlichen Ecken und Kanten
Preise: Günstig-Mittel

La Chaux-de-Fonds

Auf fast 1000 Meter Höhe liegt die alte Industriestadt *La Chaux-de-Fonds,* seit 200 Jahren die Kapitale der Schweizer Uhrenindustrie. Die kleine Großstadt (37.500 Ew.) auf dem Hochplateau wirkt zunächst abweisend – nicht nur im Winter, der hier sechs Monate dauern kann. Im Sommer scheint die Stadt nicht nur wie ausgestorben, sie ist es auch. Vornehmlich in den Schulferien, deren Beginn mit einem großen Schülerumzug durch die Stadt gefeiert wird. Der erste Reflex auf der langen Durchgangsstraße ist Gasgeben und durch. Das wäre schade. La Chaux-de-Fonds wurde nach einem Brand 1794 in Carrés planmäßig wieder angelegt, was untypisch für die Schweiz ist. So entstand ein bewohntes Museum von Häusern des Biedermeier und der Gründerzeit. Geht man mit offenen Augen durch die Straßen, lockt viel Besonderes. Freilich muß man auch wegschauen können, wenn Plattenbauten und kleinstädtische Hochhäuser von Zeiten berichten, in denen das Formgefühl offensichtlich anderes war.

In La Chaux-de-Fonds wurde 1887 *Charles Edouard Jeanneret* geboren, ab 1920 nannte er sich in Anlehnung an den Namen seiner Großeltern Le Corbusier. Ein Plan, der im Office de Tourisme und am lokalen Bahnschalter erhältlich ist, führt zu den Bauten, an denen Le Corbusier in seiner Heimatstadt mitgewirkt hat bevor er in den zwanziger Jahren als Künder einer neuen puristischen Architektur berühmt wurde. Am Hang über der Stadt sind vier exemplarische Villen zu sehen, noch wesentlich vom Historismus geprägt. Sein erster eigenständiger Bau, im Auftrag des Uhrenfabrikanten Anatole Schwob, steht in der Rue du Doubs 168. Das Gebäude – mit Flachdach, Ziegelverkleidung und spielerischem Dachgesims – wird von Einheimischen «Villa Turque» genannt und wirkt in seiner Umgebung tatsächlich sehr exotisch. Und wie das so ist mit Theorie und Praxis, besonders bei Flachdächern: auch das Dach von Le Corbusier war nicht dicht. Zudem hatten sich

Paris im Jura – Café Le Petit Paris, La Chaux-de-Fonds

die Baukosten verdoppelt und so kam es zum Bruch mit dem Bauherrn. Le Corbusier verließ darauf La Chaux-de-Fonds als beleidigter Künstler.

Stadtrundgang. «La Chaux-de-Fonds à pied» ist ein zweistündiger Rundgang durch die Stadt, die einen zu allen Denkmälern und Sehenswürdigkeiten führt. Das benötigt Ausdauer, ist die Stadt doch, wie gesagt, sehr weitläufig. Und Autowandern ist hier keine Alternative. Nicht daß es zu wenig Parkplätze hätte, aber die endlosen Einbahnstraßen lassen einen kapitulieren. Einige interessante Adressen sollte man darüber aber nicht verpassen.

Tisch | Bett | Einkauf

Café Le Petit Paris – La Chaux-de-Fonds. Der Name ist Programm – ein wenig Paris mitten im Neuenburger Jura das während einem Jahr ins stottern kam. Der Nachfolger des langjährigen Patrons Reto Juan, ein Walliser, kam bei den

Stammgästen nicht an, und mußte nach wenigen Monaten aufgeben. Das Bistro war ein ganzes Jahr geschlossen. Heute ist alles wieder im Lot, der alte lokale Beizenfuchs, Gino Sayeh, gebürtiger Algerier, aber mehr Chaux-de-Fonnier als die meisten Einwohner der Stadt, hat den Laden übernommen und ihn wieder auf Touren gebracht. Man sitzt an langen Holztischen, nimmt als Apéritif einen Blanc-Cassis, dann eine Salade de tomme chaud, Moules et Frites, Tatar oder Entrecôte – und dazu eine Flasche von der Loire. Fehlt nur noch die Musette.

Café Le Petit Paris. Rue du Progrès 4, CH-2300 La Chaux-de-Fonds
Tel. 0041-(0)32.968.68.68
RT: Unterschiedlich
Typ: Einfaches Bistrot im Pariser Stil
Preise: Mittel

La Ferme des Brandt – La Chaux-de-Fonds. Eine authentische Ferme, nur einige Minuten vom Stadtzentrum entfernt. Meringue, Brot und Jungschwein kommen aus dem Holzofen, im Kamin hängen die Würste und am Tisch freut man sich über Kalbsterrine, Kaninchen und Beinschinken. Eine interessante Weinkarte mit Flaschen aus der Schweiz und Frankreich runden das Angebot ab. Und im romantischen Garten stehen alte Blech- und Holztische.

La Ferme des Brandt. Petites-Croisettes 6, CH-2300 La Chaux-de-Fonds
Tel. 0041-(0)32.968.59.89, www.fermedesbrandt.ch
Typ: Bauernküche in historischem Ambiente, ♣ Garten
RT: So ab 17 Uhr, Mo, Mi
Preise: Mittel

La Salomé – Les Planchettes. Chambre d'hôte in friedvoller Umgebung, Panoramablick über Tal, Wiesen und Wälder. Auf Wunsch serviert Gastgeber *Philippe Fromont* auch mal einen taufrischen Salat und eine Gemüsesuppe mit Vollkornbrot.

La Salomé. CH-2325 Les Planchettes, Tel. 0041-(0)32.913.60.81
RT: Unterschiedlich
Typ: Alte Neuenburger Ferme mit drei gemütlichen Zimmern
Preise: Mittel

Le Croissant Show – La Chaux-de-Fonds. Seltsamer Name für eine erstklassige Bäckerei. Marcel Vogel steht jeden Morgen in der Backstube und liefert beste Handarbeit ab. Vorproduzierte Industrieware – nicht mit ihm. Zu empfehlen ist die Tarte aux noisettes, der Gâteau à la crème, der ausgezeichnete Thonkuchen und das exzellente Brot. Dazu gehört ein gemütliches Café mit guter Tee- und Kaffeeauswahl und heißer Schokolade. Am Mittag tritt man sich hier auf die Füße und kämpft um einen der raren Sitzplätze oder kommt früher.

Le Croissant Show. Rue du Versoix 4, CH-La Chaux-de-Fonds
Tel. 0041-(0)32.968.76.34

La Maison du Fromage – La Chaux-de-Fonds. Affineur Pierre Alain Sterchi ist, was Käse anbetrifft, ein Besessener. Wer ihn in seiner Maison du Fromage oder im Reifekeller erlebt, versteht, was wir meinen. Bei einer so großen Auswahl verliert der Kunde schnell den Überblick – und läßt sich gern beraten. Neben lokalen Spezialitäten führt Sterchi zum Beispiel den besten *Blue Stilton*. Alles da, alles gut. Wer einmal bei ihm war, kommt wieder.

La Maison du Fromage. Passage du Centre 4, CH-La Chaux-de-Fonds
Tel. 0041-(0)32.968.39.86

Vallée de La Sagne

Ein einsames Tal. Hoch, rau, weit, erschlossen von einer Straße, an der die einzelne Höfe wie am Tropf hängen.

Das rund 18 Kilometer lange, abgeschlossene La Sagne Hochtal zieht sich topfeben in einer Breite von 400 Metern dahin, nur langsam fallend und breiter werdend. Die Region wurde im 14. Jahrhundert besiedelt, im 19. Jahrhundert verhalf die Uhrenindustrie zu wirtschaftlichem Aufschwung, der mit der Krise zu Beginn des 20. Jahrhunderts sein Ende fand. Heute leben die Bewohner vorwiegend von der Milch- und Landwirtschaft.

Hotel von Bergen – La Sagne. Mitten in La Sagne steht vor dem großen Dorfbrunnen das Hotel von Bergen, bereits 1871 als kleines Kurhotel eröffnet. Viele Details und alte Bausubstanz sind aus der Gründerzeit erhalten – renoviert wurde mit Zurückhaltung und Sachverstand. Für eine herzliche At-

Familiäres Einzelstück – Hotel von Bergen, La Sagne

mosphäre sorgt die Gastgeberin Evelyne Bühler, was nicht selbstverständlich ist. Nach dem Tod ihres Mannes führt sie den Betrieb mutig alleine weiter. Wer das Haus schon länger kennt, dem wird Monsieur Pierre noch lange fehlen. Sein Witz, seine interessante Konversation... Schön, daß es mit Madame Bühler und ihrem alten Holzherd weitergeht und weiterkocht. Auch die deftigen Gerichte, die zu ihren Stärken gehören: Kohlsuppe mit Fettaugen, Speck, Würste und Kesselfleisch oder Kutteln, die werden im Gemüsesud im Caquelon serviert und mit frischer Mayonnaise, Vinaigrette, fein gehackten Zwiebeln und Pellkartoffeln gegessen. Dazu paßt ein unfiltrierter Gutedel. Vegetarier können auf Käsefondue oder Pilz- und Käseschnitten ausweichen oder gleich zum Dessert übergehen. Von den kleinen Apfelcrêpes bekommt man eh nicht genug. Eine reizvolle Adresse im Abseits, bei schönem Wetter bietet das weite Tal genug Auslauf für Wanderer oder auf der Langlaufpiste.

Ein weiter Reinluftraum – im Hochtal von La Sagne

Hotel von Bergen. Crêt 80, CH-2314 La Sagne
Tel. 0041-(0)32.931.03.18
RT: Di, Do
Typ: Ehemaliges Kurhotel, familiäre Atmosphäre, Zimmer
Preise: Günstig-Mittel

Boucherie de la Prairie – Les Ponts-de-Martel. Metzgermeister Perroud ist stets in Eile. Er ist gefragt wie kein zweiter Metzger im Neuenburger Jura. Seine Würste sind exzellent, das Fleisch dito, kurz, eine Spitzenadresse in Sachen regionaler Fleischspezialitäten.

Boucherie de la Prairie, Rue de la Prairie 1, CH-Les Ponts-de-Martel.

Karte 29: **Val-de-Travers**

Zur grünen Fee ins Val-de-Travers

Das Val-de-Travers ist ein Längstal. Es liegt, wie sein Name sagt, quer zu den anderen Tälern im Neuenburger Jura. Ein heimlicher Star des Tals ist seit jeher der Absinth. Seit 2005 ist die »Grüne Fee« wieder mit allen Rechten versehen, sprich legalisiert.

Absinth war das bevorzugte geistige Getränk im Hochjura, lange bevor er in der Pariser Caféhausszene Kultstatus erhielt. Das grüne Destillat aus ARTEMISIA ABSINTHIUM, Anis, Fenchel und diversen Bergkräutern wurde einst mit 75 Prozent Alkohol in den Verkehr gebracht; zur Alkoholwirkung tritt beim Absinth noch jene der haschischverwandten Substanz *Tujon*.

Bereits 1910 wurde Absinth in der Schweiz verboten, was die Einheimischen nicht davon abhielt, ihn weiter heimlich zu brennen und zu trinken. Bis 2004 konnte mußte man ihn schwarz unter dem Tisch oder auf Empfehlung kaufen. Das ist Geschichte. Heute ist der Absinth wieder ein legales Getränk. Im *Val-de-Travers,* der Ursprungsregion des Kultschnapses, freut man sich über die Legalisierung, wobei der Reiz des Verbotenen natürlich verloren ging. In Frankreich darf der Absinth nicht über 55 Prozent Alkohol haben, in der Schweiz wird er wieder, wie in alten Zeiten, mit bis zu 72 Prozent Alkohol angeboten.

Trotz Legalisierung kocht heute noch jeder Brenner sein eigenes Süppchen. Mannschaftsspieler ist keiner. Das führt mitunter zu eigenartigen Konstellationen und Kreationen. Nicht bezüglich des Inhalts, die Absinth der 17 Brenner im Val-de-Travers haben alle Qualität, aber diverse kitschige Flaschenformen und Etiketten bedürfen einer professionellen Hilfe. Sie haben so gar nichts mehr mit den nach wie vor beschworenen Mythen und Legenden der Grünen Fee zu tun. Drei Brenner stellen wir vor, einer in seinem einzigartigen Gasthaus (vgl. Café de la Raisse)

Francis Martin – Boveresse. Wenn es bei Francis Martin um Absinth geht, wird der sympathische Destillateur im Pensionsalter zum Professor. Einige Fragen können lange Antworten auslösen. Also aufgepaßt bei Besuch und Fragen. Seine Brennküche ist in dem historischen Gebäude «Maison des Chats» untergebracht. Es lockt der intensive Anisduft, aus der Brennblase tropft das klare Destillat. Vor dem Haus wurde unter der Federführung vom Bundesamt für Denkmalschutz der historische «Absinthgarten» renoviert, mit Gehwegen durch die Kräuterpracht, die es für den Absinth benötigt. Wir sind doch im Land der Mythen angekommen.

Absinthe La Valotte-Martin. Rue du Quarre 10, CH-2113 Boveresse
Tel. 0041-(0)32.861.26.54, www.absinthe-originale.ch

Willy Bovet – Môtiers. Willy Bovet überzeugt uns mit seinen drei Destillaten «Nostalgie», «le Chat» und «Tradition». Sie liegen zwischen 54 und 65 Prozent Alkohol. Für Absinth-Liebhaber sind das wunderbare Drogen, nach deren Konsum relativ bald klar wird, warum im Zusammenhang mit Absinth gerne über Feen phantasiert wird.

Absinthe Bovin-La Valotte. Rue de la Gare 5, CH-2112 Môtiers
Tel. 0041-(0)32.861.25.02, www.absinthe-bovet.ch

Natürlich hat jeder Brenner sein eigenes, geheimes Rezept. Und jeder Widerständler seine persönliche Geschichte. Ein Rezept sei für alle Hobbybrenner erwähnt. Es stammt von Francis Martin, der für 11 Liter Absinth folgende Zutaten verwendet: 6,5 Liter Alkohol, 6 Liter Wasser, 700g Anis, 400g Fenchel, 35g Grande Absinthe, 5g Petite Absinthe (großer und kleiner Wermut), 5g Ysop, 5g Melisse, 11 g Engelwurz, 25g Süßholz, 15 Körner Koriander, 1 Handvoll Sternanis, 1 Handvoll Pfefferminze. Absinth soll auch gut gegen gallige Bauchschmerzen, Gelbsucht, Haarausfall, Pilzvergiftung und gegen Würmer sein. Wohlan denn...

Die vollständige Liste der Brenner im Val-de-Travers steht auf der homepage www.interprofession.ch

Im Absinthgarten – **Destillateur Francis Martin, Boveresse**

Radtour: Wer den Absinth rasch verarbeiten will, dem empfehlen wir eine spezielle Tour: Von Môtiers führt eine wunderschöne 33 Kilometer lange Radstrecke ins französische **Montbenoît**.

Im Val-de-Travers gibt es zwei außergewöhnliche Einkehren, die unterschiedlicher nicht sein könnten:

Le Ô de la Côte sur Travers – Travers. Wer zu Valérie Affolter hochfährt, nimmt eine Straße mit vielen Schlaglöchern in Kauf. Die Anfahrt erfordert Ausdauer und Vertrauen zu Mensch und Material. Zumindest den unerschütterlichen Glauben, auf der richtigen Fährte zu sein. Am Ende wartet eine Ferme mit eigener Quelle (perfekt für den Absinth), einigen Stühlen im Freien und einer Stube, die vor Kunsthandwerk und Dekoplunder überquillt. Madame erweist sich als eine resolute Dame mit Prinzipien – wer zu ihr kommt, hat Zeit und ißt, was auf den Tisch kommt. Das kennen wir doch (siehe «Au Bon Vin» in Onnens)! Wer hier essen will, ist gut beraten, das Menu vorab zu besprechen: Suppe, Terrine, Salat Lapin, Tarte, Fromage – so etwas könnte laufen. Fazit: Ein idealer Ort für mutige Puristen.

Le Ô de la Côte sur Travers. CH-2105 Travers, Tel. 0041-(0)32.863.10.57
RT: Do
Typ: Kleine urgemütliche Bauernbeiz in der Höhe, ♣ Garten und Wiese
Preise: Mittel

La Grand-Vy – Gorgier. Für die Küche von Mireille und Claude Jacquin lohnt die Wanderung oder die Fahrt auf verschlungenen Feldwegen zu ihrem abgelegenen Bauernhof. Auf den Neuenburger Jurahöhen gibt es viele davon, aber in keinem schmeckt es so gut wie bei Madame Mireille: Rösti mit Pilzen (in der Saison), Raclette mit Trockenfleisch, Bauernbratwurst, Käseschnitte, saisonaler Früchtekuchen, Meringues, die einfachen Sachen halt, aber in was für einer Qualität. Das spricht sich rum. Von einem Geheimtipp ist hier

Gute Stube für frische Herbsttage – La Grand Vy

nicht die Rede. Wanderer, Biker, Nordic Walker, Automobilisten – alles sitzt dicht gedrängt an den langen Tischen und läßt sich verwöhnen. Die Fontaine steht mit frischem Quellwasser auf dem Tisch, der Absinth ist nicht weit, der Neuenburger Gutedel strömt – Leben halt.

La Grand Vy. CH-2023 Gorgier, Tel. 0041-(0)32.835.11.41
RT: Von November bis April geschlossen
Typ: Gemütliche Bauernbeiz in der Höhe, ♣ Garten, Wiese und einige Gästezimmer
Preise: Günstig

Café de la Raisse – Fleurier. Ein altes Jugendstillokal mit einer Absinth-Brennerei im Keller, wunderschön und voller Stimmung und Mythen. Hierher kommen am Wochenende die Deutschschweizer Absinthjünger, hier werden Legenden gepflegt, hier kommt noch die Absinth-Fontaine mit Quellwasser auf den Tisch. Und mittendrin Patron *Thierry Guizzardi*, der sich um alle und alles kümmert. Und wenn nach ein paar Gläsern Absinth die Fee aufsteigt, wird es Zeit, die kleine

Café de la Raisse, La Raisse

Menukarte zu bestellen. Viel ist da nicht, aber mit einer luftgetrockneten Wurst oder einem Fondue ist man gut bedient. Wobei, Fondue nach einem Absinth? Damit muß man wohl aufgewachsen sein. Auch mit dem Dickschädel des Patrons, der sich mit den Behörden herumschlägt, mit allen und jedem streitet, über Bewilligungen, Formulare, über sinnlose Gesetze und weiß Gott was. Einmal ist das Haus geschlossen, dann wieder offen, wieder zu oder es läßt sich nur als geschlossene Gesellschaft mieten. Hier scheint Kulturgut zu sterben, von der ARD dokumentiert, in ihrem Film über das Val-de-Travers. Höchste Zeit, sich dagegen zu stemmen. Wie wärs mit Diplomatie oder mit etwas Nachgeben? Nach den letzten Informationen soll es 2012 weiter gehen. Wann genau weiß niemand. Nur, das Haus ist so schön... also bleibt es im Führer drin. Noch.

Café de la Raisse. La Raisse, CH-2114 Fleurier
Tel. 0041-(0)32.861.46.47
RT: Mo bis Do, Fr ab 14, Sa und So ab 10 Uhr geöffnet
Typ: Jugendstillokal, Absinthlegende
Preise: Günstig

Môtiers

Die Uhrenstadt – Viele Häuser in Môtiers wirken wie bescheidene Palais. Tatsächlich kam im 18. Jahrhundert mit der Uhrmacherei Wohlstand ins Tal. DANIEL JEAN RICHARD hatte im benachbarten *La Sagne* das Geheimnis einer englischen Taschenuhr enträtselt. Binnen weniger Jahre entstand so eine prosperierende Kleinindustrie, die bald bis nach Ostasien exportierte.

Musée régional d'histoire & d'artisanat du Val-deTravers. Rue J.-J. Rousseau 2, CH-2112 Môtiers, Tel 0041-(0)32.861.35.51.

Auf den Wegen Rousseaus – In Môtiers verbrachte JEAN JACQUES ROUSSEAU, von der Genfer Religionsbehörde ausgewiesen, die Jahre 1762-1765, bis er wieder fliehen mußte. Nach einem kurzen Aufenthalt auf der Petersinsel im Bieler See zog er dann weiter ins englische Exil. Eine Gönnerin stellte ihm im Fürstentum Neuenburg, das damals noch eine preußische Enklave in der Eidgenossenschaft war, ein Haus zur Verfügung.

«Auch ist sie (die Pfarrei) berühmt worden durch Jean Jacques Rousseaus Aufenthalt, als er, vor dem Zorn des Genfer Senats, von Ifferten hinweg, hierher floh, wo er seine «Briefe vom Berge» schrieb. Der Philosoph, welcher das sonderbare Schicksal hatte, mit gleicher Wuth von Schauspielern, Opernsängerinnen, Bischöfen, Schriftstellern, republikanischen und monarchischen Obrigkeiten, protestantischen und katholischen Geistlichen, Tonsetzern und Schulmeistern verfolgt zu werden, verlebte im Dorfe Môtiers einige glückliche Jahre.»

HEINRICH ZSCHOKKE, Die klassischen Stellen der Schweiz (1842)

Anfangs ließ es sich gut an: «Die Bewohner des Ortes sind wohlwollend und behandeln mich in keiner Weise als Geächteten… Ich würde hier ohne Bedauern den Rest meines Lebens verbringen.» Im gleichen Brief spricht ROUSSEAU von «einem herrlichen Wasserfall» nicht weit von seinem Haus. Seine Wanderungen führten ihn an der alten Burg von Môtiers vorbei talaufwärts nach *Fleurier*, in die kleinen «Gorges de la Pouetta Raissa» (Grande Rue zum Ort hinaus, dann rechts), aber auch weiter die Areuse aufwärts nach *Buttes* oder flußabwärts bis *Champ-du-Moulin:* «Die Flußauen waren an manchen Stellen von schönerem Grün als der Rasen des Palais Royal.» Er beginnt zu botanisieren, besteigt den 1607 Meter hohen *Chasseron*. Aber die Idylle verfliegt rasch.

«Die frommen Pfarrer zu Genf mahnten die fromme Geistlichkeit des neuenburgischen Landes zu kollegialischer Hülfe gegen den Ketzer auf. Nun träufelten von den Kanzeln Neuenburgs fortan nicht die liebreichsten Anspielungen auf den Freigeist von Genf, den gefährlichen Irrlehrer, Volksverführer und Antichrist. Das gläubige Landvolk des Val Travers fing an, für das Heil seiner armen Seelen zu zittern, und betrachtete den verketzerten Mann wie einen wahren Wehrwolf. Man ließ es nicht an den schlimmen Ehrentiteln für ihn fehlen, die man beim kirchlichen Gottesdienst mit aller Andacht gelernt hatte, und ihm nachrief. Bald erfand man noch kräftigere mit Drohungen begleitet. Zuletzt, nach einem lustigen Markttag des Dorfes, begrüßte man Nachts sein Haus mit einem Steinhagel.» Er flieht auch von hier: «Aber welche Verwandlungen des Volksgeistes haben seit siebzig Jahren zu Môtiers Alles geändert! – Man besitzt, man liest dort nun die Schriften des verfolgten Weltweisen. Kein geistlicher Zelot wagt sie mehr mit seinem Bannfluch zu belegen. Man zeigt das Haus, welches er bewohnt hatte. Man bewahrt die von ihm bewohnt gewesenen Zimmer, wie ein Heiligthum, und tausend Namen derer, die das Heiligthum besuchten, bedecken die Wände.»
HEINRICH ZSCHOKKE, Die klassischen Stellen der Schweiz (1842)

Rousseaus Haus: Das schlichte Haus, in dem Rousseau mit *Therèse Levasseur* vom 10. Juli 1762 bis zum 8. September 1765 drei Zimmer bewohnte, ist zu besichtigen. Möbel, Dokumente, Portraits versuchen, den Genius loci zu evozieren. Daneben, in einem schönen Haus des 18. Jahrhunderts mit feingeschnittenen Maskenreliefs ein kleines Regionalmuseum. Uhrmacherwerkstätten und Klöppelateliers, Käserei und Absinthdestille. Alles Wichtige ist da.

In Fleurier trennen sich wieder mal die Wege. Einer führt über Ste-Croix nach Yverdon an den Neuenburger See hinunter. Der andere über Les Bayards in Stille und Einsamkeit rund um den Lac des Taillères in den Norden.

Preußens Gloria. Zwischen *Fleurier* und *Verrières* zweigt eine kleine Bergstraße nach *Les Bayards* und *La Brévine* ab. Auf dem Kamm einer Krete liegt auf 1.185 Meter Höhe das alte Postgasthaus «Le Grand Frédéric». Und tatsächlich hängt da der Preußenkönig, mit Dreispitz in grünem Rock einen Schimmel parierend, vor dem Haus. Der hinterletzte Zipfel des Reiches, von Berlin noch entfernter als die Memel. «L'haut Pays du Neuchâtel». Das Schild ist zurzeit leider das einzig Erwähnenswerte am Gasthaus.

Am *Lac de Taillères* vorbei kommt man nach zehn Kilometer einsamer Fahrt nach **La Brévine**, dem kältesten Ort der Schweiz. «La sibirie suisse» wird das auf gut 1050 Metern Meerehöhe gelegene Hochtal auch genannt. Stimmt.

Fromagerie de la Brévine – La Brévine. Hier liefern die Bauern selbst bei Schneesturm ihre glänzenden großen Aluminium-Milchkannen ab. Genau die Sorte, die in Deutschland längst gekühlten Containern weichen mußte. Es gibt diverse Käsesorten, darunter einen exzellenten Gruyère.

Fromagerie de la Brévine, www.fromagerie-brevine.ch

Le Locle

Die Stadt wirkt auf den ersten Blick ähnlich trist wie das größere La Chaux-de-Fonds weiter im Nordosten des Tals. Wer sich aber etwas Zeit nimmt für eine Erkundungstour, wird von einzelnen Ecken überrascht sein. Übernachten kann man in einem speziellen und sehr geschmackvoll eingerichteten *Chambre d'hôte* (siehe nächste Seite). Grund genug, hier einen Etappenhalt einzulegen, zumal in der Uhrenstadt auch ein skurriles Kapitel früher Industriegeschichte zu besichtigen ist.

Die unterirdischen Mühlen von Le Locle. Seit dem 16. Jahrhundert hatte man in Grotten Mühlräder auf bis zu vier Ebenen angeordnet.

«Das Stampfen, Rollen und Lärmen der Mühlen in diesem Abgrund, über und unter uns, welche die vorhängenden Klippen zu zermalmen drohen; das Durcheinandersausen, Pfeifen und Donnern der herabfahrenden Wogen, die sich zwischen den finstern Labyrinthen des Gesteins tausendfach zerschlagen; der trübe Schimmer der Lampen, ihr unheimlicher Wiederglanz von den feuchten Umgebungen, durch welche schaumweis die hangenden Wellen wandeln und wo sich Alles, Flut und Fels, durcheinander zu bewegen scheint – es ist wie ein Vorhof der Hölle, worin, statt der Feuerflammen, tanzende Wassersäulen gaukeln und rauschen.»

ZSCHOKKE, *Die klassischen Stellen der Schweiz (1842).*

Natürlich ist das Ambiente heute weniger dramatisch als in dieser historischen Schilderung, aber einen eigenen Zauber hat das kühle Höhlenwerk schon noch.

Moulins souterrains du Col-des-Roches. Col 23, 2400 Le Locle, Tel. 0041-(0)32.931.89.89, www.lesmoulins.ch

Maison DuBois – Le Locle. Céline Jeanneret hat aus einem der ältesten Uhrmachergebäude (1785) der Schweiz ein wunderschönes *chambre d'hôte* mit vier bezaubernden Zimmern geschaffen. Gefrühstückt wird im ehemaligen Atelier an einem echten Uhrmacher-Werktisch – bei schönstem Tageslicht – damals die Voraussetzung für Präzisionsarbeiten. Außerdem wäre hier auch eine öffentliche Cafébstube, in der sich leicht die Zeit vertrödeln läßt. Auf Wunsch kocht Madame kleine regionale Gerichte.

Maison DuBois. Grande rue 22, CH-2400 Le Locle
Tel. 0041-(0)79.342.25.37, www.maisondubois.ch
RT: Unterschiedlich
Typ: fünf individuelle chambres d'hôtes im ehemaligen Uhrmachergebäude, Café
Preise: Mittel

Sainte-Croix – Spielautomaten für die Seele

Wer La Brévine rechts liegen läßt, fährt von Fleurier durch das enge Vallon des Noirvaux nach *Sainte-Croix*. Der 4000 Einwohner zählende Ort, 1.050 Meter hoch auf einem Aussichts- und Sonnenbalkon gelegen, kann sich nicht recht zwischen Dorf und Landstädtchen entscheiden. Sainte-Croix steht in der Tradition des Musikautomatenbaus. Um die vorletzte Jahrhundertwende arbeiteten dreitausend Menschen in vielen Fabriken, später wurden hier die berühmten Plattenspieler von THORENS gefertigt. Übriggeblieben sind die Fabrikation bei REUGE mit 130 Angestellten und zwei zauberhafte Museen.

Im CIMA, im *Centre international de la mécanique d'art* werden ungeachtet des nüchternen Namens Kinder- und Erwachsenenträume wahr. In einer alten Fabrik sind Werkstätten zu sehen, deren surrende und schnurrende Räder und Riemen einer Installation von TINGUELY zu entstammen scheinen. Musikdosen klingen, ein Türke raucht Wasserpfeife, ein Clown schreibt Briefe, mächtige Musiktruhen der Fünfziger Jahre lassen Schellack-Jazz hören, schließlich spielt ein ganzes Tanzorchester, gesteuert von einem meterhohen Stapel Lochkarten.

Musée C.I.M.A. Rue de l'Industrie 2, CH-1450 Sainte-Croix, Tel. 0041-(0)24.454.44.77, www.musees.ch

Im kleinen Nachbardorf **L'Auberson** – vier Kilometer Richtung Pontarlier – gibt es eine viel kleinere, aber nicht weniger reizvolle Privatsammlung. Die Familie *Baud* hat in drei Generationen «boîtes à musique» und Automaten zusammengetragen.

Musée Baud. Grand-Rue 23, CH-1454 l'Auberson, Tel. 0041-(0)24.454.24.84, www.museesbaud.ch

Weitblick vom Chasseron

Der *Chasseron* (1607 m) ist einer der großen Balkone zwischen dem Neuenburger und Waadtländer Jura. Bequeme kommen so hin: 500 Meter hinter dem Grand Hôtel von les *Rasses* führt links eine schmale Straße hinauf zum bescheidenen Gipfelhotel des Chasseron (etwa drei Kilometer). Vom Parkplatz des Hotels sind es noch etwa 15 Minuten zum Gipfel.

Ein fast ebenso spektakulärer Blick mit etwas einfacherer Zufahrt und einer schönen runden Panoramaplatte bietet sich vom *Mont de Baulmes* (1285 Meter). Vier Kilometer ab **Sainte-Croix** (beim Bahnhof nach La Sagne abfahren) auf schmaler Teerstraße, dann noch gut 5 Minuten zu Fuß.

Von Sainte-Croix führt eine schmale Bergstrecke in westlicher und dann in südlicher Richtung direkt nach **Baulmes**. Von dort ist es gerade einmal eine halbe Autostunde bis zum einzigartigen **Romainmôtier**. In östlicher Richtung über *Mauborget* zurück ins *Val-de-Travers* – oder in Richtung Neuenburger See nach **Onnens** zu Michael Kunz. In seinem speziellen «Au Bon Vin» könnte man bei einer Flasche Wein wunderbar neue Pläne für neue Runden schmieden – der Jura hört nie auf.

Praktische Hinweise

Informationen aus dem Internet

Museen in der Franche-Comté: www.musees-franchecomte.com

Museen im Jura: www.juramusees.com

Freizeittipps im Oberjura: www.massifdujura.com

Tipps zum Oberlauf des Doubs: www.haut-doubs.org

Kultur in der Franche-Comté: www.lescomtois.com

Fachverband Juraweine: www.jura-vins.com

Urlaubsideen Schweizer Jura: www.myswitzerland.com

Jura als Zentrum der Schweizer Uhrmacherkunst: www.watchvalley.ch

Bücher, die inspirieren und Ideen liefern

Im Herzen des Jura – Wanderungen zwischen Ajoie, Freibergen und Bielersee. Rotpunkt Verlag

Jura Wanderbuch. Ajoie, Delémont, Franches-Montages. Kümmerly+Frey

Jurawandern – Vom Wasserschloß bei Brugg zur Rhoneklus bei Genf. Rotpunkt Verlag

Jurahöhenwege. Basel-Genf. Kümmerly+Frey

Magischer Jura. Wanderungen, zu Orten der Kraft. AT Verlag

Louis Pergaud. Der Krieg der Knöpfe. Aus der Jugend in der Franche-Comté. Rowohlt

Stendhal. Rot und Schwarz. Chronik aus dem 19. Jahrhundert. dtv

Absinthe – die Wiederkehr der Grünen Fee. Geschichten und Legenden eines Kultgetränkes. Nachtschatten Verlag

Der Absinthe-Trinker. Dave Steel. Noch mehr Geschichten. Nachtschatten Verlag

Karten

In Frankreich führt kein Weg an MICHELIN-Karten vorbei. Für die Franche-Comté ist die **Michelin-Karte 520 Regional**, 1:250.000 unerläßlich, die auch den Schweizer Jura abdeckt. Außerdem gibt es von Michelin für unser Reisegebiet die gelbe **Karte 321 Local – Französischer Jura 1:175.000.** Die Local - Karten sind äußerst exakt wie gewohnt, mit detaillierten Informationen nicht nur über kleinste Straßen, sondern auch über die Topographie, zusätzlich sind landschaftliche Sehenswürdigkeiten präzise markiert. Man kann sich durchaus auch bei einer Radtour (zur Not auch bei einer längeren Wanderung) mit diesen Karten orientieren. Fast alle Orts- und Straßenangaben im Buch orientieren sich an dieser Michelinkarte, schon deshalb lohnt es sich, mit diesem Blatt zu reisen.

Für die Schweiz im Allgemeinen leistet die MICHELIN-Karte 729 Schweiz 1:400.000 oder KÜMMERLY+FREY 1:275.000 gute Dienste. Wer die Region genauer erkunden will, greift auf die regionalen Karten von KÜMMERLY+FREY 1:60.000 zurück.

→ Die **Michelin-Karten** sind in Frankreich billig. Man sollte sie vor jeder Juratour kaufen, am besten in Frankreich (Tankstellen, Läden, Kioske).

Wanderer haben natürlich noch mehr Freude mit den ausgezeichneten Karten im Maßstab 1 : 50.000, die vom IGN, INSTITUT NATIONAL DE GÉOGRAPHIE herausgegeben werden **(Doubs Ost, West, Süd)**. Das SCHWEIZER BUNDESAMT FÜR LANDESTOPOGRAFIE bietet im Internet seine Landeskarten der Schweiz im Maßstab 1 : 50.000 und 1 : 25.000 an, auch digital auf DVD. Das Nonplusultra! (www.swisstopo.admin.ch)

→ Die **IGN-Karten** sind etwas preiswerter als die äquivalenten Landeskarten der Schweiz, vor einer größeren Wanderung eine unbedingt lohnende Investition. In D und CH im Buchhandel, im französischen Jura an jeder Ecke. Wer sie nutzt, erspart sich nicht nur frustrierende Irrwege, auch die Landschaft wird viel bewußter wahrgenommen.

Straßennummern. In Frankreich findet eine Neunummerierung der Nationalstraßen statt. Dieser Prozeß hat bereits 2006 begonnen und wird noch Jahre dauern. Im Allgemeinen findet man die alte Nummer der Nationalstraße in den letzten beiden Ziffern der neuen Departementstraße. In der Schweiz orientiert man sich, im Gegensatz zu Frankreich, nicht an den Straßennummern, sondern an den Orts-Hinweisschildern.

Versteck am oberen Doubs – Auberge de la Bouège

Tisch | Bett

Wie im Ortstext mehrmals erwähnt, ist die kulinarisch heile Welt auch in der Franche-Comté ein Mythos, gerade in der bürgerlichen Mittelklasse. Staatliche Reglementierungen, hohe Steuern, Personalkosten – große Häuser können das oft besser abfedern, Michelinsterne und Gault Millau-Punkte sorgen immer noch für Kundschaft. Das Problem der kulinarischen Auszehrung trifft eher die ehemals so reizvolle Provinz: die Dörfer, in denen einfache Gasthäuser dicht machen, dicht machen müssen, weil sich der Konsumstil vieler Franzosen verändert hat.

So fehlt heute oft das Dorfgasthaus mit einem ordentlichen «plat du jour» – ein Angebot, das den Juragänger früher begeisterte. Schlichte, aber aufrichtige gastronomische Formate findet man im Schweizer Jura mittlerweile fast häufiger. So bleibt im Französischen Jura oft nur ein Ausweichen in die Bergregionen, wo sich eine einfach-gute Küche in ein paar klassischen Auberges halten konnte. Oder man greift zur Selbsthilfe und somit zum beinahe schon obligaten Picknick.

Eine Alternative wäre in Frankreich aber die besondere Spielart einer familiären Einkehr: In vielen Chambres d'hôtes wird heute nicht nur ein Bett mit Frühstück, sondern auch ein gemeinsames Abendessen angeboten, das Ritual gibt oft einen guten Einblick in die regionale Küche. Was in Frankreich und somit auch im Jura ebenfalls noch hoch geschätzt wird, ist ein Sonntagmittag im Restaurant. Dort wird gemeinsam mit der ganzen Familie üppig und lange getafelt. Nebenbei: Viele gute Lokale haben am Sonntagabend geschlossen.

Restaurants, Bistrots. Meist ist es von Vorteil, wenn man sich an die vorgeschlagenen Menüs des Patrons hält. Bei «à la carte» wird es, gerade in Spitzenhäusern, empfindlich teurer. Bei den Bistrots sieht es dagegen anders aus. Dort reicht die Palette vom preiswerten Tagesteller bis hin zu (hoffentlich) regionalen Spezialitäten. Wer keine Regionalität pflegt, wer das Terroir nicht schätzt, kocht in der Regel auch nicht frisch. Wie beklagt, im Französischen Jura ist die einst so berühmte französische Küche eine Rarität geworden, beim Schweizer Nachbarn wird sie eher gepflegt.

Hotels. Die Logis de France sind ein freiwilliger Zusammenschluß von gut 3.700 regionaltypischen Gasthäusern, von einfach bis zur soliden Mittelklasse. Die Hotels werden persönlich geführt und bieten oft eine regionale Küche zu moderatem Preis. Ein stilisierter Kamin auf olivgelbem Grund, das Zeichen der Logis de France, weist den Weg zu einem Haus, in dem man sich vorwiegend, aber nicht immer auf ein ordentliches Angebot bei Essen und Unterkunft freuen darf. Je abgelegener die Gegend und je weniger Renommiertourismus, desto größer die Chance auf eine gute Adresse. Oft werden diese Häuser von der Inhaberfamilie betrieben, Papa kocht, Mama macht die Honneurs und hat den Service im Griff, die Kinder wachsen in den Betrieb hinein. Das Personal stammt oft aus dem Umland.

Das Verzeichnis der LOGIS DE FRANCE ist in Frankreich in jedem LOGIS DE FRANCE-Hotel und jeder Buchhandlung zu bekommen, in Deutschland über die Französische Zentrale für Fremdenverkehr. Der Begriff «Verzeichnis» ist allerdings wörtlich zu nehmen: es wird nur gelistet, nicht gewertet. Natürlich stellen wir auch einige individuelle Hotels im Jura vor, die keiner Vereinigung angeschlossen sind.

Gästezimmer – Chambres d'hôtes. Private Anbieter von Unterkünften werden für die kleinen Hotels zur echten Konkurrenz. Oft sind die Zimmer schöner, individueller und größer. Und nicht selten bieten die Gastgeber ein gutes Essen zu freundlichem Preis an. Vom opulenten Frühstück ganz zu schweigen, mit dem das vorwiegend uninspirierte und extra zu zahlende Hotelfrühstück nicht mithalten kann. Natürlich hat nicht jede private Unterkunft Klasse oder Charme – aber es gibt ja die Empfehlungen in diesem Buch. In der Schweiz werden private Unterkünfte teilweise unter der englischen Bezeichnung *BnB* (Bed and Breakfast) angeboten.

Homepages: www.chambresdhotes.fr / www.bnb.ch

Les Auberges. Die gute klassische Auberge ist beinahe ausgestorben oder zur Sammelsurium von falscher Folklore verkommen. Im hohen Jura haben wir aber noch einige grandiose Häuser gefunden, sie werden im Buch beschrieben – von einfach bis gehoben. Was alle miteinander verbindet: das gute Essen und die Herzlichkeit der Gastgeber.

Ferienhäuser. Wer autonom bleiben will, mietet sich ein Ferienhaus in der Region, denkt man. Die Auswahl ist dank Internet zwar riesig, das Angebot aber oft ernüchternd. Die meisten Häuser sind zweckmäßig, aber ohne Charme zum Teil gar stillos eingerichtet.

In Passenans empfehlen wir ein spezielles Ferienhaus, das unter Denkmalschutz steht, das «Maison ma pyramide» der Familie Wyss-Meier. Tel. 0041-(0)56.288.29.29. www.ferienhaus-franchecomte.ch (mehr zu Passenans auf Seite 207)

Camping. Der Jura ist prädestiniert für einen Campingurlaub: gemäßigtes Klima, viel Natur, viel Wasser, nicht zuviel Tourismus. Auch mit dem Wohnmobil sind leicht Stellen zu finden, an denen man für eine Nacht bleiben kann. Wenn dies ohne störende Hinterlassenschaft geschieht, wird es eigentlich immer toleriert. Der weite und hohe Jura ist regelrecht ein Wohnmobil-Land. Da Wohnmobilisten derzeit noch in bescheidener Zahl aufkreuzen, werden sie nicht wie anderswo als Landplage betrachtet, sondern als Konsumenten geschätzt. Zudem ist der Jura eine der sichersten Gegenden Frankreichs. Auch das mitunter rasant wechselnde Wetter und die unterschiedlichen Höhenlagen sprechen gerade in den juraattraktiven Herbstmonaten für das Wohnmobil. Zudem läßt sich dann das phantastische Angebot an Regionalprodukten problemlos auskosten.

Für einen längeren Aufenthalt bieten sich die oft reizvoll gelegenen Campingplätze an. Meist sind es kleinere Plätze, die trotzdem nur selten komplett belegt sind. Der «ADAC-Campingführer Südeuropa» oder der «Michelin-Campingführer Frankreich» sind hier gute Wegweiser. Gelegentlich zeigen auch unscheinbare Schilder «Camping à la ferme» den Weg auf eine Blumenwiese mit Basis-Sanitärausstattung. Eine der Landschaft adäquate Form der Unterkunft.

Campingführer

ADAC-Campingführer Südeuropa
Michelin-Campingführer Frankreich
Gîtes de France und Campings et Campings à la Ferme
Guide officiel, mit über 1040 Adressen

Internet

www.campingfrance.com
www.campingdefrance.com

Preise

Von der Schweiz wird gerne behauptet, daß Einkehren teuer sei – für den Schweizer Jura gilt dies nicht generell. Im Gegenteil: Die Zeiten eines günstigen Franc français sind endgültig passé. Daher gelten angegebenen Preiskategorien für beide Länder.

Tisch

Am Mittag ist der klassische Tagesteller oft noch eine erfreuliche und preiswerte Angelegenheit. Auch mit dem kleinen «Menu du Terroir» ist man oft gut bedient.

Günstig: Bis 15 Euro

Mittel: Von 16 bis 30 Euro

Gehoben: Über 30 bis 45 Euro

Hoch: Über 45 Euro

Bett

Der Preis für das Doppelzimmer im Hotel ist oft teurer als der für eine private Unterkunft – und im Verhältnis die schlechtere Übernachtungsvariante. Allerdings ist man im Hotel vollkommen privat, was bei einem «Chambre d'hôte» kaum der Fall ist.

Günstig: Bis 50 Euro

Mittel: Über 50 bis 90 Euro

Gehoben: Über 90 bis 130 Euro

Hoch: Über 130 Euro

Der Preis für die Privatunterkunft, also für ein Zimmer mit Frühstück, wird vorwiegend pro Person angegeben. Der Preis in einem ansprechenden «Chambre d'hôte» liegt meist zwischen 30 bis 60 Euro pro Person.

Reisezeit

Mit dem Jurawetter ist das so eine Sache. Der Jura liegt zwar nicht in Schottland, aber ein Wetterumschwung gehört im hohen Jura fast zur Tagesordnung. Im Frühjahr sind besonders das Weinland und der Mittel- und Unterlauf des Doubs mit seinen Nebenflüssen schön, etwa zur Kirschblüte im Tal der Loue. Auch für Radtouren ist diese Zeit günstig. Der Frühsommer ist ideal für das Wandern auf den Bergwiesen des hohen Jura. Im Hochsommer wird es im Jura-Weinland sehr warm, dann wäre eine gute Zeit für die frischen Höhlen, Quellen und Wasserfälle. Während der kurzen Hauptsaison von Mitte/Ende Juli bis Ende August kann es punktuell betriebsam werden, aber der Andrang hält sich in erfreulichen Grenzen. Der Herbst ist sicher die schönste Zeit für Gipfelwanderungen mit grandioser Alpensicht, aber auch das Weinland mit den Reculées und die Schluchten und Wasserfälle des mittleren Jura entfalten ihren besonderen Zauber erst mit der Laubfärbung, den zarten Nebelschleiern und dem Geruch des jungen Weins. Der Winter ist schön in den verschneiten Hochlagen mit klarer Luft, viel Sonne und manchmal klirrender Kälte. Das Weinland liegt jetzt oft im dichten Nebel, aber die Winzer haben Zeit zur Degustation und in den guten Restaurants ist man allein mit Einheimischen.

Wetterdienst: www.meteo.fr

Sport

Angeln. Die 5500 Kilometer Flüsse sind ein Paradies für Angler. Mehr Infos durch den CONSEIL SUPÉRIEUR DE LA PÊCHE. Tel. 0033-(0)1.45.14.36.00, www.csp.ecologie.gouv.fr

Langlauf. Der Jura ist ein ideales Terrain für Langläufer. Relative Schneesicherheit, eine abwechslungsreiche Landschaft mit weiten Strecken in langen Hochtälern und über sanfte

Höhenzüge. Inzwischen sind mehr als 3 000 Kilometer Loipen markiert. Der Fernskiwanderweg **Grande Traversée du Jura** führt vom oberen Doubs parallel zur Schweizer Grenze über 250 Kilometer bis in den südlichen Jura. Zusammen mit seinen Nebenstrecken ist er 400 Kilometer lang.

Espace Nordique Jurassien. Maire-annexe, 39304 Champagnole Cedex, Tel. 0033-(0)3.84.52.58.10

Radfahren. Malerische Nebenstraßen mit wenig Autoverkehr erwarten den Radfahrer. Außerdem 250 Kilometer markierte Überland-Radwege. Details in der Broschüre «Randonnées et itinérance en Franche Comté». Zu beziehen bei

Comité Regional du tourisme de Franche-Comté. La City, 4, rue Gabriel Plançon, 25044 Besançon Cedex Tel. 0033-(0)3.81.25.08.08
www.franche-comte.org

Wandern. Mehrere der großen und gut markierten französischen Fernwanderwege durchziehen den Jura. Die **GR**, also die «Sentiers de grande randonnée» sind mit einer rot-gelben Markierung gut gekennzeichnet.

- Entlang der Schweizer Grenze führt der **GR 5** in Nord-Süd-Richtung
- Am Westrand der Plateaux der **GR 59**
- Als Querstrecke verbindet der **GR 595** Montfaucon bei Besançon mit Maisons-du-Bois bei Pontarlier.
- Der **GR 590** verbindet Ornans an der Loue mit dem Lison.
- Der **GR 559** führt weiter im Süden von Lons-le-Saunier durch das Seenland nach Les Rousses.
- Der **GR 9** verläuft in West-Ost-Richtung von St-Amour nach Les Rousses.

Darüberhinaus gibt es noch kleinere **GR du Pays,** wie etwa im hohen Südjura, um die Seen von St-Point und Vouglans und bei Nozeroy.

■ Die großen GR sind zwar auf der Carte Michelin 1:250.000 / 175.000 eingetragen, wer aber mehr als ein kurzes Teilstück wandern möchte, sollte sich die hervorragenden topographischen Karten des IGN und den entsprechenden Topo-Guide besorgen. Diese detaillierten Routenbeschreibungen werden von der «Fédération Française de la Randonnée Pédèstre» herausgegeben.

Ausgewählte Oasen

Eine Auswahl besonders lohnender Adressen. Kurz, unsere Lieblinge. (Reihenfolge ohne Wertung, nach der Position im Buch).

Tisch

Bett

30, Grande Rue
Tél. : 03 81 67
artisan
FUMÉS
Saucisse de
MORTEAU
label Rouge
toute la France
de nos produits fumés (salés
les tenir au frais et au sec.
constateriez un blanchissement,
les avec un linge huilé.
CUISSON pour la SAUCISSE de MORTEAU :

Einkauf

Weingüter

Frühling am Doubs – bei La Goule

Orte

Hotels und Restaurants

Weingüter

Kartenübersicht

Fotos

Marco Aste 173,269,271,274,275,276,299,314,329,344,347,348

Manu Heim 1,178,198,291,303

Hans Ikenberg 59

Martin Jenni 41,43,50,54,84,90,91,95,115,128,132,134,136,137,147, 151,152,154,159,162,163,166,167,170,171,175,180,184,186,187,191, 209,210,212,214,215,228,268,272,290,292,311,312,313,317,320,323, 324,328,336,373,377,384

Michael Monn Titelbild, 2/3,4,6/7,10,11,12,17,19,20,21,22/23,27,29, 62/63,64,65,66,70,71,72,73,74,75,79,80,81,82,86,97,111,115,130, 181,182,194,195,221,232,234,238-239,240,241,248,249,331,353,369

Oase Verlag 3,15,25,30,33,36,39,46,51,58,69,78,92,93,94,105,114, 117, 121,124/125,140,141,142,143,144,146,192,193,204,236,262,278,280, 282,284,298,332,333,341,340,355,358,366,368

Martin Weisensel Umschlagklappe oben, 48,112,183,217,218

Karten: Römer.Grafik, 79241 Ihringen

Verlag und Autoren freuen sich jederzeit über Anregungen, Tips und Korrekturhinweise! Wichtige Anregungen und Hinweise werden mit einem Freiexemplar honoriert.

„Nicht umsonst heißt der Verlag Oase –
eine Oase in der deutschen Reiseführerlandschaft.“

TAGES ANZEIGER ZÜRICH

Oase Verlag • D-79410 Badenweiler

OASE

© 6. erweiterte Auflage 2012
Oase Verlag
D-79410 Badenweiler
Tel. 07632-7460
www.oaseverlag.de

OASE

Herstellung: fgb • Freiburger Graphische Betriebe
ISBN 978-3-88922-068-4 Alle Angaben ohne Gewähr!